GSAT 삼성전자

5급 고졸 채용 대비

직무적성검사

5급 고졸채용

GSAT 삼성전자
직무적성검사

개정1판 발행 2022년 8월 19일
개정2판 발행 2023년 3월 24일

편 저 자 | 취업적성연구소
발 행 처 | ㈜서원각
등록번호 | 1999-1A-107호
주 소 | 경기도 고양시 일산서구 덕산로 88-45(가좌동)
교재주문 | 031-923-2051
팩 스 | 031-923-3815
교재문의 | 카카오톡 플러스 친구[서원각]
홈페이지 | www.goseowon.com

▷ ISBN과 가격은 표지 뒷면에 있습니다.
▷ 파본은 구입하신 곳에서 교환해드립니다.

PREFACE

우리나라 기업들은 1960년대 이후 현재까지 비약적인 발전을 이루었다. 이렇게 급속한 성장을 이룰 수 있었던 배경에는 우리나라 국민들의 근면성 및 도전정신이 있었다. 그러나 빠르게 변화하는 세계 경제의 환경에 적응하기 위해서는 근면성과 도전정신 이외에 또 다른 성장 요인이 필요하다.

기업이 지속가능한 성장을 하기 위해서는 혁신적인 제품 및 서비스 개발, 선도 기술을 위한 R&D, 새로운 비즈니스 모델 개발, 효율적인 기업의 합병 · 인수, 신사업 진출 및 새로운 시장 개발 등 다양한 대안을 구축해 볼 수 있다. 하지만, 이러한 대안들 역시 훌륭한 인적자원을 바탕으로 할 때에 가능하다. 최근 기업체들은 자신의 기업에 적합한 인재를 선발하기 위해 기존의 학벌 위주의 채용에서 탈피하여 기업 고유의 인 · 적성검사 제도를 도입하고 있다.

삼성그룹에서도 업무에 필요한 역량 및 책임감과 적응력 등을 구비한 인재를 선발하기 위하여 고유의 인 · 적성검사인 GSAT를 치르고 있다. 본서는 삼성전자 5급 고졸 채용대비를 위한 필독서로 삼성전자 인 · 적성검사의 출제경향을 철저히 분석하여 응시자들이 보다 쉽게 시험유형을 파악하고 효율적으로 대비할 수 있도록 구성하였다.

신념을 가지고 도전하는 사람은 반드시 그 꿈을 이룰 수 있습니다. 처음에 품은 신념과 열정이 취업 성공의 그 날까지 빛바래지 않도록 서원각이 수험생 여러분을 응원합니다.

STRUCTURE

01 기초 다지기

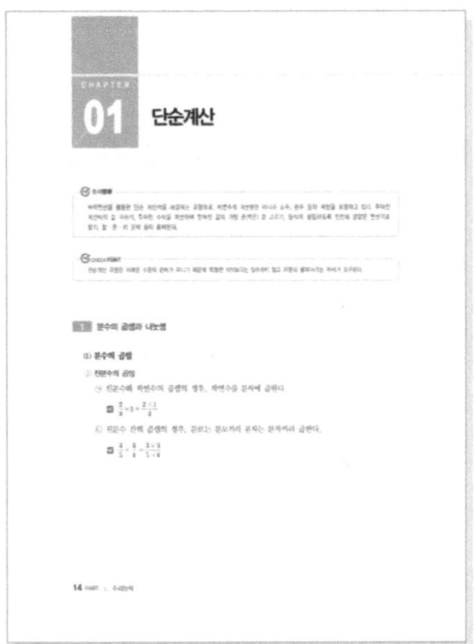

핵심이론정리

각 과목을 세부 영역으로 세분화한 다음 필요한 핵심이론과 함께 출제 경향과 문제 풀이의 포인트를 수록하여 학습의 방향을 잡을 수 있습니다.

02 실력 다지기

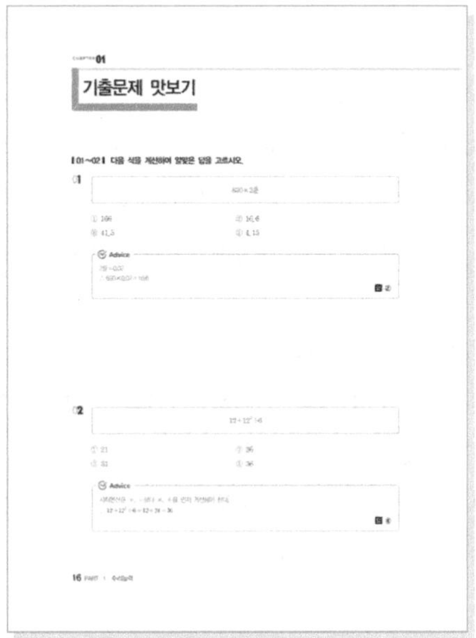

영역별 핵심문제

최신 기출문제를 복원하거나, 최대한 기출에 가까운 유형의 문제를 수록하여 실제 시험의 출제 경향을 파악하고 확실하게 대비할 수 있습니다.

03 인성검사와 면접 대비

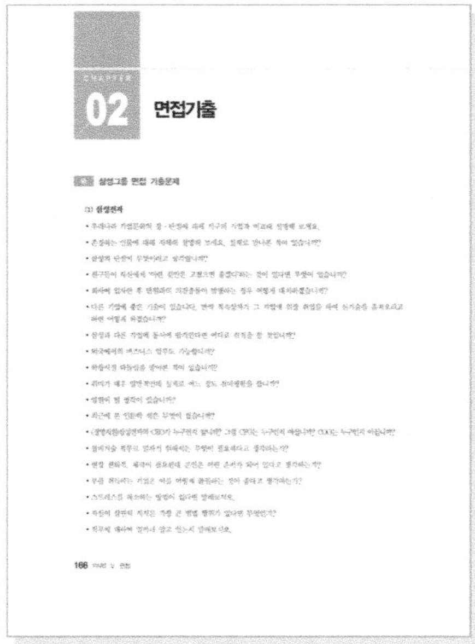

실전 인성검사 및 면접기출

인성검사와 면접 전 준비사항과 함께 실제 시험처럼 연습해볼 수 있도록 실전 인성검사와 UK TEST, 면접 기출문제를 수록하여 시험 전에 감을 익히고, 답변을 연습해 볼 수 있습니다.

04 확실한 마무리

실전 모의고사

실제 시험과 동일한 문항수와 다양한 유형과 난도의 문제들로 구성한 모의고사를 3회분 수록하여 수험생 스스로 시간관리를 해 보는 등 보다 실전에 가깝게 연습해 볼 수 있습니다.

CONTENTS

01 기업소개 및 채용정보

미션 및 핵심가치, 조직현황 등 삼성의 기본적인 정보를 확인해보세요.

✤ 삼성(Samsung) 소개

삼성은 1938년 대구에서 '삼성상회'의 설립을 시작으로 전자, 비료, 유통, 항공, 정밀 등의 다양한 산업 육성을 통해 국가 경제 근대화를 주도했다. 1990년대에는 세계가 국가, 기업 간 무한 경쟁 시대에 돌입할 때 삼성은 '신경영' 선언을 통해 세계 초일류 기업으로의 도약을 위한 발판을 다졌다. 오늘날 삼성은 대한민국을 대표하는 기업으로서 현재 전자, 중공업 · 건설, 금융, 서비스 산업을 통해 국가 경제에 기여하고 있다.

✣ 경영이념

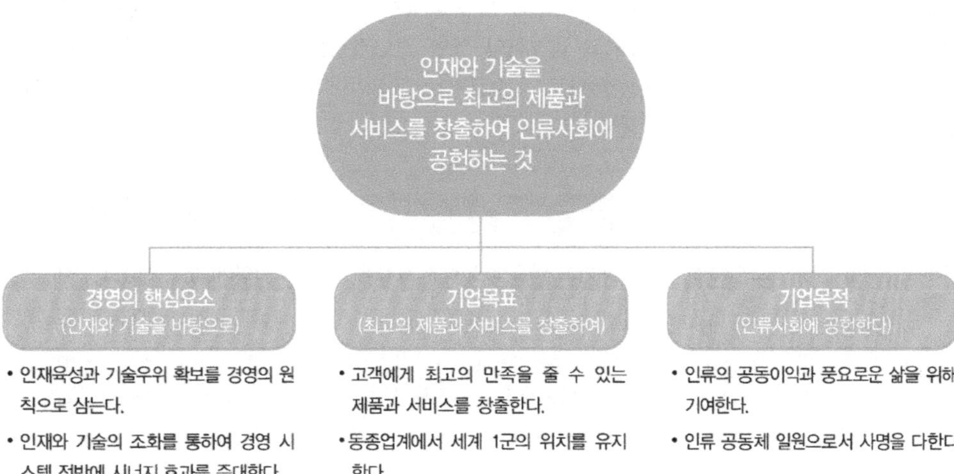

- 인재육성과 기술우위 확보를 경영의 원칙으로 삼는다.
- 인재와 기술의 조화를 통하여 경영 시스템 전반에 시너지 효과를 증대한다.

- 고객에게 최고의 만족을 줄 수 있는 제품과 서비스를 창출한다.
- 동종업계에서 세계 1군의 위치를 유지한다.

- 인류의 공동이익과 풍요로운 삶을 위해 기여한다.
- 인류 공동체 일원으로서 사명을 다한다.

✣ 경영원칙(삼성의 5가지 약속)

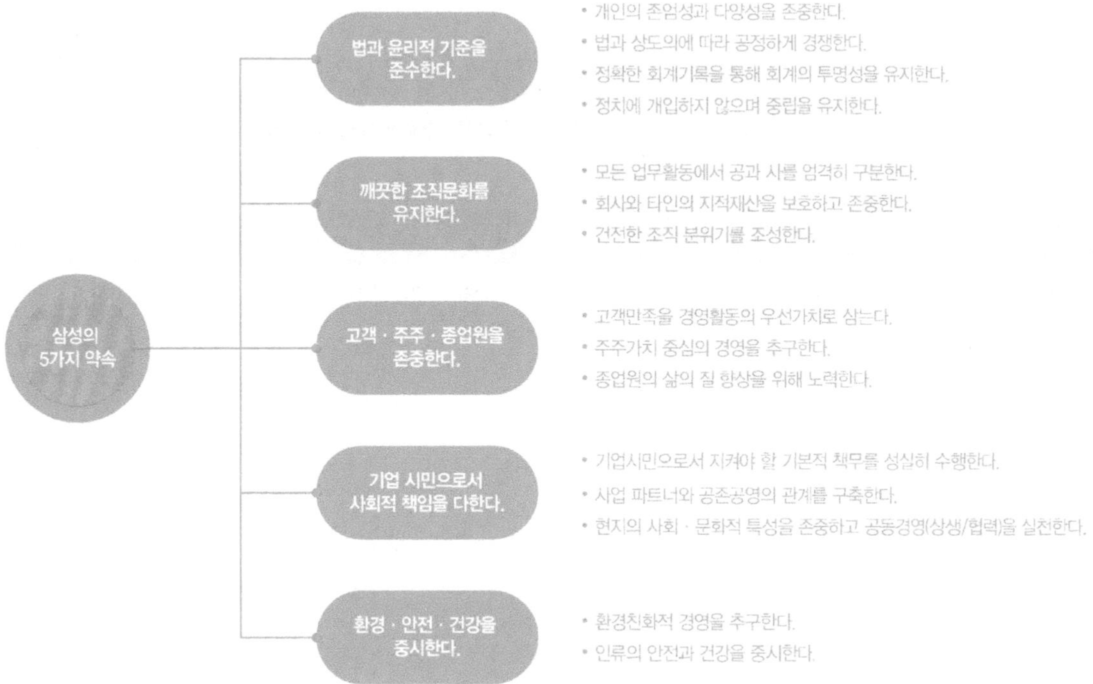

삼성의 5가지 약속
법과 윤리적 기준을 준수한다.
• 개인의 존엄성과 다양성을 존중한다.
• 법과 상도의에 따라 공정하게 경쟁한다.
• 정확한 회계기록을 통해 회계의 투명성을 유지한다.
• 정치에 개입하지 않으며 중립을 유지한다.
깨끗한 조직문화를 유지한다.
• 모든 업무활동에서 공과 사를 엄격히 구분한다.
• 회사와 타인의 지적재산을 보호하고 존중한다.
• 건전한 조직 분위기를 조성한다.
고객 · 주주 · 종업원을 존중한다.
• 고객만족을 경영활동의 우선가치로 삼는다.
• 주주가치 중심의 경영을 추구한다.
• 종업원의 삶의 질 향상을 위해 노력한다.
기업 시민으로서 사회적 책임을 다한다.
• 기업시민으로서 지켜야 할 기본적 책무를 성실히 수행한다.
• 사업 파트너와 공존공영의 관계를 구축한다.
• 현지의 사회 · 문화적 특성을 존중하고 공동경영(상생/협력)을 실천한다.
환경 · 안전 · 건강을 중시한다.
• 환경친화적 경영을 추구한다.
• 인류의 안전과 건강을 중시한다.

✤ 핵심가치

삼성의 기업정신 중에서도 가장 핵심이며 모든 삼성인의 사고와 행동에 깊이 체화된 신조로, 창업이념과 삼성정신, 경영이념과 삼성인의 정신, 신경영 등을 통해 계승되고 내재되어 있던 기업정신을 오늘의 시점에 맞게 재해석한 것이 핵심가치이다. 핵심가치는 내일을 위한 삼성을 하나로 결속시키는 구심점이자 삼성의 지속적인 성장을 견인하고 성공신화를 창조하게 하는 성공 DNA이기도 하다.

인재제일
'기업은 사람이다'라는 신념을 바탕으로 인재를 소중히 여기고 마음껏 능력을 발휘할 수 있는 기회의 장을 만들어 간다.

최고지향
끊임없는 열정과 도전정신으로 모든 면에서 세계 최고가 되기 위해 최선을 다한다.

변화선도
변화하지 않으면 살아남을 수 없다는 위기의식을 가지고 신속하고 주도적으로 변화와 혁신을 실행한다.

정도경영
곧은 마음과 진실되고 바른 행동으로 명예와 품위를 지키며 모든 일에 있어서 항상 정도를 추구한다.

상생추구
우리는 사회의 일원으로서 더불어 살아간다는 마음을 가지고 지역사회, 국가, 인류의 공동 번영을 위해 노력한다.

✤ 인재상

✤ 채용정보

① 고졸(또는 동등학력) 이상인 자, 병역필 또는 면제자, 해외여행에 결격사유가 없는 자

② 지원방법

- 지원서는 삼성 채용 홈페이지를 통해 접수하며, 그 외의 개별접수는 받지 않음
- 마감일의 경우 홈페이지 접속 폭주가 예상되므로 마감일 이전에 등록하기를 권함

③ 진행절차

- **지원서 접수** : 채용 홈페이지를 통해 지원서 접수
- **서류전형** : 지원자격 및 자기소개서 기반의 평가
- **직무적성검사** : 직무상 요구되는 기본 능력 검증
- **면접전형** : 기본 인성 및 조직 적응력 중점 평가
- 건강검진 및 최종합격

④ 주의사항

- 지원서 상 허위기재가 있거나 제출하신 서류가 허위일 경우, 합격이 취소
- 보유 학력사항에 대해 모두 성실히 기재할 것
- 국가등록장애인 및 국가보훈 대상자는 관련법 및 내부규정에 의거하여 우대
- 5급 채용전형을 통한 입사자는 학력 및 경력과 무관하게 5급 신입사원 처우

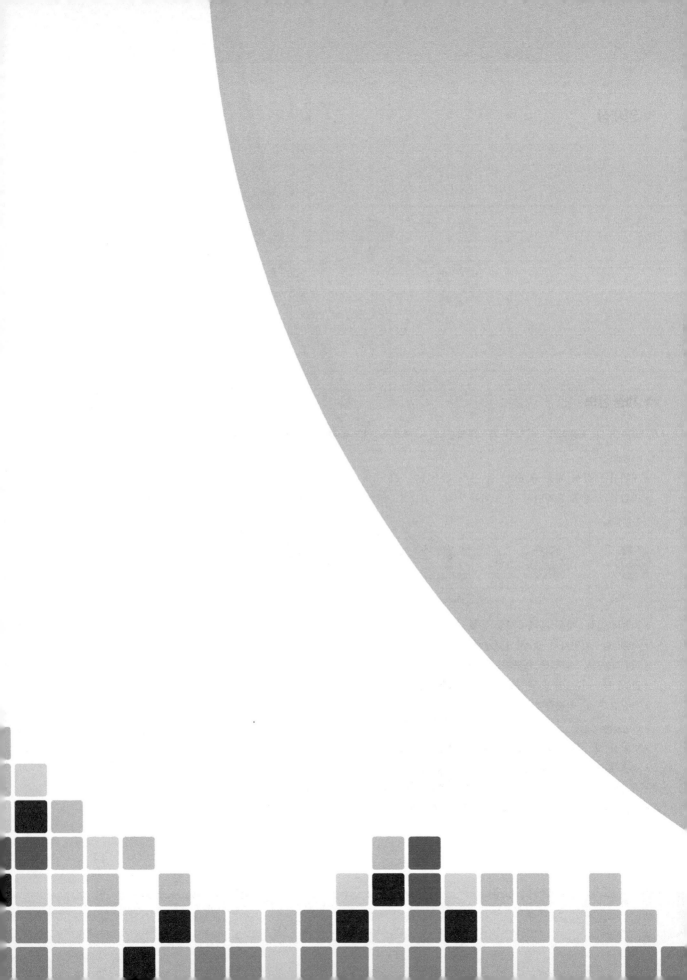

PART

01

수리능력

- 01 단순계산
- 02 대소비교
- 03 응용계산
- 04 자료해석

CHAPTER 01

단순계산

출제경향

사칙연산을 활용한 단순 계산식을 해결하는 유형으로, 자연수의 계산뿐만 아니라 소수, 분수 등의 계산을 포함하고 있다. 주어진 계산식의 값 구하기, 주어진 수식을 계산하여 얻어진 값이 가장 큰(작은) 것 고르기, 등식이 성립하도록 빈칸에 알맞은 연산기호 찾기, 할 · 푼 · 리 문제 등이 출제된다.

CHECK POINT

단순계산 유형은 어려운 수준의 문제가 아니기 때문에 특별한 지식보다는 실수하지 않고 차분히 풀어나가는 자세가 요구된다.

1 분수의 곱셈과 나눗셈

(1) 분수의 곱셈

① 진분수의 곱셈

㉠ 진분수와 자연수의 곱셈의 경우, 자연수를 분자에 곱한다.

예 $\frac{2}{3}\times 1=\frac{2\times 1}{3}$

㉡ 진분수 간의 곱셈의 경우, 분모는 분모끼리 분자는 분자끼리 곱한다.

예 $\frac{3}{5}\times\frac{3}{4}=\frac{3\times 3}{5\times 4}$

② 대분수의 곱셈

㉠ 대분수와 자연수의 곱셈의 경우, 먼저 대분수를 가분수로 고친 후 분자에 자연수를 곱한다.

예 $2\frac{1}{3}\times 3=\frac{7}{3}\times 3=\frac{21}{3}$

㉡ 대분수 간의 곱셈의 경우, 먼저 대분수를 가분수로 고친 후 진분수의 곱셈처럼 분모는 분모끼리 분자는 분자끼리 곱한다.

예 $2\frac{1}{3}\times 3\frac{2}{5}=\frac{7}{3}\times\frac{17}{5}=\frac{7\times 17}{3\times 5}$

(2) 분수의 나눗셈

① 분모가 같은 진분수의 나눗셈의 경우, 분모는 신경 쓰지 않고 분자끼리 나눈다.

예 $\frac{4}{5}\div\frac{2}{5}=4\div 2$

② 분모가 다른 분수의 나눗셈의 경우, 나누어지는 수에 나누는 수의 역수를 곱한다.

예 $\frac{3}{4}\div\frac{2}{3}=\frac{3}{4}\times\frac{3}{2}$

2 할 · 푼 · 리

할 · 푼 · 리에서 할은 기준량을 10으로, 푼은 기준량을 100으로, 리는 기준량을 1000으로 하는 비율로, 이를 소수로 나타내었을 때, 소수 첫째 자리, 소수 둘째 자리, 소수 셋째 자리를 이르는 말이다.

0.524는 5할 2푼 4리로, 35%는 3할 5푼으로 표현할 수 있다. 할 · 푼 · 리 계산의 경우 소수나 분수로 나타낸 후 계산하는 것이 수월하다.

예 5의 8할을 구하시오.

5×0.8 또는 $5\times\frac{8}{10}$

CHAPTER **01**

기출문제 맛보기

Ⅰ 01~02 Ⅰ 다음 식을 계산하여 알맞은 답을 고르시오.

01

830×2푼

① 166
② 16.6
③ 41.5
④ 4.15

Advice

2푼 = 0.02

$\therefore 830 \times 0.02 = 16.6$

답 ②

02

$12 + 12^2 \div 6$

① 21
② 26
③ 31
④ 36

Advice

사칙연산은 +, −보다 ×, ÷를 먼저 계산해야 한다.

$\therefore 12 + 12^2 \div 6 = 12 + 24 = 36$

답 ④

| 03~05 | 다음 식의 괄호 안에 들어갈 수 또는 연산기호를 고르시오.

03

$$270-224\div(\quad)=158$$

① 2　② 4
③ 8　④ 14

Advice

$270-224\div2=270-112=158$

답 ①

04

$$12+10(\quad)3=42$$

① +　② −
③ ×　④ ÷

Advice

$12+10\times3=12+30=42$

답 ③

05

$$57\div(\quad)-5=14$$

① 3　② 8
③ 10　④ 15

Advice

$57\div3-5=14$

답 ①

CHAPTER 01

실력다지기

| 01～10 | 다음 식을 계산하여 알맞은 답을 고르시오.

01

58.23−23.56+72.61

① 105.82
② 106.34
③ 107.28
④ 108.25

TIP 58.23−23.56+72.61=107.28

02

$$\frac{7}{13}+\frac{9}{4}\times\frac{12}{39}$$

① $\frac{4}{13}$
② $\frac{7}{13}$
③ $\frac{12}{13}$
④ $\frac{16}{13}$

TIP $\frac{7}{13}+\frac{9}{4}\times\frac{12}{39}=\frac{7}{13}+\frac{9}{13}=\frac{16}{13}$

03

$$645 \times 0.86 \times 3^{-1}$$

① 179.7 ② 181.6

③ 184.9 ④ 185.9

TIP $645 \times 0.86 \times 3^{-1} = 184.9$

04

$$198,700 \times 65\%$$

① 127,285 ② 128,245

③ 129,155 ④ 129,625

TIP $198,700 \times 65\% = 198,700 \times \frac{65}{100} = 129,155$

05

$$\frac{13}{24} + \frac{5}{6} - \frac{1}{4}$$

① $\frac{1}{2}$ ② $\frac{2}{3}$

③ $\frac{5}{6}$ ④ $\frac{9}{8}$

TIP $\frac{13}{24} + \frac{5}{6} - \frac{1}{4} = \frac{13+20-6}{24} = \frac{27}{24} = \frac{9}{8}$

Answer 01.③ 02.④ 03.③ 04.③ 05.④

06

$$37+49\div7+2\times16$$

① 65　② 72

③ 76　④ 84

TIP $37+49\div7+2\times16=37+7+32=76$

07

$$2^2\times6^2\times3^{-2}\times4$$

① 64　② 192

③ 32　④ 96

TIP $2^2\times6^2\times3^{-2}\times4=2^2\times2^2\times4=64$

08

$$\frac{5}{8}\times7^2\times\frac{24}{56}$$

① $\frac{25}{2}$　② $\frac{105}{8}$

③ $\frac{27}{2}$　④ 14

TIP $\frac{5}{8}\times7^2\times\frac{24}{56}=\frac{5\times7\times3}{8}=\frac{105}{8}$

09

$$\sqrt{144}+\sqrt{169}-\sqrt{196}$$

① 10　　② 11

③ 12　　④ 13

TIP $\sqrt{12^2}+\sqrt{13^2}-\sqrt{14^2}=12+13-14=11$

10

$$(\sqrt{6})^2+(-\sqrt{12})^2$$

① 16　　② 17

③ 18　　④ 19

TIP $(\sqrt{6})^2+(-\sqrt{12})^2=6+(\sqrt{12^2})=6+12=18$

▌11~14▌ 다음 계산식 중 괄호 안에 들어갈 알맞은 수를 고르시오.

11

$$25\times4-(\quad)=79$$

① 21　　② 25

③ 29　　④ 33

TIP 100 − (21) = 79

Answer 06.③ 07.① 08.② 09.② 10.③ 11.①

12

$$15 \times 17 \div (\quad) = 85$$

① 2 ② 3

③ 4 ④ 6

TIP $15 \times 17 \div (\ 3\ ) = 85$

13

$$35 \times (\quad) - 92 = 188$$

① 4 ② 6

③ 8 ④ 10

TIP $35 \times (\ 8\ ) = 280$

14

$$75 \div (\quad) + 15 = 40$$

① 3 ② 5

③ 9 ④ 13

TIP $75 \div (\ 3\ ) = 25$

| 15~19 | 다음 계산식 중 계산하여 얻어진 값이 가장 큰 것을 고르시오.

15 ① 44+17+56 ② 58+37+29
③ 28+43+51 ④ 46+27+52

TIP ① 117 ② 124 ③ 122 ④ 125

16 ① 14+23+4 ② 18+11+19
③ 9+7+26 ④ 10+15+20

TIP ① 41 ② 48 ③ 42 ④ 45

17 ① 92+87+120 ② 102+110+79
③ 110+97+90 ④ 99+98+100

TIP ① 299 ② 291 ③ 297 ④ 297

18 ① 325+242+175 ② 425+263+50
③ 175+198+380 ④ 302+307+110

TIP ① 742 ② 738 ③ 753 ④ 719

Answer 12.② 13.③ 14.① 15.④ 16.② 17.① 18.③

19 ① 121+208+301 ② 320+409+16

③ 91+195+164 ④ 410+21+127

TIP ① 630 ② 745 ③ 450 ④ 558

Ⅰ20~21Ⅰ 다음 등식이 성립하도록 괄호 안에 해당하는 연산기호를 고르시오.

20

75 + 6 (   ) 50 = 31

① + ② −

③ × ④ ÷

TIP 75 + 6(−)50 = 31

21

26 (   ) 7 − 75 = 107

① + ② −

③ × ④ ÷

TIP 26 (×) 7 = 182

Ⅰ22~25Ⅰ 다음 문제를 읽고 알맞은 답을 고르시오.

22 20의 8할은 얼마인가?

① 16 ② 16.5

③ 18 ④ 18.6

TIP 할, 푼, 리는 비율을 소수로 나타내는 데 사용되는 단위로 할은 0.1(10%), 푼은 0.01(1%), 리는 0.001(0.1%)을 나타낸다. 20의 8할은 $20 \times 0.8 = 16$이다.

23 5의 2푼은 얼마인가?

① 1 ② 0.1

③ 0.01 ④ 0.001

TIP $5 \times 0.02 = 0.1$

24 $x = 2$일 때, $3x - 1$의 값은?

① 5 ② 6

③ 7 ④ 8

TIP $3x - 1$에 $x = 2$를 대입하면 $(3 \times 2) - 1 = 5$이다.

25 일차방정식 $-2x + 20 = 4x + 2$의 해는?

① 2 ② 3

③ 4 ④ 5

TIP 미지항은 좌변으로 상수항은 우변으로 이동시켜 정리하면

$-2x - 4x = 2 - 20$이므로

$x = 3$이다.

Answer 19.② 20.② 21.③ 22.① 23.② 24.① 25.②

CHAPTER 02

대소비교

출제경향

분수 또는 단순한 수식의 크기를 비교하는 유형의 문제이다. 난도가 높지 않은 단순 대소비교 유형의 비중이 가장 높으며, 단위를 환산하여 크기를 비교하는 문제, 도형의 모서리 또는 꼭짓점의 개수를 비교하는 문제도 출제된다. 또 다른 형태의 대소비교 유형으로는 단위의 변환이 있다.

CHECK POINT

대분수를 가분수로 만드는 통분을 통해 분모가 다른 분수의 크기에 비교하는 방법을 알아둘 필요가 있다.

1 대표적 유형과 예시

유형	예시
자연수 문제	Q. 다음 주어진 A와 B의 크기를 비교하시오. A : 150 B : 540
소수 문제	Q. 다음 주어진 A와 B의 크기를 비교하시오. A : 1.815 B : 3.846
분수 문제	Q. 다음 주어진 A와 B의 크기를 비교하시오. A : $\frac{3}{5}$ B : $\frac{7}{9}$
계산 문제	Q. 다음 주어진 A와 B의 크기를 비교하시오. A : $11.7 \div 2.1 \times 4$ B : $4.2 \times 6 + 12$
도형 문제	Q. 다음 주어진 A와 B의 크기를 비교하시오. A : 정육면체의 모서리의 수 B : 정팔면체의꼭짓점의수

2 단위변환

길이, 넓이, 부피, 무게, 시간, 속도 등에 따른 단위를 이해하고, 단위가 달라짐에 따라 해당 값이 어떻게 변하는지 환산할 수 있는 능력을 평가한다. 소수점 계산 및 자릿수를 읽고 구분하는 능력을 요하기도 한다. 기본적인 단위환산을 기억해 두는 것이 좋다.

구분	단위환산
길이	1cm = 10mm, 1m = 100cm, 1km = 1,000m
넓이	$1cm^2$ = $100mm^2$, $1m^2$ = $10,000cm^2$, $1km^2$ = $1,000,000m^2$, $1m^2$ = 0.01a = 0.0001ha
부피	$1cm^3$ = $1,000mm^3$, $1m^3$ = $1,000,000cm^3$, $1km^3$ = $1,000,000,000m^3$
들이	1mℓ = $1cm^3$, 1dℓ = $100cm^3$, 1L = $1,000cm^3$ = 10dℓ
무게	1kg = 1,000g, 1t = 1,000kg = 1,000,000g
시간	1분 = 60초, 1시간 = 60분 = 3,600초
할푼리	1푼 = 0.1할, 1리 = 0.01할, 1모 = 0.001할

기출문제 맛보기

| 01~04 | 다음 주어진 A, B의 크기를 비교하시오.

01

$A : \frac{25}{3}$ $B : \frac{27}{4}$

① $A > B$ ② $A < B$
③ $A = B$ ④ 알 수 없다.

Advice

$A : \frac{25}{3} = \frac{100}{12}$ $B : \frac{27}{4} = \frac{81}{12}$

$\therefore A > B$

답 ①

02

$A : \sqrt{8} - 1$ $B : 2$

① $A > B$ ② $A < B$
③ $A = B$ ④ 알 수 없다.

Advice

$2 < \sqrt{8} < 3$

$\Rightarrow 1 < \sqrt{8} - 1 < 2$

$\therefore A < B$

답 ②

03

A : 228과 209의 최대공약수
B : 4와 10의 최소공배수

① $A > B$
② $A < B$
③ $A = B$
④ 알 수 없다.

Advice

A : $228 = 2^2 \times 3 \times 19$, $209 = 11 \times 19$이므로 두 수의 최대공약수는 19이다.
B : 4와 10의 최소공배수는 20이다.
$\therefore A < B$

답 ②

04

$a = 2b + 3$일 때,
A : $3a - b + 5$
B : $a + 3b - 7$

① $A > B$
② $A < B$
③ $A = B$
④ 알 수 없다.

Advice

$a = 2b + 3 \Rightarrow a - 2b = 3$

$$\begin{aligned} A - B &= (3a - b + 5) - (a + 3b - 7) \\ &= 2a - 4b + 12 \\ &= 2(a - 2b) + 12 \\ &= 2 \times 3 + 12 = 18 > 0 \end{aligned}$$

$\therefore A > B$

답 ①

CHAPTER 02

실력다지기

| 01~10 | 다음 주어진 A, B의 크기를 비교하시오.

01

• A : 3할 5리	• B : 0.312

① $A>B$ ② $A<B$

③ $A=B$ ④ 비교할 수 없다.

TIP A : 0.305, B : 0.312

$\therefore A<B$

02

• A : $\sqrt{\frac{1}{3}}$	• B : $\sqrt{0.16}$

① A>B ② A<B

③ A=B ④ 비교할 수 없다.

TIP $A : \sqrt{\frac{100}{300}}$, $B : \sqrt{\frac{16}{100}} \rightarrow \sqrt{\frac{48}{300}}$

$\therefore A>B$

03

• $A : \frac{72}{12}$	• $B : \frac{84}{14}$

① $A > B$　② $A < B$

③ $A = B$　④ 비교할 수 없다.

TIP $A : \frac{72}{12} = 6$, $B : \frac{84}{14} = 6$

$\therefore A = B$

04

• $A : -\sqrt{\frac{1}{7}}$	• $B : -\frac{1}{3}$

① A>B　② A<B

③ A=B　④ 비교할 수 없다.

TIP $A : -\frac{1}{7}$

$B : -\frac{1}{9}$

$\therefore A < B$

Answer 01.② 02.① 03.③ 04.②

05

- $A : 3\frac{2}{5}$
- $B : 2\frac{7}{9}$

① $A > B$　② $A < B$

③ $A = B$　④ 비교할 수 없다.

TIP $A : 3\frac{2}{5} = \frac{17}{5} = \frac{153}{45}$

$B : 2\frac{7}{9} = \frac{25}{9} = \frac{125}{45}$

$\therefore A > B$

06

- $A : \frac{2}{11}$
- $B : \frac{5}{7}$

① $A > B$　② $A < B$

③ $A = B$　④ 비교할 수 없다.

TIP $A : \frac{14}{77}$

$B : \frac{55}{77}$

$\therefore A < B$

07

- $A : \sqrt{(a-b)^2}$
- $B : |b-a|$

① $A > B$　② $A < B$

③ $A = B$　④ 비교할 수 없다.

TIP $\sqrt{(a-b)^2} = |a-b| = |b-a|$

$\therefore A = B$

08

- A : $(-3)^2$
- B : $9^{\frac{1}{2}}$

① $A > B$ ② $A < B$

③ $A = B$ ④ 비교할 수 없다.

TIP A : $(-3)^2 = 9$

B : $9^{\frac{1}{2}} = \sqrt{9} = 3$

$\therefore A > B$

09

- A : 10㎧
- B : 3.6km/h

① $A > B$ ② $A < B$

③ $A = B$ ④ 비교할 수 없다.

TIP 1㎧는 3.6km/h이므로, 10㎧는 36km/h이다.

$\therefore A > B$

10

- A : 0.209
- B : 0.029

① $A > B$ ② $A < B$

③ $A = B$ ④ 비교할 수 없다.

TIP A : $\frac{209}{1000}$, B : $\frac{29}{1000}$

$\therefore A > B$

Answer 05.① 06.② 07.③ 08.① 09.① 10.①

CHAPTER

03 응용계산

출제경향

속도, 농도, 일의 양 등 간단한 공식과 1차 방정식을 활용하여 해결할 수 있는 문제 유형이다. 많은 비중을 차지하지는 않지만 확률이나 순열 · 조합, 수열 등의 문제가 출제되기도 한다.

CHECK POINT

문제 해결에 필요한 핵심적인 공식에 대한 학습이 필수적이며, 다양한 유형의 문제를 많이 접해 공식을 다각도로 활용하는 방법도 미리 익혀두는 것이 좋다.

1 속력

(1) 정의

속력은 물체가 얼마나 빨리 움직이는가를 나타내는 양이며 속력이 크면 클수록 물체가 더 빨리 움직이고 있음을 의미한다. 일상생활에서는 ㎧ 등이 주로 사용되는데 이는 물체가 일 초당 움직인 거리(m)를 나타낸다.

(2) 공식

① 거리 = 속력 × 시간

② 시간 = $\frac{\text{거리}}{\text{속력}}$

③ 속력 = $\frac{\text{거리}}{\text{시간}}$

2 농도

(1) 정의

액체나 혼합기체와 같은 용액을 구성하는 성분의 양(量)의 정도로 용액이 얼마나 진하고 묽은지를 수치적으로 나타내는 방법이다.

① **질량백분율** : 용액 100g 속에 녹아 있는 용질의 그램(g)수로서 %로 나타낸다.

② **부피백분율** : 용액 100㎖ 속에 녹아 있는 용질의 ㎖수로 용질의 부피백분율을 나타낸다. 단, 알코올이나 물처럼 혼합에 의해서 부피에 변화가 생기는 경우에는 혼합하기 전의 부피를 기준으로 한다.

(2) 공식

식염의 양을 구한 후에 농도를 계산한다.

① 식염의 양(g) = 농도(%) × 식염수의 양(g) ÷ 100

② 구하는 농도 $= \dfrac{\text{식염} \times 100(\%)}{\text{식염} + \text{물}(= \text{식염수})}(\%)$

㉠ **식염수에 물을 더할 경우** : 분모에 $(+xg)$의 식을 추가

㉡ **식염수에서 물을 증발시킬 경우** : 분모에 $(-xg)$을 추가

㉢ **식염수에 식염을 더한 경우** : 분모, 분자 각각에 $(+xg)$을 추가

3 확률

(1) 정의

하나의 사건이 일어날 수 있는 가능성을 수로 나타낸 것으로 같은 원인에서 특정의 결과가 나타나는 비율을 뜻한다.

(2) 공식

① **확률값** : 원인과 결과와의 계(系)를 사건이라고 하면 사건 A가 반드시 일어나는 경우, 사건 A의 확률 P(A)는 100%, 즉 1로 되고 그것이 절대로 일어나지 않으면 사건 A의 확률은 0이 된다. 따라서 일반적으로 사건 A의 확률이 1보다 커지는 경우는 없고 0보다 작아지는 경우도 없다. 확률의 값은 일반적으로 $0 \leq P(A) \leq 1$과 같이 표현된다.

② **덧셈정리** : A, B가 동시에 일어나지 않을 때, 즉 배반사건인 경우 A 또는 B의 어느 한쪽이 일어날 확률 P(A 또는 B)는 A 및 B가 일어날 확률의 합으로 된다. 즉, $P(A \cup B) = P(A) + P(B)$로서 표현된다.

③ **곱셈정리** : 사건 A와 B가 서로 무관계하게 나타날 때, 즉 독립사건일 때 A와 B가 동시에 나타날 확률 P(A와 B)는 $P(A \cap B) = P(A) \times P(B)$로서 표현된다.

4 순열과 조합

(1) 경우의 수

① 한 사건 A가 a가지 방법으로 일어나고 다른 사건 B가 b가지 방법으로 일어날 때

㉠ 사건 A, B가 동시에 일어나는 경우 c가지 있을 때 : a+b−c(가지)

㉡ 사건 A, B가 동시에 일어나지 않는 경우 : a+b(가지)

㉢ 한 사건 A가 a가지 방법으로 일어나며 일어난 각각에 대하여 다른 사건 B가 b가지 방법으로 일어날 때 A, B 동시에 일어나는 경우의 수는 a×b(가지)이다.

② 화폐의 지불 방법의 가지 수와 지불금액의 가지 수 A원 권 a장, B원 권 b장, C원 권 c장으로 지불할 때

㉠ 지불하는 방법의 가지 수 : (a+1)(b+1)(c+1)−1(가지)

㉡ 지불금액의 가지 수

- 화폐 액면이 중복되지 않을 때 : (a+1)(b+1)(c+1)−1(가지)
- 화폐 액면이 중복될 때 : 큰 액면을 작은 액면으로 바꿈

(2) 순열

① **정의** : 서로 다른 n개의 물건에서 r개를 택하여 한 줄로 배열하는 것을 n개의 물건에서 r개를 택하는 순열이라 하고 이 순열의 수를 기호로 ${}_nP_r$와 같이 나타낸다.

② **공식**

㉠ ${}_nP_r = n(n-1)(n-2)(n-3)\times\cdots\times(n-r+1) = \dfrac{n!}{(n-r)!}$ (단, $0 \le r \le n$)

㉡ $0! = 1$, ${}_nP_0 = 1$

③ **원순열** : 서로 다른 n개의 물건을 원형으로 배열하는 순열, $(n-1)!$

④ **중복순열** : 서로 다른 n개에서 중복을 허용하여 r개를 택하는 순열을 중복순열이라 하고 기호로는 ${}_n\Pi_r = n^r$로 나타낸다.

⑤ **탁자순열** : $(n-1)!\times$(자리를 순차로 옮겨서 달라지는 것의 개수)

(3) 조합

① **조합의 수** : 서로 다른 n개에서 순서를 고려치 않고 r개를 택할 경우 이 r개로 이루어진 각각의 집합을 말한다.

$${}_nC_r = \frac{{}_nP_r}{r!} = \frac{n!}{r!(n-r)!},\ {}_nC_r = {}_nC_{n-r}(n \ge r),\ {}_nC_0 = 1$$

㉡ **중복조합** : 서로 다른 n개에서 중복을 허락하여 r개를 택하는 조합이다.

$${}_nH_r = {}_{n+r-1}C_r$$

5 도형의 길이 · 면적 · 부피

(1) 도형의 길이

① 둘레의 길이 = 전체를 둘러싸고 있는 길이의 합계

② 주요 공식

㉠ 원둘레 : 지름 $\times \pi$

㉡ 부채꼴의 길이 : 원둘레 $\times \frac{중심각}{360}$

㉢ 장방형 : (가로+세로) $\times 2$

㉣ 정삼각형 : 한 변의 길이 $\times 3$

(2) 도형의 면적

① 원의 면적 : 반지름 $\times$ 반지름 $\times \pi$

② 삼각형의 면적 : 밑변$\times$높이$\div 2$

③ 부채꼴의 면적 : 원의 면적 $\times \frac{중심각}{360}$

④ 사다리꼴의 면적 : (윗변+밑변) $\times$ 높이 $\div 2$

⑤ 구의 면적 : $(반지름)^3 \times \pi$

(3) 도형의 부피

① 사각 기둥의 부피 : 밑면적$\times$높이

② 원기둥의 부피 : 원의 면적$\times$높이

③ 각뿔의 부피 : 사각기둥의 부피$\times \frac{1}{3}$

④ 원뿔의 부피 : 원기둥의 부피$\times \frac{1}{3}$

⑤ 구의 부피 : $\frac{4}{3} \times (반지름)^3 \times \pi$

기출문제 맛보기

01 10%의 소금물과 20%의 소금물, 100g의 물을 섞어 10%의 소금물 500g이 되었다. 섞기 전의 10%의 소금물은 몇 g이었는가?

① 150g ② 200g

③ 250g ④ 300g

10%의 소금물을 xg, 20%의 소금물을 $(400-x)$g이라 할 때, 섞은 소금물의 농도를 구하는 식은 다음과 같다.

$$\frac{0.1x+0.2(400-x)}{500}\times 100=10\%$$

$0.1x+80-0.2x=50$

$0.1x=30$

$\therefore\ x=300g$

답 ④

02 시속 4km로 걷는 미진이와 시속 6km로 걷는 석훈이는 600m 트랙의 같은 출발선에서 동시에 출발했다. 두 사람이 다시 만나는 데까지 석훈이는 트랙을 총 몇 바퀴 돌았는가?

① 2바퀴 ② 2.5바퀴

③ 3바퀴 ④ 3.5바퀴

Advice

같은 방향으로 출발한 두 사람이 만나는 때는 석훈이가 미진이보다 한 바퀴를 더 돌았을 때이므로 두 사람이 움직인 거리의 차가 600m인 때이다.

x시간이 지난 후에 두 사람이 만났을 때, $6x-4x=0.6$이므로 $x=0.3$시간$=18$분이다.

18분 동안 석훈은 $6km/h\times 0.3h=1.8km$를 이동했으므로 $\frac{1800m}{600m/\text{바퀴}}=3$바퀴 돌았다.

답 ③

03 작년까지 A시의 지역 축제에서 A시민에게는 50% 할인된 가격으로 입장료를 판매하였는데 올해부터는 작년 가격에서 각각 5,000원씩 추가 할인하여 판매하기로 했다. 올해 일반 성인입장료와 A시민 성인입장료의 비가 5 : 2일 때, 올해 일반 성인입장료는 얼마인가?

① 30,000원　　② 25,000원
③ 20,000원　　④ 15,000원

작년 일반 성인입장료를 x원이라 할 때, A시민 성인입장료는 $0.5x$원이다.
각각 5,000원씩 할인하면 $(x-5,000):(0.5x-5,000)=5:2$ 이므로 외항과 내항을 곱하여 계산한다.
$5(0.5x-5,000)=2(x-5,000)$
$2.5x-25,000=2x-10,000$
$0.5x=15,000$
$x=30,000$(원)
∴ 올해 일반 성인입장료는 5,000원 할인된 25,000원이다.

답 ②

04 창고에 가득 찬 짐을 기계의 도움 없이 하루 만에 바로 옆 창고로 옮기기 위해서는 남자 8명 또는 여자 11명이 필요하다. 오늘 하루에 짐을 다 옮겨야 하는데 남자 인부를 6명밖에 구하지 못했다면 여자 인부가 최소 몇 명이 필요한가?

① 3명　　② 4명
③ 5명　　④ 6명

Advice

남자 1명이 하루에 옮길 수 있는 양은 $\frac{1}{8}$, 여자 1명이 하루에 옮길 수 있는 양은 $\frac{1}{11}$이다.

남자 6명과 여자 x명이 하루 만에 창고의 모든 짐을 옮기려면 $6\times\frac{1}{8}+x\times\frac{1}{11}=1$이어야 하므로 $x=2.75$, 즉 3명의 여자 인부가 필요하다.

답 ①

05 H문구점에서 전 품목 10% 할인행사 중이다. 지민이는 15,000원을 가지고 있고 H문구점에서 정가 1,500원의 볼펜과 2,000원의 샤프를 사려고 한다. 볼펜과 샤프를 합쳐서 총 10개를 사야하고, 볼펜과 샤프 모두 1개 이상 구매해야 할 때, 살 수 있는 샤프의 최대 개수는?

① 2개
② 3개
③ 4개
④ 5개

Advice

볼펜의 할인가는 1,350원, 샤프의 할인가는 1,800원이다. 샤프를 x개, 볼펜을 $(10-x)$개 샀다고 할 때 $1,350(10-x)+1,800x \leq 15,000$이므로 $x \leq 3.33\cdots$, 즉 샤프는 최대 3개 살 수 있다.

답 ②

실력다지기

01 1에서 20까지의 숫자가 각각 적힌 20장의 카드가 있다. 이 카드에서 임의로 한 장을 뽑을 때, 그것이 4의 배수도 9의 배수도 아닐 확률은?

① $\frac{1}{2}$　　② $\frac{11}{20}$

③ $\frac{13}{20}$　　④ $\frac{3}{4}$

TIP
- 4의 배수가 나올 경우의 수 : 5
- 9의 배수가 나올 경우의 수 : 2
- 4의 배수나 9의 배수가 나올 확률$=\frac{5+2}{20}=\frac{7}{20}$
- 4의 배수도 9의 배수도 아닐 확률$=1-\frac{7}{20}=\frac{13}{20}$

02 농도가 3%로 오염된 물 30kg이 있다. 깨끗한 물을 채워서 오염물질의 농도를 0.5%p 줄이려고 한다. 깨끗한 물은 얼마나 더 넣어야 하는지 구하시오.

① 4kg　　② 5kg

③ 6kg　　④ 7kg

TIP 오염물질의 양은 $\frac{3}{100}\times 30=0.9(kg)$

깨끗한 물을 xkg 더 넣는다면

$\frac{0.9}{30+x}\times 100=2.5, x=6(kg)$

Answer 01.③ 02.③

03 2개의 주사위를 동시에 던질 때, 주사위에 나타난 숫자의 합이 7이 될 확률과 두 주사위가 같은 수가 나올 확률의 합은?

① $\frac{1}{12}$ ② $\frac{1}{2}$

③ $\frac{1}{9}$ ④ $\frac{1}{3}$

TIP 두 주사위를 동시에 던질 때 나올 수 있는 모든 경우의 수는 36이다. 숫자의 합이 7이 될 수 있는 확률은 (1,6), (2,5), (3,4), (4,3), (5,2), (6,1) 총 6가지, 두 주사위가 같은 수가 나올 확률은 (1,1), (2,2), (3,3), (4,4), (5,5), (6,6) 총 6가지다.

$\therefore \frac{6}{36}+\frac{6}{36}=\frac{1}{3}$

04 공원을 가는 데 집에서 갈 때는 시속 2km로 가고 돌아 올 때는 3km 먼 길을 시속 4km로 걸어왔다. 쉬지 않고 걸어 총 시간이 6시간이 걸렸다면 처음 집에서 공원을 간 거리는 얼마나 되는가?

① 7km ② 7.5km

③ 8km ④ 8.5km

TIP $\frac{\text{거리}}{\text{속력}}$=시간이고, 처음 집에서 공원을 간 거리를 x라고 할 때,

$\frac{x}{2}+\frac{x+3}{4}=6 \Rightarrow 3x=21$

$\therefore x=7$

05 재현이가 농도가 20%인 소금물에서 물 60g을 증발시켜 농도가 25%인 소금물을 만든 후, 여기에 소금을 더 넣어 40%의 소금물을 만든다면 몇 g의 소금을 넣어야 하겠는가?

① 45g
② 50g
③ 55g
④ 60g

TIP 20%의 소금물의 양을 Xg이라 하면, 증발시킨 후 소금의 양은 같으므로

$X\times\frac{20}{100}=(X-60)\times\frac{25}{100}$, $X=300$이다.

더 넣은 소금의 양을 xg이라 하면,

$300\times\frac{20}{100}+x=(300-60+x)\times\frac{40}{100}$

$x=60$

06 어느 학급의 40명을 대상으로 한 A, B 두 종류의 수업방식에 대한 선호도 조사를 실시하였다. A를 선택한 학생 수는 23명, B를 선택한 학생 수는 19명이었다. 이때, 두 수업 방식을 모두 선택한 학생 수의 최댓값과 최솟값의 합은?

① 21
② 22
③ 23
④ 24

TIP 최솟값 : $23+19-40=2$

최댓값은 B의 값이 될 수 있다.

최솟값은 2명, 최댓값은 19명이다. 따라서 최댓값과 최솟값의 합은 21이다.

Answer 03.④ 04.① 05.④ 06.①

07 커다란 탱크에 호스 A, B, C로 물을 가득 채우는데 하나씩만 사용했을 때 걸리는 시간은 각각 3시간, 4시간, 6시간이 걸린다고 한다. 처음에 A호스로 1시간을 하다가 중단하고, 이어서 B, C호스를 함께 사용하여 가득 채웠다. B, C호스를 함께 사용한 시간은?

① 1시간 24분　② 1시간 28분
③ 1시간 32분　④ 1시간 36분

TIP 물탱크의 양을 1로 두고,

한 시간 동안 채워지는 물의 양은 $A=\frac{1}{3}, B=\frac{1}{4}, C=\frac{1}{6}$이다.

B, C호스를 함께 사용한 시간을 x시간이라 하면,

(A 호스로 1시간)+(B, C 호스를 함께 사용한 시간 x시간)=1

$\frac{1}{3}\times 1+(\frac{1}{4}+\frac{1}{6})\times x=1$

$5x=8$

$x=\frac{8}{5}$

이므로 1시간 36분이 걸린다.

08 어떤 상품을 정가에서 20%를 할인해서 팔아도, 원가에 대해서는 8%의 이익을 얻고자 한다. 처음 원가에 몇 %의 이익을 붙여서 정가를 매겨야 하는가?

① 35%　② 30%
③ 25%　④ 20%

TIP 원가를 a, 이익을 x라고 한다면

$a\times(1+\frac{x}{100})\times\frac{80}{100}=a\times(1+\frac{8}{100})$

$\frac{(100+x)80}{10000}=\frac{108}{100}$

$x=35\%$

09 학년 학생들이 강당에 모두 모여 긴 의자에 앉는데 한 의자에 4명씩 앉으면 3명이 못 앉고, 한 의자에 5명씩 앉으면 의자 9개가 남고 마지막 의자에는 1명만 앉게 된다고 한다. 1학년 학생 수를 구하면?

① 150명　　② 196명
③ 211명　　④ 230명

TIP 의자의 개수를 x라 하면

$4x+3=5x-5\times 9-(5-1)$

$x=52$

따라서 학생의 수는 $4\times 52+3=211$(명)이다.

10 세 사람의 나이를 모두 곱하면 2450이고 모두 더하면 46이다. 최고령자의 나이는?

① 21　　② 25
③ 28　　④ 35

TIP $xyz=2450=2\times 5^2\times 7^2$에서, 세 사람의 나이로 가능한 숫자는 2, 5, 7, 10, 14, 25, 35이다. 이 중 세 수의 합이 46인 조합은 (7, 14, 25)만 가능하고, 이 때 최고령자의 나이는 25세이다.

11 어느 마을에서 가족이 3명인 세대수는 전체의 $\frac{1}{5}$, 가족이 4명인 세대수는 $\frac{1}{7}$이다. 다음 중 전체 세대수로 가능한 값은?

① 42　　② 50
③ 60　　④ 70

TIP 전체 세대수를 x라 할 때 $\frac{1}{5}x$와 $\frac{1}{7}x$ 모두 자연수여야 한다. 5와 7의 최소공배수는 35이므로, x는 35의 배수여야 한다. 이를 만족하는 것은 ④이다.

Answer 07.④　08.①　09.③　10.②　11.④

12 세 가지 육류가 들어가는 어느 요리에 3인분당 돼지고기 100g, 4인분당 닭고기 100g, 6인분당 소고기 100g이 쓰인다. 세 가지 육류 3600g을 남김없이 사용하여 그 요리를 만들었다면, 몇 인분인가?

① 24 ② 36

③ 48 ④ 52

TIP 요리에 대해 몇 인분을 만들었는지는 동시에 적용된다. 총 x인분의 요리를 만들었다고 할 때, 각각의 재료에 대하여 1인분 당 고기량과 인분수의 곱을 합한 값이 사용한 총 육류량이 된다.

$\frac{100}{3}x+\frac{100}{4}x+\frac{100}{6}x=3600$

$\therefore\ x=3600\times\frac{12}{900}=48$(인분)

13 순재는 한 캔에 850원 하는 콜라 22캔을 사기 위해 마트에 갔다. 그런데 한 캔에 950원 하는 사이다가 15% 세일하여 판매하는 것을 보고, 콜라 대신 사이다를 22개 샀다. 본래 순재가 콜라를 사려고 예상한 금액에서 얼마를 적게 쓴 것인가?

① 470원 ② 580원

③ 715원 ④ 935원

TIP $850\times22-\left\{950-\left(950\times\frac{15}{100}\right)\times22\right\}$

$=18700-17765=935$

14 두 집합 $A=\{a,\ b,\ c,\ d,\ e\}$, $B=\{a,\ d\}$에 대하여 $X\subset A$와 $B\cup X=\{a,\ b,\ d\}$를 동시에 만족하는 집합 X의 개수는?

① 3개 ② 4개

③ 5개 ④ 6개

TIP $B\cup X=\{a,\ b,\ d\}$이므로, X는 b를 포함해야 한다. 또한 A의 부분집합이면서 c와 e를 포함하지 않아야 한다.

$\{b\}\subset X\subset\{a,\ b,\ d\}$

집합 X의 원소의 개수는 $\{a,\ b,\ d\}$에서 b를 제외하고 $2^2=4$개가 된다.

15 220쪽의 과학만화가 너무 재미있어서 시험기간 5일 동안 하루도 빠지지 않고 매일 20쪽씩 읽었다. 시험이 끝나면 나머지를 모두 읽으려고 한다. 시험이 끝나면 모두 몇 쪽을 읽어야 하나?

① 105쪽
② 110쪽
③ 115쪽
④ 120쪽

TIP 전체페이지에서 5일 동안 읽은 페이지를 뺀 나머지를 구한다.
$220-(5\times20)=120$

16 식염수 600g에 400g의 물을 넣었더니 3%의 식염수가 되었다. 다음 중 원래 식염수의 농도를 구하면 얼마인가?

① 4%
② 4.5%
③ 5%
④ 5.5%

TIP 소금의 양을 x라 하면
$\frac{x}{600+400}\times100=3$이므로 $x=30$이다.
따라서 원래의 농도는 $\frac{30}{600}\times100=5(\%)$이다.

Answer 12.③ 13.④ 14.② 15.④ 16.③

17 40%의 소금물 300g을 가열하여, 50g의 물을 증발시키면 몇 %의 소금물이 되는가?

① 44% ② 46%
③ 48% ④ 50%

TIP 40% 소금물 300g에 들어 있는 소금의 양은 $300 \times 0.4 = 120$(g)이고,
물의 양은 $300 - 120 = 180$(g)이다.
물이 50g 증발했으므로 $180 - 50 = 130$(g)이므로
소금물의 농도는 $\frac{120}{130+120} \times 100 = \frac{120}{250} \times 100 = 48(\%)$이다.

18 가로의 길이가 세로의 길이보다 4㎝ 더 긴 직사각형이 있다. 이 직사각형의 둘레가 28㎝일 때 세로의 길이는?

① 4㎝ ② 5㎝
③ 6㎝ ④ 7㎝

TIP 직사각형의 둘레는 가로의 길이 × 2 + 세로의 길이 × 2이다.
세로의 길이를 x라고 가정할 때 가로의 길이는 $x+4$이고, 둘레는 $2\times(x+4)+(2\times x)$이므로 $4x+8=28$, 따라서 x는 5이다.

19 아버지의 나이는 자식의 나이보다 24세 많고, 지금부터 6년 전에는 아버지의 나이가 자식의 나이의 5배였다. 아버지와 자식의 현재의 나이는 각각 얼마인가?

① 36세, 12세 ② 37세, 13세
③ 39세, 15세 ④ 40세, 16세

TIP 자식의 나이를 x라 하면,
$(x+24-6)=5(x-6)$
$48=4x,\ x=12$
아버지의 나이는 $12+24=36$
∴ 아버지의 나이 36세, 자식의 나이는 12세

20 A, B, C, D, E 5명 중에서 3명을 순서를 고려하지 않고 뽑을 경우 방법의 수는?

① 7가지 ② 10가지

③ 15가지 ④ 20가지

TIP 순서를 고려하지 않고 3명을 뽑으므로

$$_5C_3 = \frac{5!}{3! \times (5-3)!}$$
$$= \frac{5 \times 4 \times 3 \times 2 \times 1}{3 \times 2 \times 1 \times 2 \times 1}$$
$$= 10(\text{가지})$$

21 어느 도서 대여점에서는 모든 책에 대하여 1권당 대여료는 동일하고 1일 연체료는 대여료보다 500원 싸다고 한다. 민서가 책 한권을 2일 늦게 반납하고 새로 책 3권을 대여하면서 2500원을 지불하였을 때, 이 도서 대여점의 1일 연체료는? (단, 대여료는 책을 대여할 때 지불한다)

① 100원 ② 150원

③ 200원 ④ 250원

TIP 도서 대여점의 1일 연체료를 x원이라고 하면, 책 한 권의 대여료는 $x+500$이다.

$3(x+500)+2x=2,500$

$3x+1,500+2x=2,500$

$5x=1,000$

$\therefore x=200$(원)

Answer 17.③ 18.② 19.① 20.② 21.③

22 50원 우표와 80원 우표를 합쳐서 27장 구입했다. 80원 우표의 비용이 50원 우표의 비용의 2배일 때 각각 몇 장씩 구입하였는가?

① 50원 우표 12개, 80원 우표 15개

② 50원 우표 11개, 80원 우표 16개

③ 50원 우표 10개, 80원 우표 17개

④ 50원 우표 9개, 80원 우표 18개

TIP 50원 우표를 x개, 80원 우표를 y개라 할 때,

$x+y=27$ ⋯ ㉠

$(50x)\times 2=80y$ ⋯ ㉡

㉠에서 $y=27-x$를 ㉡에 대입하면

$100x=80(27-x)$

$180x=2160$

$x=12,\ y=15$

23 은희는 친구들과 함께 은정이의 생일선물을 사기 위해 돈을 모았다. 한 친구가 24,000원을 내고 나머지 다른 친구들은 10,000원씩 걷었더니 평균 한 사람당 12,000원씩 낸 것이 된다면 친구들의 인원수는?

① 7명

② 9명

③ 11명

④ 13명

TIP 10,000원 낸 친구들의 인원수를 x라 하면

$\frac{24000+10000x}{x+1}=12000,\ x=6$

총 친구들의 인원수는 $6+1=7$(명)

24 물통을 채우는 데 A관의 경우 6시간, B관의 경우 4시간이 걸린다. A, B 두 관을 다 사용했을 경우, 물이 가득 찰 때까지 몇 시간이 걸리는가?

① 2시간 12분　　② 2시간 18분
③ 2시간 24분　　④ 2시간 36분

TIP 물의 양을 1이라 했을 때,

㉠ A관의 경우 시간당 $\frac{1}{6}$만큼 물이 채워진다.

㉡ B관의 경우 시간당 $\frac{1}{4}$만큼 물이 채워진다.

A관, B관 둘 다 사용하면 ㉠ + ㉡이 되므로 시간당 $\frac{1}{6}+\frac{1}{4}=\frac{5}{12}$만큼 물이 채워진다.

물이 다 채워질 때까지 걸리는 시간을 x라 하면 $\frac{5}{12}\times x=1$

$\therefore\ x=\frac{12}{5}=2\frac{2}{5}=2\frac{24}{60}$

∴ 2시간 24분이 걸린다.

25 A기업에서는 매년 3월에 정기 승진 시험이 있다. 시험을 치른 사람이 남자사원, 여자사원을 합하여 총 100명이고 시험의 평균이 남자사원은 72점, 여자사원은 76점이며 남녀 전체평균은 73점일 때 시험을 치른 여자사원의 수는?

① 25명　　② 30명
③ 35명　　④ 40명

TIP 시험을 치른 여자사원의 수를 x라 하고 여자사원의 총점 + 남자사원의 총점 = 전체 사원의 총점이므로 $76x+72(100-x)=73\times 100$
식을 간단히 하면 $4x=100,\ x=25$
∴ 여자사원은 25명이다.

Answer 22.① 23.① 24.③ 25.①

CHAPTER 04

자료해석

출제경향

통계, 그래프, 도표 등 주어진 자료를 분석하여 문제를 해결하는 유형이다.

CHECK POINT

난이도가 높지는 않지만 자료를 분석하여 문제 해결에 필요한 정보를 찾아내는데 시간이 많이 소요될 수 있으므로, 사전에 다양한 유형의 자료들을 분석하는 연습을 통해 문제 해결 능력을 높이도록 한다.

1 자료해석의 이해

(1) 자료읽기 및 독해력

제시된 표나 그래프 등을 보고 표면적으로 제공하는 정보를 정확하게 읽어내는 능력을 확인하는 문제가 출제된다. 특별한 계산을 하지 않아도 자료에 대한 정확한 이해를 바탕으로 정답을 찾을 수 있다.

(2) 자료 이해 및 단순계산

문제가 요구하는 것을 찾아 자료의 어떤 부분을 갖고 그 문제를 해결해야 하는지를 파악할 수 있는 능력을 확인한다. 문제가 무엇을 요구하는지 자료를 잘 이해해서 사칙연산부터 나오는 숫자의 의미를 알아야 한다. 계산 자체는 단순한 것이 많지만 소수점의 위치 등에 유의한다. 자료 해석 문제는 무엇보다도 꼼꼼함을 요구한다. 숫자나 비율 등을 정확하게 확인하고, 이에 맞는 식을 도출해서 문제를 푸는 연습과 표를 보고 정확하게 해석할 수 있는 연습이 필요하다.

(3) 응용계산 및 자료추리

자료에 주어진 정보를 응용하여 관련된 다른 정보를 도출하는 능력을 확인하는 유형으로 각 자료의 변수의 관련성을 파악하여 문제를 풀어야 한다. 하나의 자료만을 제시하지 않고 두 개 이상의 자료가 제시한 후 각 자료의 특성을 정확히 이해하여 하나의 자료에서 도출한 내용을 바탕으로 다른 자료를 이용해서 문제를 해결하는 유형도 출제된다.

2 증감률

전년도 매출 : P, 올해 매출 : N

전년도 대비 증감률 : $\frac{N-P}{P} \times 100$

3 손익계산

(1) 정의

① 정가 : 에누리 없는 값

② 정가 = 원가 + 이익

(2) 예시

① 이익이 원가의 10%인 경우 : 원가×0.1

② 정가가 원가의 10% 할증(10% 증가)의 경우 : 원가×(1+0.1)

③ 매가가 정가의 10% 할인(10% 감소)의 경우 : 정가×(1−0.1)

4 백분율

비율 × 100 = $\frac{\text{비교하는 양}}{\text{기준량}} \times 100$

5 비례식

비교하는 양 : 기준량 = 비교하는 양 : 기준량

전항 : 후항 = 전항 : 후항

외항 : 내항 = 내항 : 외항

6 차트의 종류 및 특징

(1) 세로 막대형

시간의 경과에 따른 데이터 변동을 표시하거나 항목별 비교를 나타내는 데 유용하다. 보통 세로 막대형 차트의 경우 가로축은 항목, 세로축은 값으로 구성된다.

(2) 꺾은선형

꺾은선은 일반적인 척도를 기준으로 설정된 시간에 따라 연속적인 데이터를 표시할 수 있으므로 일정 간격에 따라 데이터의 추세를 표시하는 데 유용하다. 꺾은선형 차트에서 항목 데이터는 가로축을 따라 일정한 간격으로 표시되고 모든 값 데이터는 세로축을 따라 일정한 간격으로 표시된다.

(3) 원형

데이터 하나에 있는 항목의 크기가 항목 합계에 비례하여 표시된다. 원형 차트의 데이터 요소는 원형 전체에 대한 백분율로 표시된다.

(4) 가로 막대형

가로 막대형은 개별 항목을 비교하여 보여준다. 단, 표시되는 값이 기간인 경우는 사용할 수 없다.

(5) 주식형

이름에서 알 수 있듯이 주가 변동을 나타내는 데 주로 사용한다. 과학 데이터에도 이 차트를 사용할 수 있는데 예를 들어 주식형 차트를 사용하여 일일 기온 또는 연간 기온의 변동을 나타낼 수 있다.

기출문제 맛보기

01 다음은 1봉(1회 제공량)의 포장단위가 20g인 K사 아몬드초콜릿의 영양성분표이다. 이에 대한 설명으로 옳지 않은 것은?

	100g 당 함량	% 영양소 기준치
열량	605kcal	
탄수화물	30g	10%
당류	20g	
단백질	20g	35%
지방	45g	90%
포화지방	7.5g	50%
트랜스지방	0g	
콜레스테롤	25mg 미만	5%
나트륨	25mg	0%

① K사 아몬드초콜릿 1회 제공량의 탄수화물 함량은 6g이다.
② K사 아몬드초콜릿이 제공하는 열량 중 60% 이상이 지방으로부터 얻어진다.
③ K사 아몬드초콜릿으로 지방의 1일 영양소 기준치를 100% 이상 섭취하려면 6봉 이상 섭취해야 한다.
④ K사 아몬드초콜릿 2봉을 섭취하면 1일 영양소 기준치 이상의 포화지방을 섭취하게 된다.

Advice

① 1회 제공량(1봉)은 20g이므로 탄수화물의 함량은 30/5 = 6g이다.
② K사 아몬드초콜릿 100g에서 지방이 제공하는 열량은 45g×9kcal/g = 405kcal이다. 총 605kcal 중 지방이 제공하는 열량의 비율은 $\frac{405}{605} \times 100 ≒ 66.9\%$이다.
③ 1봉당 지방의 '% 영양소 기준치'는 18%이므로 100% 이상 섭취하려면 6봉 이상 섭취해야 한다.
④ 수어신 표는 100g(5봉)에 대한 정보이므로 10봉을 섭취해야 1일 영양소 기준치 이상의 포화지방을 섭취하게 된다.

답 ④

Ⅰ 02~03 Ⅰ 다음은 2017~2020년 창업지원금 신청자를 대상으로 직업을 조사한 자료이다. 자료를 보고 물음에 답하시오.

(단위 : 명)

직업 \ 연도	2017	2018	2019	2020
교수	54	34	152	183
연구원	49	73	90	118
대학생	23	17	59	74
대학원생	12	31	74	93
회사원	357	297	481	567
기타	295	350	310	425
계	790	802	1,166	1,460

02 전체 창업지원금 신청자 대비 회사원 비율이 가장 높은 해는 몇 년인가?

① 2017년 ② 2018년

③ 2019년 ④ 2020년

Advice

$$\frac{\text{회사원 수}}{\text{전체 창업지원금 신청자}}\times 100$$

- 2017 : $\frac{357}{790}\times 100 = 45.19\%$
- 2018 : $\frac{297}{802}\times 100 = 37.03\%$
- 2019 : $\frac{481}{1,166}\times 100 = 41.25\%$
- 2020 : $\frac{567}{1,460}\times 100 = 38.84\%$

답 ①

03 2017년 대비 2020년의 신청자 수의 증가율이 가장 큰 직업은 무엇인가?

① 교수
② 연구원
③ 대학생
④ 대학원생

Advice

$$\frac{2020\text{년 신청자 수} - 2017\text{년 신청자 수}}{2017\text{년 신청자 수}} \times 100$$

- 교수 : $\frac{183-54}{54} \times 100 = 238.9\%$
- 연구원 : $\frac{118-49}{49} \times 100 = 140.8\%$
- 대학생 : $\frac{74-23}{23} \times 100 = 221.7\%$
- 대학원생 : $\frac{93-12}{12} \times 100 = 675\%$
- 회사원 : $\frac{567-357}{357} \times 100 = 58.8\%$

답 ④

04 다음 표는 2018~2021년 K국의 연도별 지방세 징수액 현황에 관한 자료이다. 이를 그래프로 나타낸 것으로 옳지 않은 것은?

구분 \ 연도		2018	2019	2020	2021
지방세 징수액(조 원)		32.3	33.4	33	37.8
조세총액 대비 지방세 징수액 비율(%)		21.2	21.4	21.7	21.5
GDP 대비 지방세 징수액 비율(%)		4.8	4.4	4.2	4.2
지역별 징수액(조 원)	A	12.9	13.4	12.9	14.5
	B	3.3	3.4	3.4	3.9
	C	1.9	2.0	2.1	2.6
	D	1.3	1.3	1.3	1.6
	E	12.9	13.3	13.3	15.2

① K국 연도별 조세총액

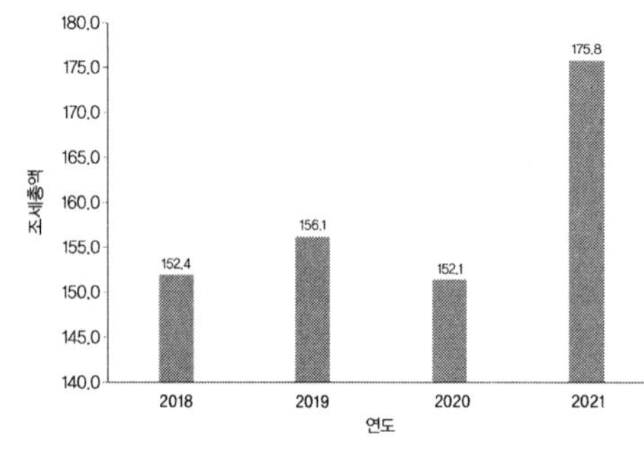

② 2021년 지역별 징수액 비율

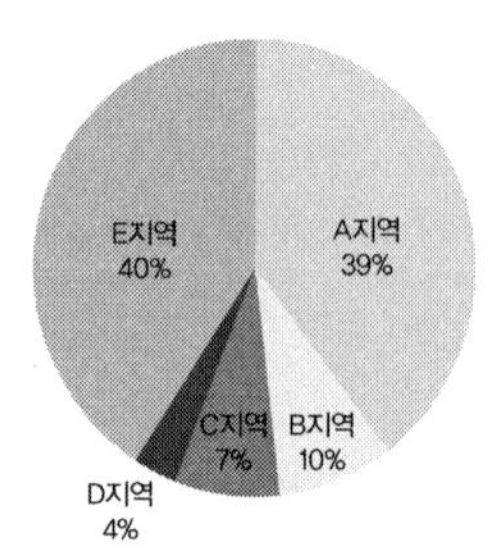

③ K국 전년대비 GDP증가율

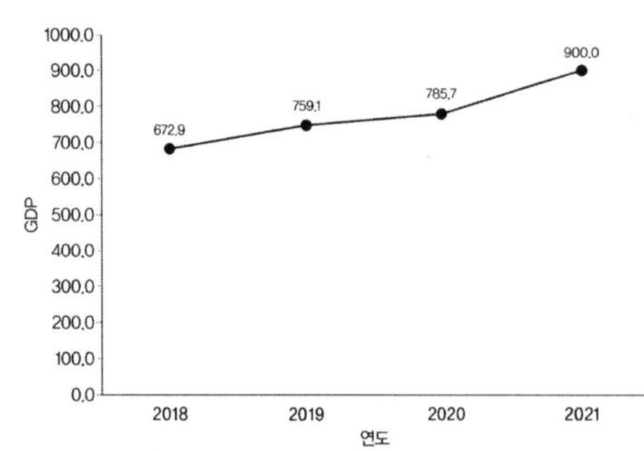

④ GDP 대비 조세총액 비율

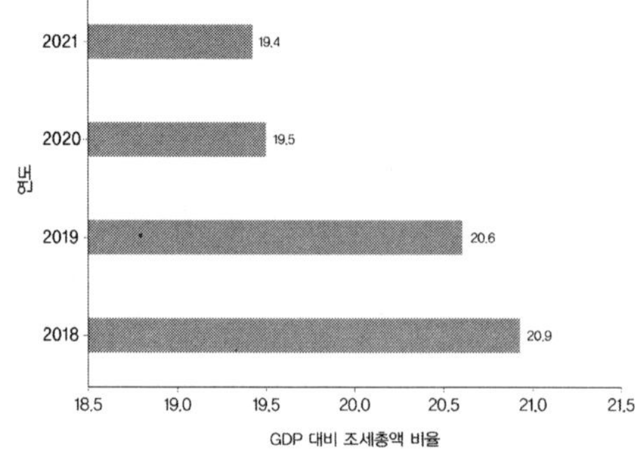

Advice

① $조세총액 = \frac{지방세\ 징수액 \times 100}{조세총액\ 대비\ 지방세\ 징수액\ 비율}$

2018 : $\frac{32.3}{21.2} \times 100 = 152.4$(조 원)　　2019 : $\frac{33.4}{21.4} \times 100 = 156.1$(조 원)

2020 : $\frac{33}{21.7} \times 100 = 152.1$(조 원)　　2021 : $\frac{37.8}{21.5} \times 100 = 175.8$(조 원)

② $\frac{지역별\ 징수액}{지방세\ 징수액} \times 100$

A : $\frac{14.5}{37.8} \times 100 = 38.4(\%)$　　B : $\frac{3.9}{37.8} \times 100 = 10.3(\%)$

C : $\frac{2.6}{37.8} \times 100 = 6.9(\%)$　　D : $\frac{1.6}{37.8} \times 100 = 4.2(\%)$

E : $\frac{15.2}{37.8} \times 100 = 40.2(\%)$

③ $GDP = \frac{지방세\ 징수액 \times 100}{GDP\ 대비\ 지방세\ 징수액\ 비율}$

2018 : $\frac{32.3}{4.8} \times 100 = 672.9$(조 원)　　2019 : $\frac{33.4}{4.4} \times 100 = 759.1$(조 원)

2020 : $\frac{33}{4.2} \times 100 = 785.7$(조 원)　　2021 : $\frac{37.8}{4.2} \times 100 = 900$(조 원)

④ $GDP대비\ 조세총액\ 비율 = \frac{조세총액}{GDP} \times 100$

2018 : $\frac{152.4}{672.9} \times 100 = 22.6(\%)$　　2019 : $\frac{156.1}{759.1} \times 100 = 20.6(\%)$

2020 : $\frac{152.1}{785.7} \times 100 = 19.4(\%)$　　2021 : $\frac{175.8}{900} \times 100 = 19.5(\%)$

답 ④

실력다지기

01 다음은 '갑'기업의 사업장별 연간 매출액에 대한 자료이다. 이에 대한 설명으로 옳지 않은 것은?

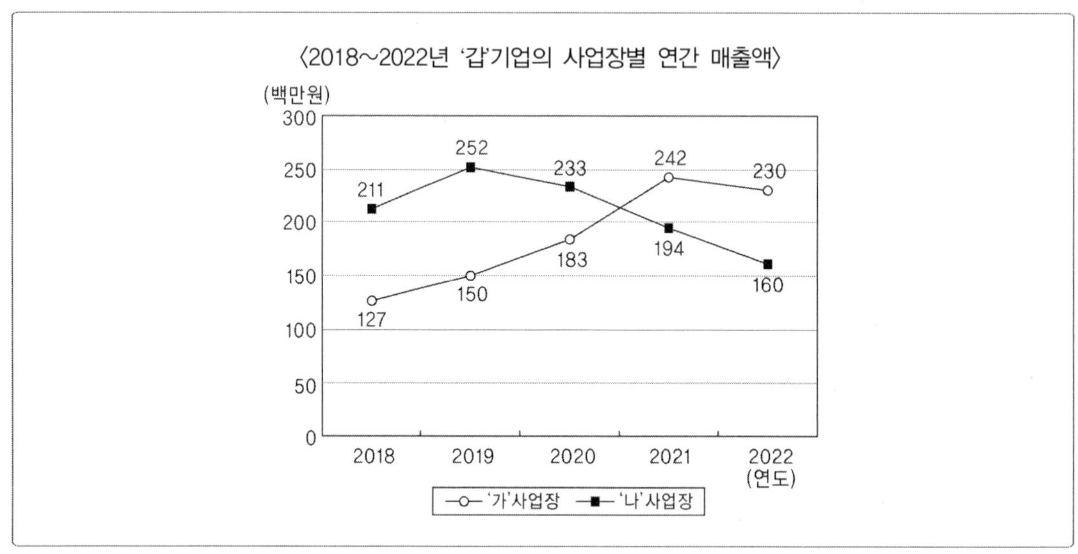

① 2019년에 두 사업장의 매출액의 차가 가장 크다.

② '갑' 기업은 매년 총 매출액이 증가하고 있다.

③ 2022년 '나' 사업장의 전년대비 감소율은 2021년의 전년대비 감소율보다 높다.

④ 2019년 '가' 사업장과 '나' 사업장의 전년대비 증가율은 2%p 이상 차이나지 않는다.

TIP ② '갑' 기업의 총 매출액은 2022년 390(백만 원)으로 2021년 436(백만 원)보다 감소했다.

① 2019년 두 사업장의 매출액의 차는 102(백만 원)으로 가장 크다.

③ 2022년 '나' 사업장의 전년대비 감소율은 −17.5%, 2021년 '나' 사업장의 전년대비 감소율은 16.7%이다. 따라서 2022년의 전년대비 감소율이 더 높다.

④ 2019년의 '가' 사업장의 전년대비 증가율은 18.1%, '나' 사업장의 전년대비 증가율은 19.4%로 1.3%p 차이가 난다.

02 다음은 개인정보를 활용한 보이스피싱(전화금융사기) 피해신고 건수 및 금액에 대한 자료이다. 이에 대한 설명으로 옳은 것은?

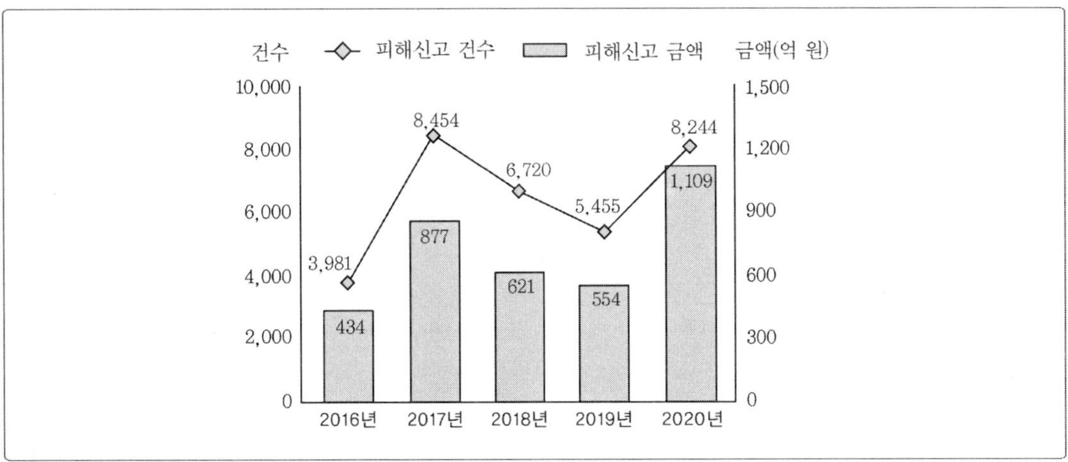

① 보이스피싱 피해신고 건수는 2017년 이후 점차 감소하다가 2020년에 다시 급격히 증가하였다.

② 보이스피싱 피해신고 건수 및 금액이 가장 많았던 해와 적었던 해는 각각 같다.

③ 2016년 ~ 2020년 보이스피싱 피해신고 금액의 평균은 700억 원에 미치지 못한다.

④ 전년 대비 2020년 보이스피싱 피해신고 건수의 증가율은 50% 이하이다.

TIP ② 보이스피싱 피해신고 건수가 가장 많았던 해는 2017년이고, 금액이 가장 많았던 해는 2020년이다.

③ 2016년 ~ 2020년 보이스피싱 피해신고 금액의 평균은 719억 원이다.

④ 전년 대비 2020년 보이스피싱 피해신고 건수의 증가율은 50% 이상이다.

Answer 01.① 02.①

03 다음은 ◇◇기업 지원자의 인턴 및 해외연수 경험과 합격여부에 관한 자료이다. 주어진 자료에 대한 설명으로 옳은 것은?

〈A 기업 지원자의 인턴 및 해외연수 경험과 합격여부〉

인턴경험	해외연수 경험	합격여부	
		합격	불합격
있음	있음	53	414
	없음	11	37
없음	있음	0	16
	없음	4	139

* 합격률 $= \frac{\text{합격자수}}{\text{합격자수} + \text{불합격자수}} \times 100$

** 합격률은 소수점 아래 둘째 자리에서 반올림한다.

① 합격률은 모든 항목에서 1% 이상이다.

② 합격인원이 가장 많은 항목이 합격률도 가장 높다.

③ 해외연수 경험이 있는 것보다 경험이 없는 것이 더 낫다.

④ 총 지원자 수는 700명 이상이다.

TIP ③ 주어진 자료를 주면 해외연수 경험이 있는 지원자보다 해외연수 경험이 없는 지원자들의 합격률이 더 높은 것을 확인할 수 있다.

① 인턴경험 없이 해외연수 경험이 있는 지원자들의 합격률은 0%로 1% 이하이다.

② 합격인원이 가장 많은 항목은 인턴경험이 있고 해외연수 경험이 있는 지원자 집단으로 합격률은 11.3%이다. 인턴경험이 있고 해외연수 경험이 없는 지원자는 합격인원은 11명이지만 합격률은 22.9%로 가장 높다.

④ 총 지원자 수는 합격자와 불합격자의 수를 더하여 구할 수 있다.

04 2019년 공채로 채용된 사무직, 연구직, 기술직, 고졸사원은 모두 2,000명이었고, 인원 현황은 다음과 같다. 2020년도에도 2,000명이 채용되는데, 사무직, 연구직, 기술직, 고졸사원의 채용 비율을 19 : 10 : 6 : 4로 변경할 방침이다. 이에 대한 설명으로 적절한 것은?

〈2019년 공채로 채용된 직원〉

구분	사무직	연구직	기술직	고졸사원
인원수	1,100명	200명	400명	300명

① 2020년 기술직 사원수는 2019년 기술직 사원수보다 늘어날 것이다.

② 2020년 사무직 사원수는 전체 채용 인원의 절반 이하로 줄어들 것이다.

③ 2020년 연구직 사원수는 전년대비 3배 이상 증가할 것이다.

④ 2020년 고졸사원수는 2019년 채용된 고졸사원수보다 늘어날 것이다.

TIP 2020년 채용되는 직무별 사원수를 구하면 사무직 974명, 연구직 513명, 기술직 308명, 고졸사원 205명이다. 기술직 사원의 수는 전년도 대비 감소하며, 연구직 사원은 전년도 대비 313명 증가하며, 2020년의 고졸사원의 수는 2019년보다 감소한다.

Answer 03.③ 04.②

05 다음은 국제결혼 건수에 관한 표이다. 설명으로 가장 적절한 것은?

(단위 : 명)

구분 연도	총 결혼건수	국제 결혼건수	외국인 아내건수	외국인 남편건수
2006	399,312	4,710	619	4,091
2010	393,121	6,616	3,072	3,544
2014	375,616	12,188	8,054	4,134
2018	306,573	15,193	11,017	4,896
2022	332,752	39,690	30,208	9,482

① 외국인과의 결혼 비율이 점점 감소하고 있다.

② 21세기 이전에는 총 결혼건수가 증가 추세에 있었다.

③ 총 결혼건수 중 국제 결혼건수가 차지하는 비율이 증가 추세에 있다.

④ 한국 남자와 외국인 여자의 결혼건수 증가율과 한국 여자와 외국인 남자의 결혼건수 증가율이 비슷하다.

TIP ① 외국인과의 결혼 비율은 점점 증가하고 있다.

② 2006년부터 2014년까지는 총 결혼건수가 감소하고 있었다.

④ 한국 남자와 외국인 여자의 결혼건수 증가율이 한국 여자와 외국인 남자의 결혼건수 증가율보다 훨씬 높다.

06 다음은 2021년 사원 매출 현황 보고서이다. 가장 매출액이 큰 사원은 누구인가?

(단위 : 천 원)

사원 번호	이름	부서	1사분기	2사분기	3사분기	4사분기	합계	평균
ZH1001	김성은	영업부	8,602	7,010	6,108	5,058	26,778	6,695
ZH1002	윤두현	개발부	8,872	5,457	9,990	9,496	33,815	8,454
ZH1003	노정희	총무부	8,707	6,582	9,638	7,837	32,764	8,191
ZH1004	강일중	영업부	6,706	7,432	6,475	4,074	26,687	6,672
ZH1005	황인욱	영업부	7,206	8,780	8,034	5,832	29,852	7,463
ZH1006	노성일	영업부	9,142	6,213	6,152	9,699	31,206	7,802
ZH1007	전용국	개발부	6,777	8,104	8,204	7,935	31,020	7,755
ZH1008	박민하	총무부	6,577	8,590	9,726	8,110	33,003	8,251
ZH1009	백금례	영업부	9,468	9,098	8,153	9,082	35,801	8,950
ZH1010	서은미	개발부	5,945	7,873	5,168	9,463	28,449	7,112

① 윤두현 ② 노정희

③ 박민하 ④ 백금례

TIP ④ 총매출액 35,801,000원으로 가장 매출액이 크다.

Answer 05.③ 06.④

07 다음은 A도시의 생활비 지출에 관한 자료이다. 연령에 따른 전년도 대비 지출 증가비율을 나타낸 것이라 할 때 작년에 비해 가계운영이 더 어려웠을 가능성이 높은 업소는?

연령(세) / 품목	24이하	25~29	30~34	35~39	40~44	45~49	50~54	55~59	60~64	65 이상
식료품	7.5	7.3	7.0	5.1	4.5	3.1	2.5	2.3	2.3	2.1
의류	10.5	12.7	−2.5	0.5	−1.2	1.1	−1.6	−0.5	−0.5	−6.5
신발	5.5	6.1	3.2	2.7	2.9	−1.2	1.5	1.3	1.2	−1.9
의료	1.5	1.2	3.2	3.5	3.2	4.1	4.9	5.8	6.2	7.1
교육	5.2	7.5	10.9	15.3	16.7	20.5	15.3	−3.5	−0.1	−0.1
교통	5.1	5.5	5.7	5.9	5.3	5.7	5.2	5.3	2.5	2.1
오락	1.5	2.5	−1.2	−1.9	−10.5	−11.7	−12.5	−13.5	−7.5	−2.5
통신	5.3	5.2	3.5	3.1	2.5	2.7	2.7	−2.9	−3.1	−6.5

① 30대 후반이 주로 찾는 의류 매장

② 중학생 대상의 국어 · 영어 · 수학 학원

③ 30대 초반의 사람들이 주로 찾는 볼링장

④ 65세 이상 사람들이 자주 이용하는 마을버스 회사

TIP 마이너스가 붙은 수치들은 전년도에 비해 지출이 감소했음을 뜻하므로 주어진 보기 중 마이너스 부호가 붙은 것을 찾으면 된다. 중학생 대상의 국 · 영 · 수 학원비 부담 계층은 대략 50세 이하인데 모두 플러스 부호에 해당하므로 전부 지출이 증가하였고, 30대 초반의 오락비 지출은 감소하였다.

08 다음은 A 회사의 2010년과 2020년의 출신 지역 및 직급별 임직원 수에 대한 자료이다. 이에 대한 설명으로 옳지 않은 것은?

〈2010년의 출신 지역 및 직급별 임직원 수〉

(단위 : 명)

직급 \ 지역	서울 · 경기	강원	충북	충남	경북	경남	전북	전남	합계
이사	0	0	1	1	0	0	1	1	4
부장	0	0	1	0	0	1	1	1	4
차장	4	4	3	3	2	1	0	3	20
과장	7	0	7	4	4	5	11	6	44
대리	7	12	14	12	7	7	5	18	82
사원	19	38	41	37	11	12	4	13	175
합계	37	54	67	57	24	26	22	42	329

〈2020년의 출신 지역 및 직급별 임직원 수〉

(단위 : 명)

직급 \ 지역	서울 · 경기	강원	충북	충남	경북	경남	전북	전남	합계
이사	3	0	1	1	0	0	1	2	8
부장	0	0	2	0	0	1	1	0	4
차장	3	4	3	4	2	1	1	2	20
과장	8	1	14	7	6	7	18	14	75
대리	10	14	13	13	7	6	2	12	77
사원	12	35	38	31	8	11	2	11	148
합계	36	54	71	56	23	26	25	41	332

① 출신 지역을 고려하지 않을 때, 2010년 대비 2020년에 직급별 인원의 증가율은 이사 직급에서 가장 크다.

② 출신 지역별로 비교할 때, 2020년의 경우 해당 지역 출신 임직원 중 과장의 비율은 전라북도가 가장 높다.

③ 2010년에 비해 2020년에 과장의 수는 증가하였다.

④ 2010년에 비해 2020년에 대리의 수가 늘어난 출신 지역은 대리의 수가 줄어든 출신 지역에 비해 많다.

TIP 2010년에 비해 2020년에 대리의 수가 늘어난 출신 지역은 서울 · 경기, 강원, 충남 3곳이고, 대리의 수가 줄어든 출신 지역은 충북, 경남, 전북, 전남 4곳이다.

Answer 07.③ 08.④

09 다음은 어느 산의 5년 동안 산불 피해 현황을 나타낸 표이다. 다음 표에 대한 설명으로 옳은 것은?

구분	2022년	2021년	2020년	2019년	2018년
입산자실화	185	232	250	93	217
논밭두렁 소각	63	95	83	55	110
쓰레기 소각	40	41	47	24	58
어린이 불장난	14	13	13	4	20
담배불실화	26	60	51	43	60
성묘객실화	12	24	22	31	63
기타	65	51	78	21	71
합계	405	516	544	271	599

① 2019년 산불피해건수는 전년에 비해 감소하였다.

② 산불피해건수는 해마다 꾸준히 증가하고 있다.

③ 산불발생에 가장 큰 원인은 논밭두렁 소각이다.

④ 입산자실화에 의한 산불피해 건수는 2019년에 가장 많았다.

TIP ② 2018년부터 산불은 증가와 감소를 반복하고 있다.

③ 가장 큰 원인은 입산자실화이다.

④ 입산자실화에 의한 산불피해 건수는 2020년에 가장 많았다.

10 다음은 어떤 학교의 우유 급식 현황을 나타낸 것이다. 이를 통해 알 수 있는 것은?

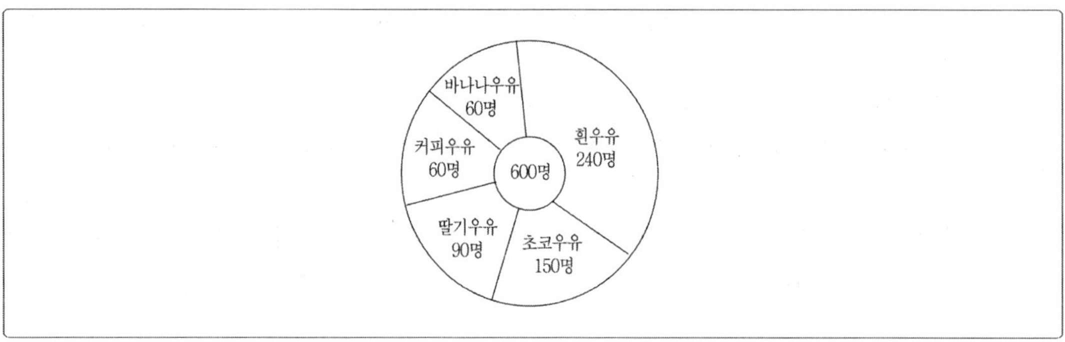

① 흰우유를 마시는 학생은 전체 학생의 40%이다.

② 초코우유를 마시는 학생은 바나나우유를 마시는 학생의 1.5배이다.

③ 전체 학생의 20%는 딸기우유를 마신다.

④ 초코우유와 딸기우유를 마시는 학생의 합은 흰우유를 마시는 학생보다 많다.

TIP ① 전체 학생은 600명, 흰우유를 마시는 학생은 240명이므로 $\frac{240}{600} \times 100 = 40\%$이다.

② 초코우유를 마시는 학생은 바나나우유를 마시는 학생의 2.5배이다.

③ 전체 학생의 15%가 딸기우유를 마신다.

④ 초코우유와 딸기우유를 마시는 학생의 합은 흰우유를 마시는 학생 수와 동일하다.

11 **다음은 A 드라마의 시청률을 나타낸 그래프이다. 그래프에 대한 설명으로 옳은 것은?**

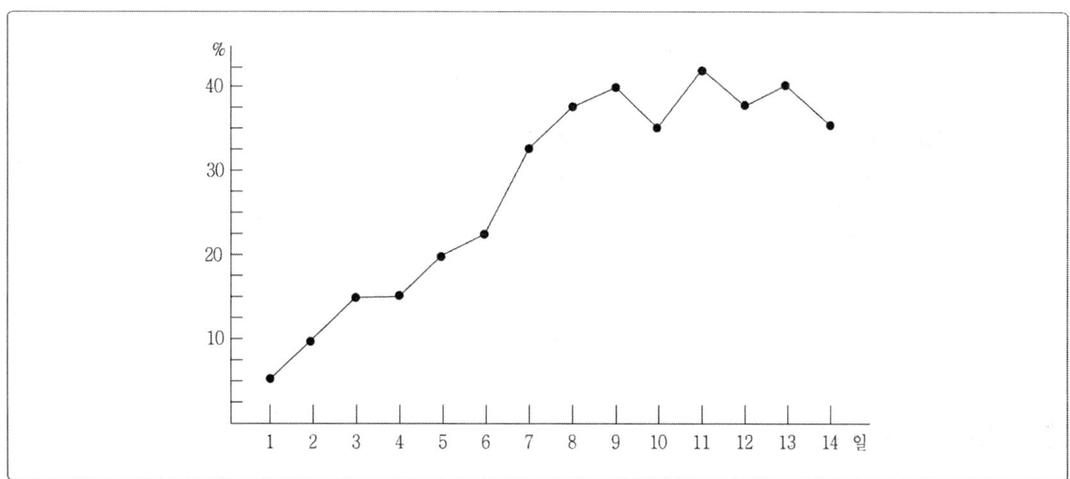

① A 드라마의 시청률은 꾸준히 감소하고 있다.

② 9일 이후 A 드라마의 시청률은 꾸준히 하락하고 있다.

③ 13일에 A 드라마는 최고 시청률을 기록하였다.

④ 3일의 시청률은 1일의 시청률보다 3배 증가하였다.

TIP ④ 3일의 시청률은 15%로 1일의 시청률 5%보다 3배 증가하였다.

① A 드라마는 시청률이 증가, 감소를 반복하고 있다.

② 9일 이후 A드라마의 시청률은 증가, 감소를 반복하고 있다.

③ A 드라마는 11일에 최고 시청률을 기록하였다.

Answer 09.① 10.① 11.④

▌12~13▐ 다음은 어느 음식점의 메뉴별 판매비율을 나타낸 것이다. 물음에 답하시오.

(단위 : %)

메뉴	2019년	2020년	2021년	2022년
A	17.0	26.5	31.5	36.0
B	24.0	28.0	27.0	29.5
C	38.5	30.5	23.5	15.5
D	14.0	7.0	12.0	11.5
E	6.5	8.0	6.0	7.5

12 2022년 판매개수가 1,500개라면 A 메뉴의 판매개수는 몇 개인가?

① 500개 ② 512개

③ 535개 ④ 540개

TIP 2022년 A메뉴 판매비율은 36.0%이므로
판매개수는 $1,500 \times 0.36 = 540$(개)

13 다음 중 옳지 않은 것은?

① A 메뉴의 판매비율은 꾸준히 증가하고 있다.

② C 메뉴의 판매비율은 4년 동안 50% 이상 감소하였다.

③ 2019년과 비교할 때 E 메뉴의 2022년 판매비율은 3%p 증가하였다.

④ 2019년 C 메뉴의 판매비율이 2022년 A 메뉴 판매비율보다 높다.

TIP ③ 2019년 E 메뉴 판매비율 6.5%, 2022년 E 메뉴 판매비율 7.5%이므로 1%p 증가하였다.

▎14~15▎ 다음은 만화산업의 지역별 수출, 수입액 현황에 대한 자료이다. 각 물음에 답하시오.

(단위 : 천 달러)

구분		중국	일본	동남아	북미	유럽	기타	합계
수출액	2020년	986	6,766	3,694	2,826	6,434	276	20,982
	2021년	1,241	7,015	4,871	3,947	8,054	434	25,562
	2022년	1,492	8,165	5,205	4,208	9,742	542	29,354
수입액	2020년	118	6,388	—	348	105	119	7,078
	2021년	112	6,014	—	350	151	198	6,825
	2022년	111	6,002	—	334	141	127	6,715

14 2022년 전체 수출액 중 가장 높은 비중을 차지하는 지역의 수출액 비중과, 2022년 전체 수입액 중 가장 높은 비중을 차지하는 지역의 수입액 비중의 차를 구한 것은? (단, 각 비중은 소수점 이하 셋째 자리에서 반올림한다)

① 56.2%p　　② 58.4%p
③ 60.6%p　　④ 62.8%p

TIP 2022년 유럽 : $\frac{9,742}{29,354}\times 100 \fallingdotseq 33.18$

2022년 일본 : $\frac{6,002}{6,715}\times 100 \fallingdotseq 89.38$

$89.38-33.18=56.2(\%p)$

15 2020년 전체 수출액 중 가장 낮은 비중을 차지하는 지역의 수출액 비중과, 2020년 전체 수입액 중 가장 낮은 비중을 차지하는 지역의 수입액 비중의 차를 구한 것은? (단, 각 비중은 소수점 이하 둘째 자리에서 반올림한다, 기타 지역은 제외한다)

① 1.2%p　　② 3.2%p
③ 5.1%p　　④ 7.3%p

TIP 2020년 중국 : $\frac{986}{20,982}\times 100 \fallingdotseq 4.7$

2020년 유럽 : $\frac{105}{7,078}\times 100 \fallingdotseq 1.5$

$4.7-1.5=3.2(\%p)$

Answer 12.④ 13.③ 14.① 15.②

PART

02

추리능력

- 01 수 · 문자추리
- 02 도형추리
- 03 과학추리

CHAPTER 01

수 · 문자추리

출제경향

제시된 숫자나 문자가 가진 규칙성을 찾아 빈칸에 들어갈 값을 구하는 유형의 문제이다.

CHECK POINT

수 · 문자추리는 추리능력의 전반부에 다수 출제되는 유형으로 난이도가 어렵지는 않지만 짧은 시간에 빠르게 해결하고 넘어가야 하므로 반복적인 연습이 요구된다. 수 · 문자추리에서 시간을 많이 소요하면 과학추리와 도형추리에서 낭패를 볼 수 있으므로, 바로 해결되지 않는 문제의 경우 과감하게 포기하고 다음 문제로 넘어가는 결단성도 필요하다.

1 피보나치수열

이탈리아의 수학자인 피보나치(E. Fibonacci)가 고안해 낸 수열로서 첫 번째 항의 값이 0이고 두 번째 항의 값이 1일 때, 이후의 항들은 이전의 두 항을 더한 값으로 이루어지는 수열을 말한다. 이를테면, 제3항은 제1항과 제2항의 합, 제4항은 제2항과 제3항의 합이 되는 것과 같이, 인접한 두 수의 합이 그 다음 수가 되는 수열이다. 즉, 0, 1, 1, 2, 3, 5, 8, 13, 21, 34, 55,⋯ 인 수열이며, 보통 $a_1 = a_2 = 1$, $a_n + a_{n+1} = a_{n+2}$ (n=1, 2, 3⋯) 로 나타낸다.

2 계차수열

수열 a_n에서 $a_n - a_{n-1}$을 계차라고 하고 계차로 이루어지는 수열을 계차수열이라 한다.

$$
\begin{matrix}
a_1 & & a_2 & & a_3 & \cdots\cdots & a_{n-1} & & a_n \\
& \vee & & \vee & & & & \vee & \\
& b_1 & & b_2 & & \cdots\cdots & & b_{n-1} &
\end{matrix}
$$

$b_n = a_{n+1} - a_n$(단, n=1, 2, 3, ⋯)

3 등차수열

각 항이 그 앞의 항에 일정한 수를 더한 것으로 이루어진 수열이다. 수열 a_1, a_2, a_3, ..., a_n에서 $a_n = a_{n-1} + d$인 관계식이 성립되는 수열을 말한다. 이때 일정한 차를 공차라고 한다.

4 등비수열

각 항이 그 앞의 항에 일정한 수를 곱한 것으로 이루어진 수열이다. 즉, 어떤 수 a에 차례로 일정한 수 r을 곱해서 만들어진 수열 a, ar, ⋯, ar^{n-1}, ar^n을 등비수열이라 하고 a를 첫째항, r을 공비라고 한다.

5 조화수열

각 항($A_n > 0$)의 역수가 등차수열을 이루는 수열을 가리킨다.

1, $\frac{1}{2}$, $\frac{1}{3}$, $\frac{1}{4}$이나 1, $\frac{1}{3}$, $\frac{1}{5}$, $\frac{1}{7}$, $\frac{1}{9}$이 조화수열이다.

6 군수열

일정한 규칙성으로 몇 항씩 묶어서 나눈 수열이다.

예 1 1 3 1 3 5 1 3 5 7 1 3 5 7 9
→(1) (1 3) (1 3 5) (1 3 5 7) (1 3 5 7 9)

7 묶음형 수열

수열이 몇 개씩 묶어서 제시되어 묶음에 대한 규칙을 빠르게 찾아내야 한다.

예 $\frac{1\ 2\ 3}{1+2=3}$ $\frac{3\ 4\ 7}{3+4=7}$ $\frac{5\ 6\ 11}{5+6=11}$

기출문제 맛보기

| 01~04 | 다음은 일정한 규칙에 따라 배열한 수열이다. 빈칸에 들어갈 수 또는 문자를 고르시오.

01

5 6 12 15 ( ) 65 390

① 50 ② 55

③ 60 ④ 65

Advice

+1, ×2, +3, ×4, …으로 변화한다.
∴ 15×4=60

답 ③

02

3 3 3 6 18 ( ) 710

① 70 ② 71

③ 83 ④ 90

Advice

피보나치수열(1, 1, 2, 3, 5, 8,…)이 차례로 곱해지고 있으므로 빈칸에 들어갈 수는 18×5=90이다.

답 ④

03

2 4 9 20 43 90 ( )

① 170 ② 175
③ 180 ④ 185

×2, ×2+1, ×2+2, ×2+3, …으로 변화한다.
∴ 90×2+5=185

답 ④

04

A－T－F－O－( )－J－P

① I ② K
③ M ④ O

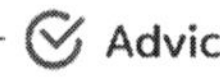

A	B	C	D	E	F	G	H	I	J	K	L	M	N	O	P	Q	R	S	T
1	2	3	4	5	6	7	8	9	10	11	12	13	14	15	16	17	18	19	20

A(1)－T(20)－F(6)－O(15)－(?)－J(10)－P(16)
홀수 항은 5씩 증가, 짝수 항은 5씩 감소하므로 빈칸에 들어갈 문자는 K(11)이다.

답 ②

05 다음 중 나머지 보기와 다른 관계인 것은?

① ADEH ② 1457
③ ㄱㄹㅁㅇ ④ Ⅰ Ⅳ Ⅴ Ⅷ

Advice

② 1458이어야 나머지와 동일한 규칙이 된다.
① 알파벳 순서 1458이다.
③ 자음순서 1458이다.
④ 로마자 1458이다.

답 ②

CHAPTER 01

실력다지기

| 01~06 | 다음은 일정한 규칙에 따라 배열한 수열이다. 빈칸에 알맞은 것을 고르시오.

01

1 1 3 8 9 27 27 ( )

① 36
② 64
③ 88
④ 124

TIP 1항, 3항, 5항, 7항의 홀수항은 각각 3^0, 3^1, 3^2, 3^3이고 2항, 4항, 6항의 짝수항은 각각 1^3, 2^3, 3^3이므로 ( )안은 $4^3=64$가 된다.

02

14 23 32 41 50 59 ( )

① 70
② 69
③ 68
④ 67

TIP 주어진 수열은 5+9n(n=1, 2, 3, …)의 규칙으로 진행된다. 따라서 빈칸에 들어갈 수는 5+9×7=68이다.

03

549 567 585 603 612 621 ( )

① 636
② 634
③ 632
④ 630

TIP 주어진 수열은 주어진 수에 각 자리의 수를 더하면 다음 수가 되는 규칙을 가지고 있다. 따라서 빈칸에 들어갈 수는 621+6+2+1=630이다.

04

13 15 18 23 30 41 54 ( )

① 67
② 71
③ 73
④ 77

TIP 주어진 수열은 첫 번째 항부터 소수가 순서대로 더해지는 규칙을 가지고 있다. 따라서 빈칸에 들어갈 수는 54+17=71이다.

05

8 13 21 34 55 89 ( )

① 102
② 119
③ 137
④ 144

TIP 주어진 수열은 세 번째 항부터 앞의 두 항을 더한 값이 다음 항이 되는 규칙을 가지고 있다. 따라서 빈칸에 들어갈 수는 55+89=144이다.

06

16 81 8 27 4 ( ) 2

① 6
② 9
③ 12
④ 15

TIP 홀수 항은 $\frac{1}{2}$씩, 짝수 항은 $\frac{1}{3}$씩 변화하고 있다.

Answer 01.② 02.③ 03.④ 04.② 05.④ 06.②

| 07~09 | 다음 빈칸에 들어갈 알맞은 문자를 고르시오.

07

A − E − I − M − (　)

① P　② Q

③ R　④ S

TIP 문자를 숫자에 대입하면 다음과 같다.

1	2	3	4	5	6	7	8	9	10	11	12	13	14	15	16	17
A	B	C	D	E	F	G	H	I	J	K	L	M	N	O	P	Q

A(1)−E(5)−I(9)−M(13)은 +4씩 더해지므로 정답은 Q(17)이다.

08

F − I − H − K − J − (　)

④ M　② O

③ S　④ T

TIP 각 문자의 차가 3, −1로 반복되고 있다.

09

G − I − L − P − (　)

① S　② T

③ U　④ V

TIP 문자에 숫자를 대입하면 G(7)−I(9)−L(12)−P(16)이다.
처음의 문자에서 2, 3, 4의 순서로 변하므로 빈칸에는 앞의 문자에 5를 더한 문자가 와야 한다.

| 10~13 | 다음 밑줄 친 수들의 규칙을 찾아 빈칸에 들어갈 수를 고르시오.

10

> 14 2 8   20 4 6   ( ) 6 5

① 6   ② 8

③ 12   ④ 24

TIP 첫 번째 수를 두 번째 수로 나눈 후 그 몫에 1을 더하고 있다. 그러므로 5에서 1을 뺀 후 거기에 6을 곱하면 24가 된다.

11

> 7 3 ( )   10 4 6   8 1 7

① 2   ② 4

③ 20   ④ 24

TIP 첫 번째 수에서 두 번째 수를 빼면 세 번째 수가 나온다.
∴ ( ) 안에 들어갈 수는 7−3=4

12

> 4 3 7 10   5 4 9 13   −2 ( ) −7 −12

① 0   ② −1

③ −3   ④ −5

TIP 첫 번째 수와 두 번째 수를 더하면 세 번째 수가 나온다.
두 번째 수와 세 번째 수를 더하면 네 번째 수가 나온다.
∴ ( ) 안에 들어갈 수는 −2+( )=−7이므로 −5가 된다.

Answer 07.② 08.① 09.③ 10.④ 11.② 12.④

13

1 3 3　2 4 8　4 6 ( )

① 10　② 12
③ 24　④ 30

✓TIP 첫 번째 수에 두 번째 수를 곱하면 세 번째 수가 나온다.
∴ ( )안에 들어갈 수는 $4 \times 6 = 24$

| 14~18 | 다음 중 나머지와 다른 하나를 고르시오.

14 ① AADB　② 가가다나
③ ㄹㄹㅂㅁ　④ HHJI

✓TIP 한글 자음 또는 알파벳 순서의 앞쪽에 있는 것이 두 번 반복되고, 그것보다 2개 뒤쪽의 것이 세 번째에 오고 마지막으로 그 둘의 사이에 있는 문자가 온다. 따라서 ①은 'AACB'가 되어야 ②③④와 동일해진다.

15 ① 가갸갸거　② AEEA
③ EIIO　④ 로료료루

✓TIP 한글 모음 또는 알파벳 모음의 앞쪽에 있는 것이 맨 앞에 오고, 바로 뒤에 있는 모음이 두 번 반복된 후 그 다음 모음이 온다. 따라서 ②는 'AEEI'가 되어야 ①③④와 동일해진다.

16 ① ㄱㄴㄷㄱ　② ㅏㅑㅓㅏ
③ 1232　④ ABCA

✓TIP 한글 자모 또는 알파벳, 숫자가 차례로 세 개가 온 후 다시 맨 앞의 것이 온다. 따라서 ③은 '1231'이 되어야 ①②④와 동일해진다.

17 ① 고코고코　　② 도토도토

③ 조초조초　　④ 코호코호

✓TIP 한글 자음의 예사소리와 거센소리가 한 번씩 번갈아오고 있다.

18 ① 그느드르　　② 1234

③ 아어오우　　④ ABCD

✓TIP 한글 자모 또는 알파벳, 숫자가 차례로 변하고 있다. 따라서 ③은 '아야어여'가 되어야 ①②④와 동일해진다.

| 19~20 | 다음 기호의 규칙을 보고 빈칸에 알맞은 것을 고르시오.

19

2 * 3=3　3 * 4=8　4 * 7=21　5 * 8=32　6 * (5 * 4)=(　　)

① 74　　② 76

③ 78　　④ 80

✓TIP 두 수를 곱한 후 뒤의 수를 다시 빼주고 있으므로
(5 * 4) = 5×4−4 = 16, 6 * 16 = 6×16−16 = 80

20

4∘8=5　7∘8=11　9∘5=9　3∘(7∘2)=(　　)

① 6　　② 13

③ 19　　④ 24

✓TIP 두 수를 곱한 후 십의 자리 수와 일의 자리 수를 더하고 있으므로
(7∘2)는 7×2 = 14에서 1+4 = 5, 3∘5는 3×5 = 15에서 1+5 = 6

✓ Answer 13.③ 14.① 15.② 16.③ 17.④ 18.③ 19.④ 20.①

CHAPTER

02 도형추리

출제경향

규칙을 가지고 변화하는 몇 개의 도형을 나열한 후 다음에 이어질 도형을 추리하는 유형의 문제이다.

CHECK POINT

정형화된 패턴에서 거의 벗어나지 않는 편으로 문제풀이를 통해 유형에 익숙해지면 수월하게 해결할 수 있다. 나열된 도형의 비교 포인트를 빠르게 찾아 규칙성을 파악하는 능력이 필요하다.

유형별 분류

유형	예시
직선 문제	Q. 다음 도형들의 일정한 규칙을 찾아 "?"에 들어갈 도형을 고르시오 → → → ?
사각형 문제	Q. 다음 도형들의 일정한 규칙을 찾아 빈칸에 들어갈 도형을 고르시오 A I L / K G D / S H C　B K M / M J F / T J D　[빈칸]　D O O / Q P J / V N F　E Q P / S S L / W P G
관계 문제	Q. 다음에서 왼쪽 도형의 관계를 보고 "?"에 들어갈 도형을 고르시오. : ?

기출문제 맛보기

| 1~2 | 주어진 도형들의 일정한 규칙을 찾아 ?에 들어갈 도형으로 알맞은 것을 고르시오.

01

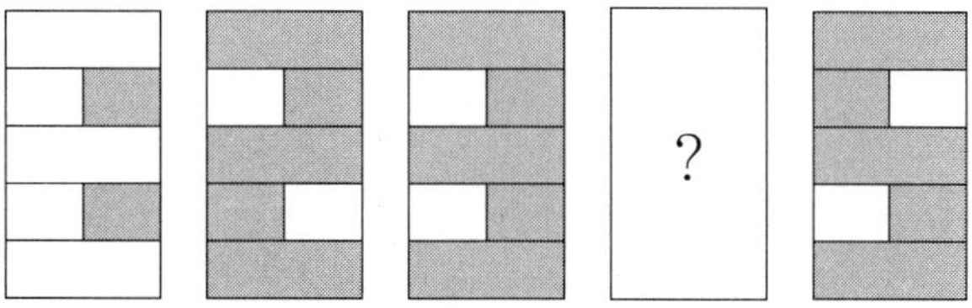

?

①

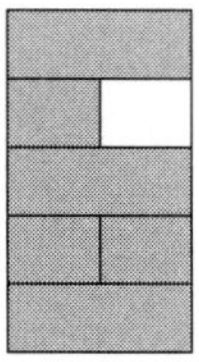

②

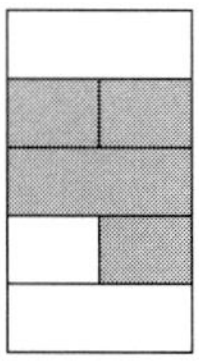

③

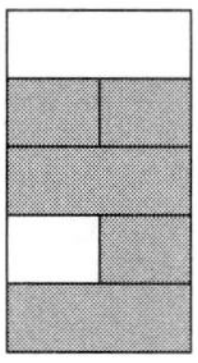

④

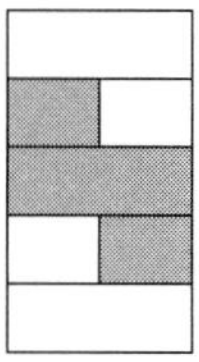

Advice

디지털시계에서 숫자를 나타내는 모양을 표로 변환한 것이다. 물음표에는 숫자 4에 해당하는 모양이 들어가야 하므로 ②가 정답이다.

답 ②

02

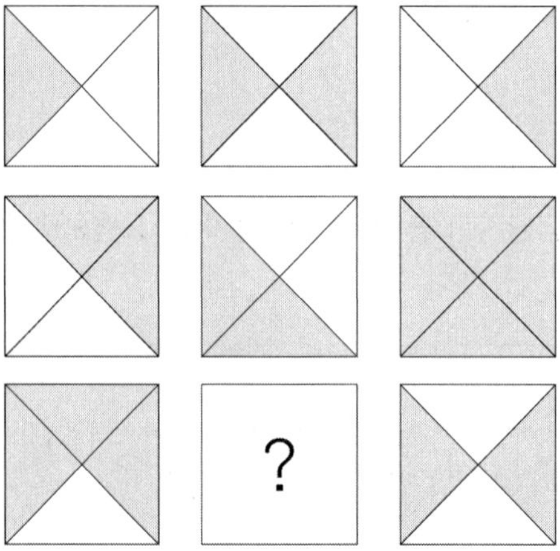

?

①

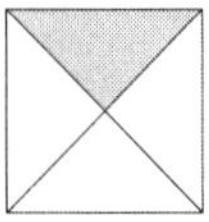

②

③

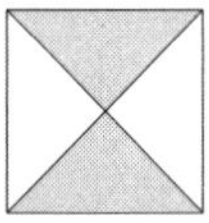

④

Advice

같은 행의 왼쪽 두 사각형을 합치면 마지막 사각형이 된다. 단, 색이 겹친 곳은 색칠되지 않는다.

답 ①

실력다지기

┃01～10┃ 다음 도형들의 일정한 규칙을 찾아 '?' 표시된 부분에 들어갈 도형을 고르시오.

01

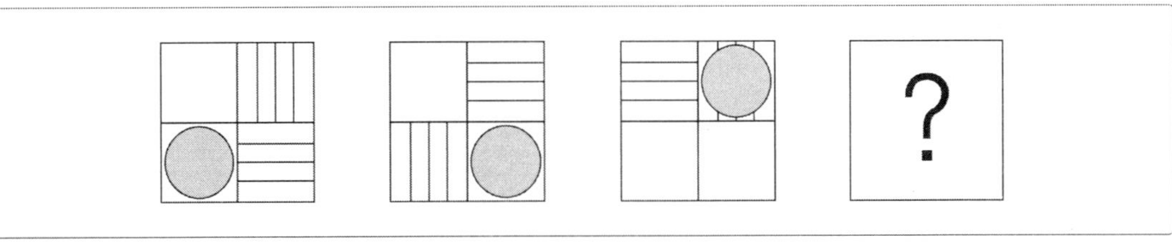

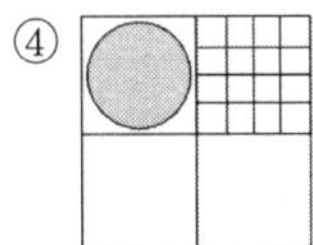

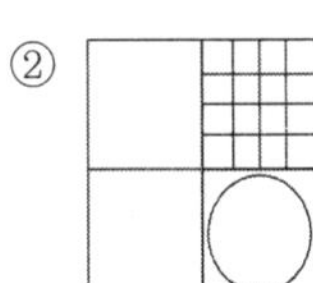

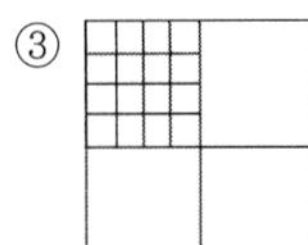

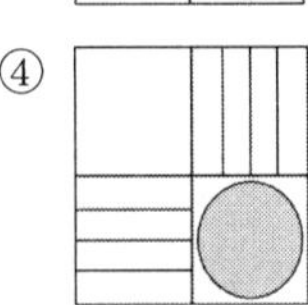

TIP

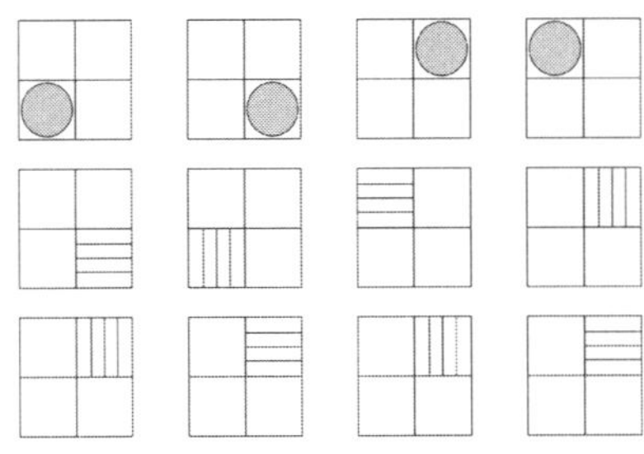

Answer 01.①

02

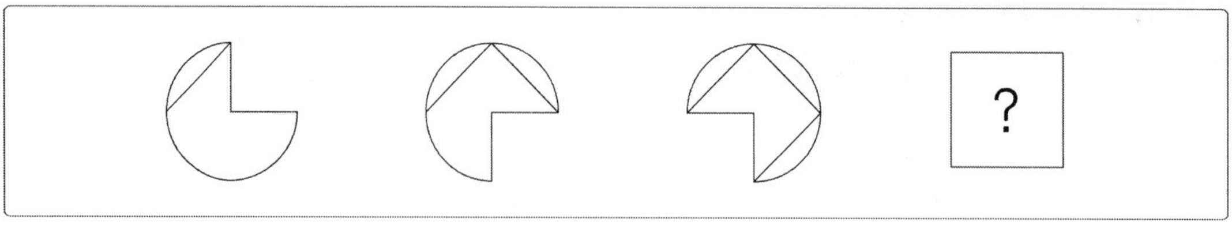

?

①

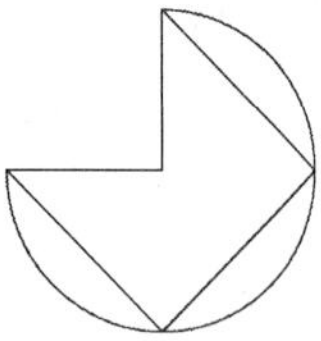

②

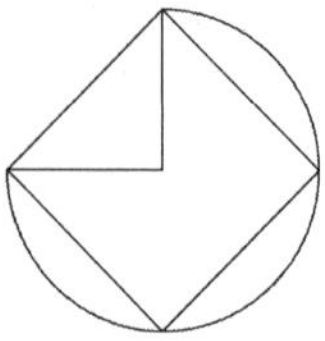

③

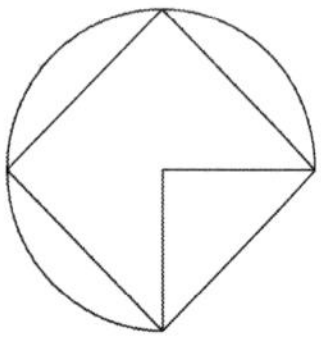

④

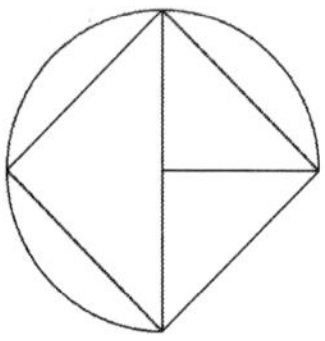

TIP 제시된 도형은 시계 방향으로 90° 씩 회전하면서 선이 하나씩 추가되고 있다.

03

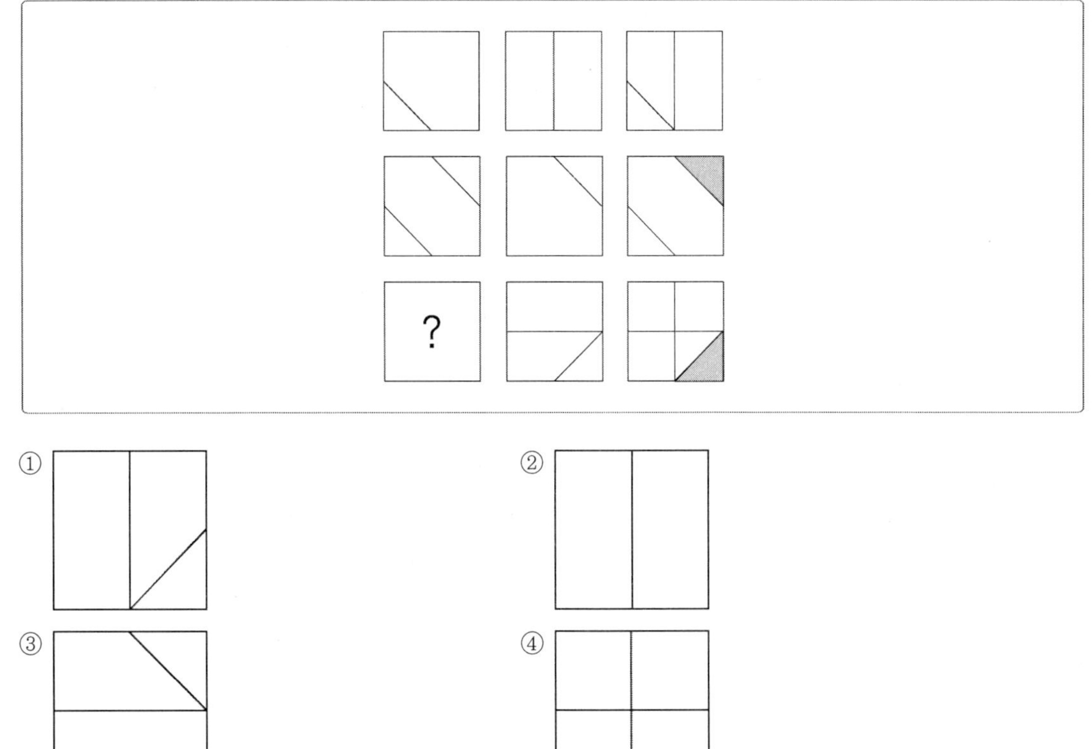

TIP 1열과 2열의 내부 도형과 선이 합쳐서 3열의 도형이 되며 내부 도형이 겹쳐지는 경우 3열에서 색칠되어 표시된다. 빈칸이 제시된 행의 3열을 보면 색칠된 도형이 있으므로 2열과 같은 위치에 삼각형이 있음을 알 수 있고 2열에 없는 세로선을 가지고 있음을 알 수 있다.

Answer 02.② 03.①

04

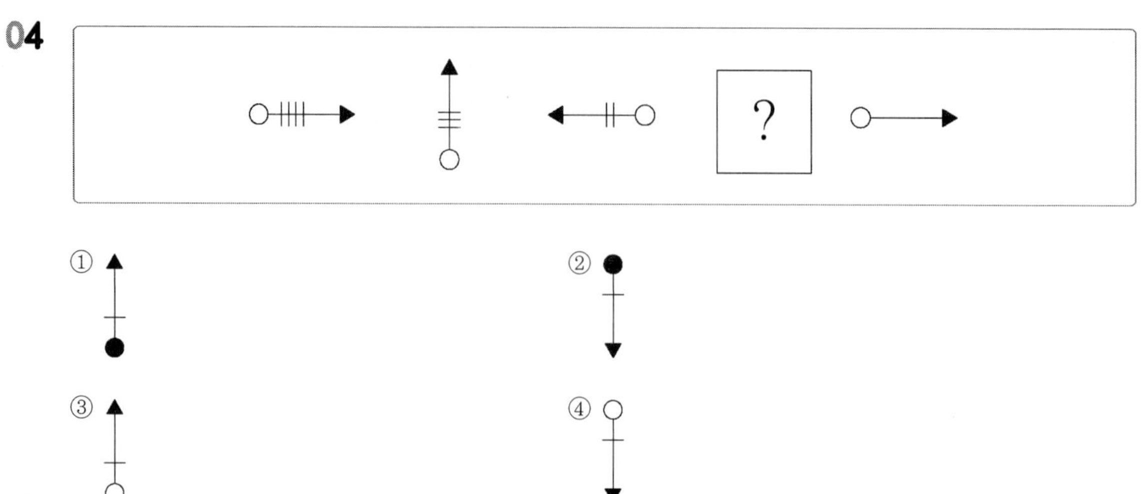

TIP 제시된 도형의 경우 화살표 방향이 시계 반대 방향으로 90°씩 회전하면서 중간의 선들이 하나씩 줄어들고 있다.

05

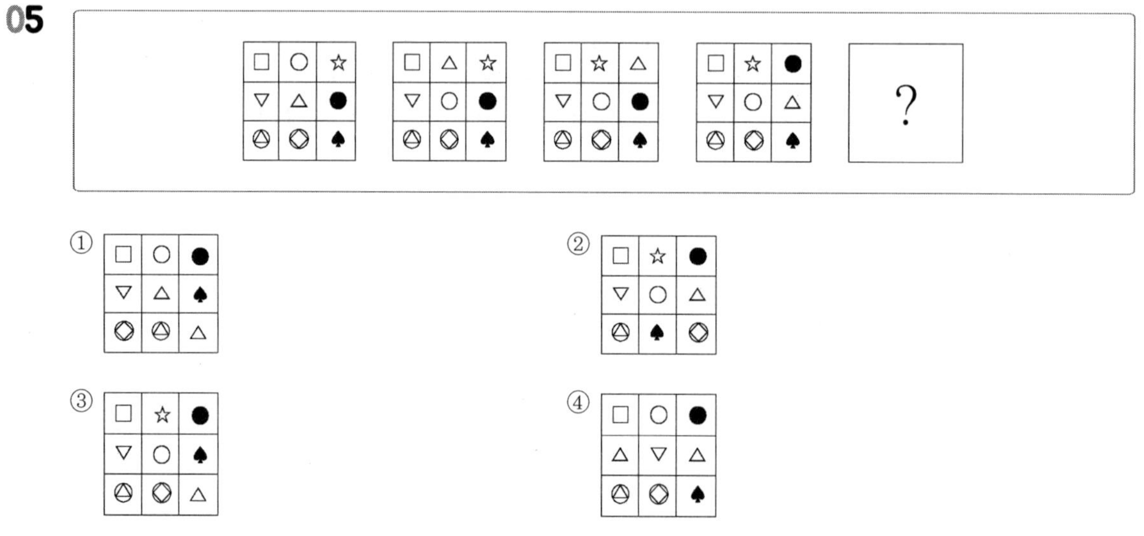

TIP △ 도형이 시계방향으로 인접한 부분의 도형과 자리를 바꾸어 가면서 이동하고 있다.

06

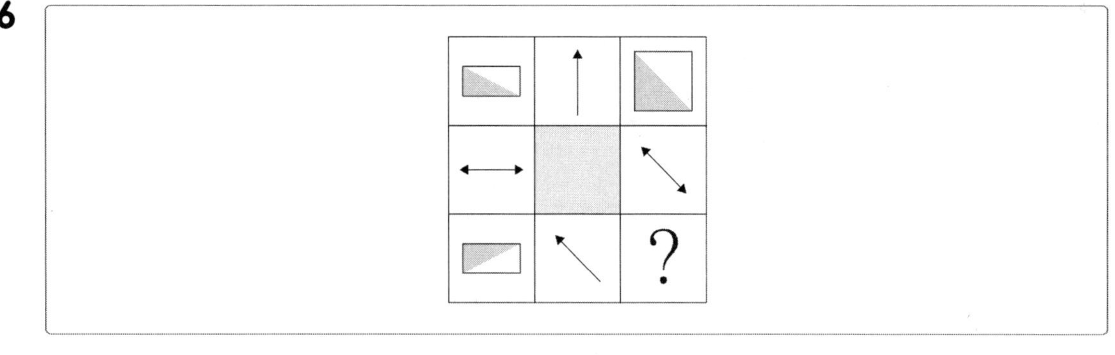

① 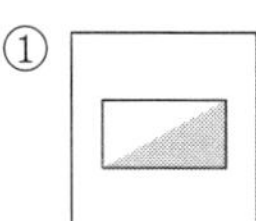

② 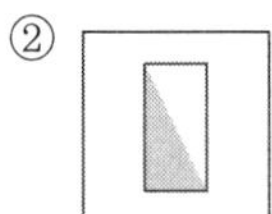

③ 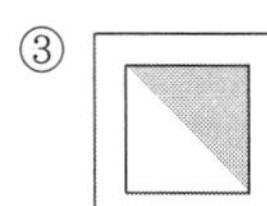

④ 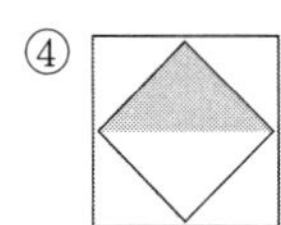

TIP 화살표의 모양과 그에 따른 도형의 변화를 살펴보면

↑의 경우 직사각형이던 좌측의 도형이 우측의 정사각형 형태로 위쪽 방향으로 늘렸다고 볼 수 있으며, ↔의 경우 좌우 대칭임을 알 수 있다. 그렇다면 ↖은 45도 방향으로 늘리라는 의미로 볼 수 있으며, ⤡의 경우는 45도 방향으로 좌우 대칭임을 알 수 있다. 정답은 ④가 된다.

Answer 04.④ 05.③ 06.④

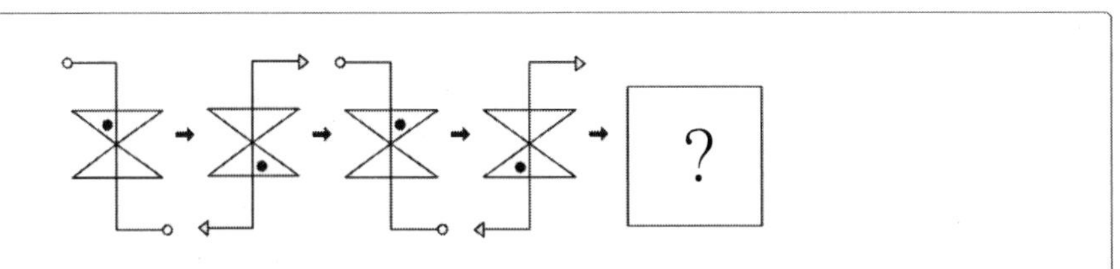

①
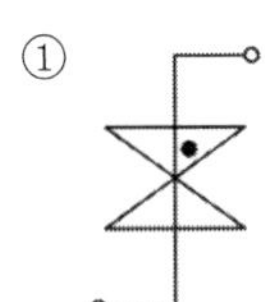

②
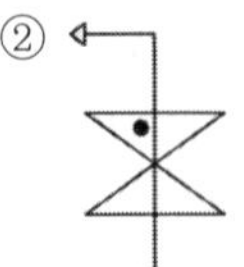

③
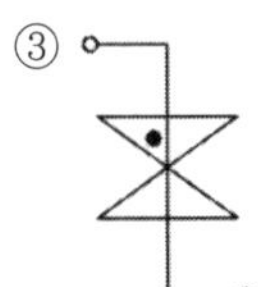

④
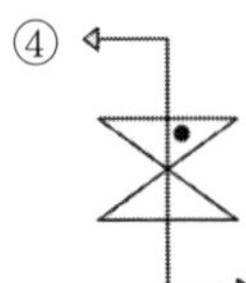

TIP 제시된 도형의 경우 첫 번째, 세 번째와 두 번째, 네 번째 도형으로 나누어 생각할 수 있다. 첫 번째, 세 번째 도형의 경우 모양은 같은 채 삼각형에 있는 검은색 원의 위치만 바뀌고 있으므로 다섯 번째에는 검은색 원이 왼쪽에 위치해야 한다.

08

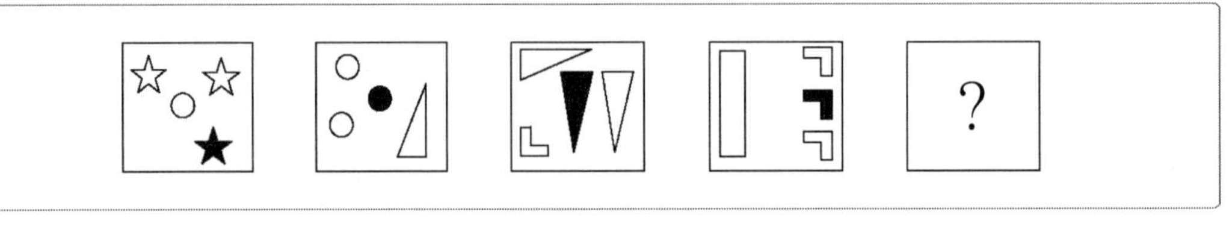

①
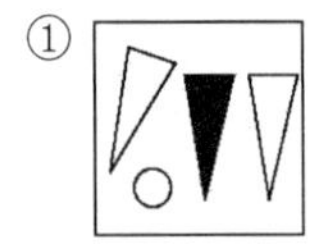

②
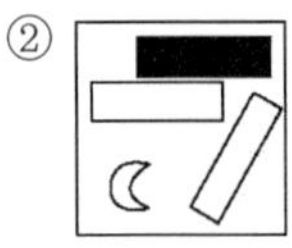

③
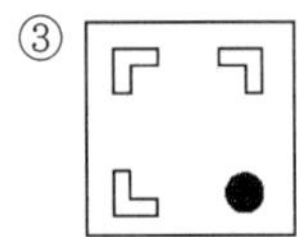

④
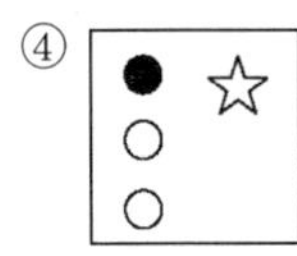

TIP 제시된 문제는 도형의 종류와 그 수가 많아 법칙성을 찾기 어렵지만 잘 확인해보면, 처음 제시된 도형 중 하나만 제시된 것이 다음에서 다시 세 개로 변하고 있으며 세 개 중에 하나는 검은색이 된다.

09

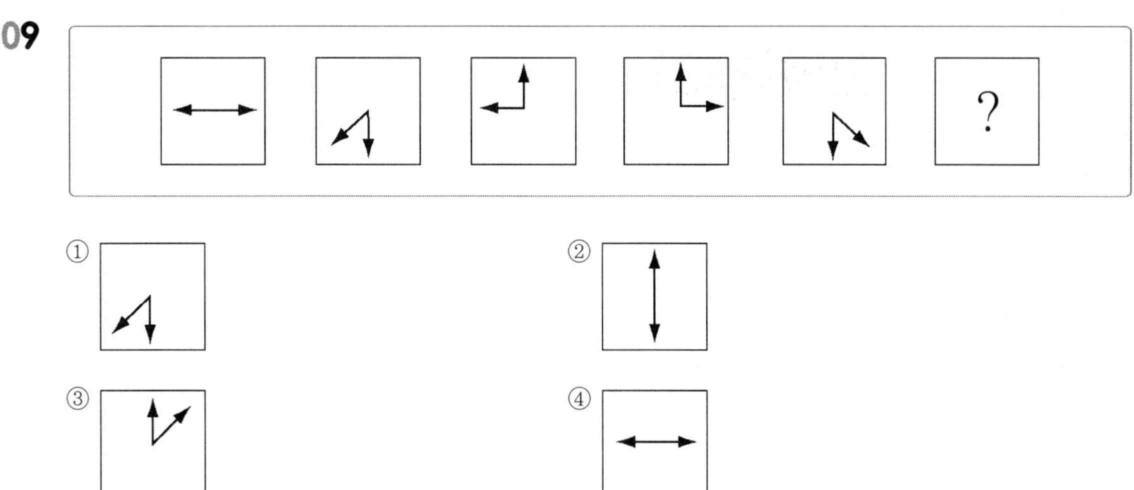

① ② ③ ④

TIP 4번째 그림부터 왼쪽 그림들과 오른쪽 그림들이 좌우대칭이 되고 있다.

10

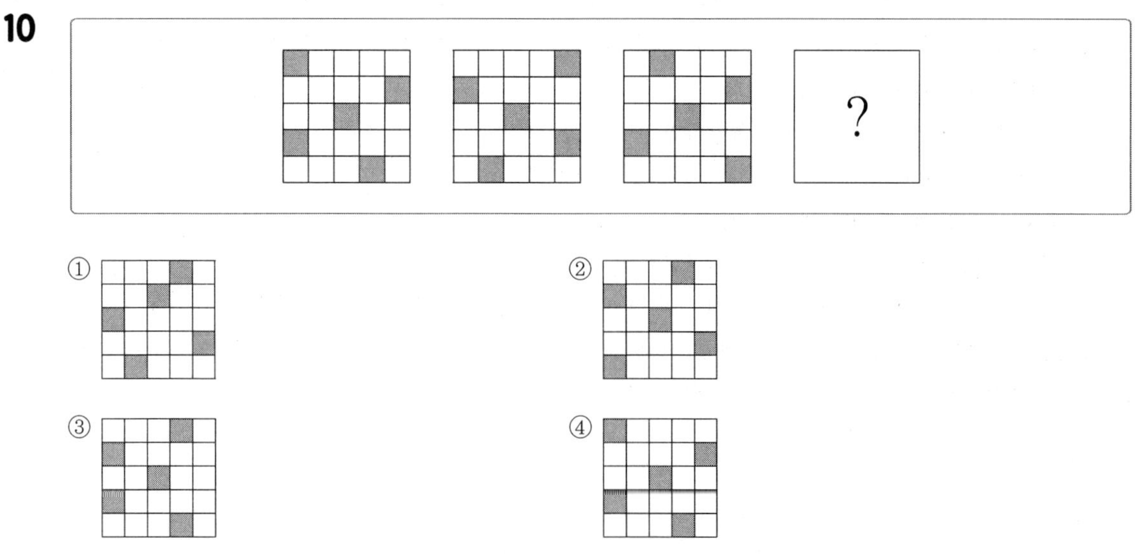

① ② ③ ④

TIP 첫 번째 그림이 두 번째 그림과 좌우대칭으로 바뀌므로 세 번째 그림의 좌우대칭 그림이 온다.

Answer 07.③ 08.② 09.④ 10.②

CHAPTER

03 과학추리

출제경향

운동법칙, 에너지 보존의 법칙, 속력, 전류, 빛의 굴절 등 중 · 고등학교 과학교과의 내용과 유사한 형태의 문제들이 출제된다. 물리 관련 문제의 비중이 가장 높은 편이지만 생물, 화학 등의 문제가 간혹 출제되기도 한다.

CHECK POINT

과학추리는 관련 지식의 학습이 필수적이다. 핵심적인 공식이나 과학상식을 확인하고 문제 풀이를 통해 충분한 연습이 이루어지도록 해야 한다.

1 뉴턴의 운동법칙

① **운동의 제1법칙(관성의 법칙)** : 물체에 외부에서 힘이 작용하지 않거나, 또는 작용하고 있는 모든 합력이 0이 되면 정지하고 있는 물체는 계속해서 정지하고 있고 운동하고 있는 물체는 언제까지나 등속 직선 운동을 한다.

㉠ **정지 상태를 계속하려는 관성의 예**
- 정지하고 있던 버스가 갑자기 출발하면 서 있던 사람은 뒤로 넘어진다.
- 쌓아놓은 나무도막 중 하나를 망치로 치면 그 나무도막만 빠진다.

㉡ **운동 상태를 계속하려는 관성의 예**
- 달리던 버스가 갑자기 정지하면 서 있던 승객은 앞으로 넘어진다.
- 망치를 잡고 손잡이 부분을 바닥에 내려치면 망치의 쇠 부분이 나무 손잡이에 더욱 깊게 박힌다.

② **운동의 제2법칙(가속도의 법칙)** : 물체에 힘이 작용하면 힘의 방향으로 가속도가 생기고 가속도의 크기는 작용한 힘의 크기에 비례하고 물체의 질량에 반비례한다.

㉠ $\text{속도}(v)=\dfrac{\text{이동 거리}(s)}{\text{걸린 시간}(t)}$

㉡ $\text{가속도}(a)=\dfrac{\text{속도의 변화량}(v-v_0)}{\text{걸린 시간}(\Delta t)}=\dfrac{\text{나중 속도}-\text{처음 속도}}{\text{나중 시각}-\text{처음 시각}}$

③ **운동의 제3법칙(작용 · 반작용의 법칙)** : 두 물체 사이에서 작용과 반작용은 크기가 같고 방향이 반대이며 동일 직선상에서 작용한다.

예
- 포탄이 발사되면 포신이 뒤로 밀린다.
- 가스를 뒤로 분사하면서 로켓이 날아간다.

2 여러 가지 힘

① **만유인력 :** 질량을 가진 두 물체 사이에 작용하는 힘으로 두 물체의 곱에 비례하고 거리의 제곱에 반비례한다.

② **중력 :** 지구와 질량을 가진 모든 물체 사이에 서로 끌어당기는 힘을 중력이라고 한다.

③ **탄성력 :** 힘이 작용하여 모양이 변한 물체가 힘이 작용하지 않을 때, 원래의 모습으로 되돌아가려는 힘을 말한다.

④ **마찰력 :** 두 물체의 접촉으로 인하여 접촉면에 생기는 운동을 방해하는 힘으로, 물체의 운동방향과 반대방향이다.

⑤ **운동량 보존의 법칙 :** 두 물체 사이에 서로 힘이 작용하여 속도가 변하더라도 외력이 작용하지 않는 한 힘이 작용하기 전의 운동량의 총합은 힘이 작용하고 난 후의 운동량의 총합과 같다.

3 지레

① **지레의 구조(=지레의 3요소) :** 힘점, 받침점, 작용점

② **지레의 원리 :** $w\times b=F\times a$

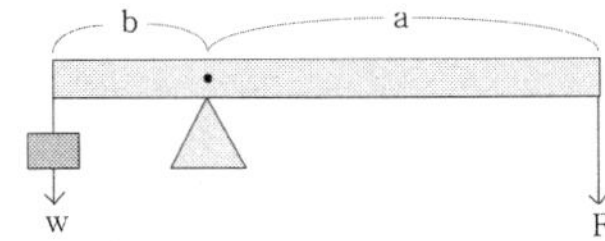

③ **일의 양 :** "사람이 지레에 해준 일(F×s) = 지레가 물체를 들어 올린 일" 지레를 사용하면 힘은 적게 들지만 이동 거리가 길어져서 일에는 이득이 없다.

④ **지레의 원리를 이용한 도구 :** 가위, 병따개, 디딜방아, 집게 등

4 전류

① **전류 :** 전하의 흐름을 말하며, (+)극에서 (−)극으로 흐른다.

$$\text{전류의 세기(I)}=\frac{\text{전하의 양(Q)}}{\text{단위 시간(t)}}$$

② **옴의 법칙 :** 도선에 흐르는 전류의 세기(I)는 도선에 걸리는 전압(V)에 비례하고, 도선의 저항(R)에 반비례한다.

$$\text{전류의 세기(I)}=\frac{\text{전압(V)}}{\text{저항(R)}}$$

③ **전기저항 :** 도선에서 전류의 흐름을 방해하는 요소로 도선에서 전기저항(R)은 도선의 길이(l)에 비례하고, 도선의 단면적(S)에 반비례한다.

$$\text{전기저항}(R)=\text{비저항}(\rho)\times\frac{\text{길이}(l)}{\text{단면적}(S)}$$

기출문제 맛보기

01 다음 중 어떤 병따개가 더 뚜껑을 따기 쉬운가?

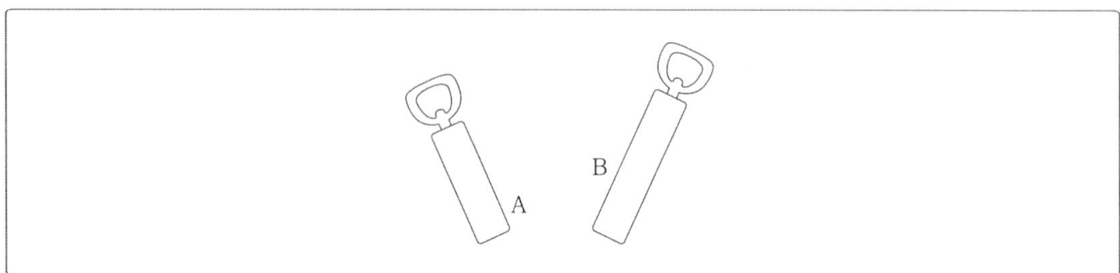

① A ② B
③ 똑같다. ④ 알 수 없음

Advice

지레의 원리는 받침점과 힘점의 거리가 멀수록 힘이 덜 드는 것이다. 따라서 지레가 길수록 물체를 들어 올리는 데 적은 힘이 드는데, 병따개는 이러한 지레의 원리를 이용한 것으로 제2종 지레에 해당한다. 병따개는 머리 부분에 받침점이 있고 손잡이가 시작되는 부분에 작용점이 있다. 또 힘점은 손으로 잡는 부분이 된다. 받침점에서 작용점까지의 길이를 a, 작용점에서 힘점을 b라고 하면 받침점에서 힘점까지의 길이는 a + b이기 때문에 b(손잡이)의 길이가 길수록, 적은 힘으로 병을 딸 수 있고 힘의 이득을 보는 것이다.

답 ②

02 다음 그림과 같은 판에서 균형점은 어느 곳인가?

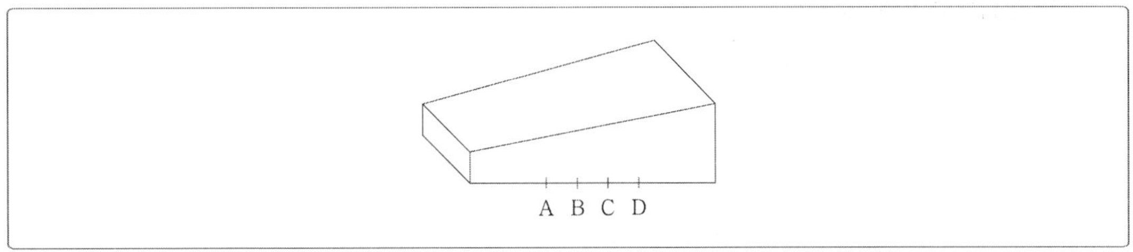

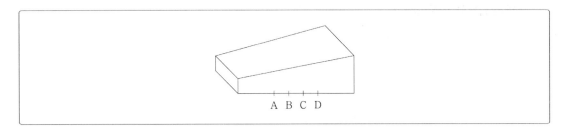

① A
② B
③ C
④ D

Advice

가장 두꺼운 부분이 무겁기 때문에 균형을 잡을 수 있는 점이 된다.

답 ④

03 다음과 같이 날던 비행기에서 물체를 떨어뜨렸을 때, 아래에서 보고 있던 사람의 눈에 보이는 물체의 낙하방향으로 바른 것은?

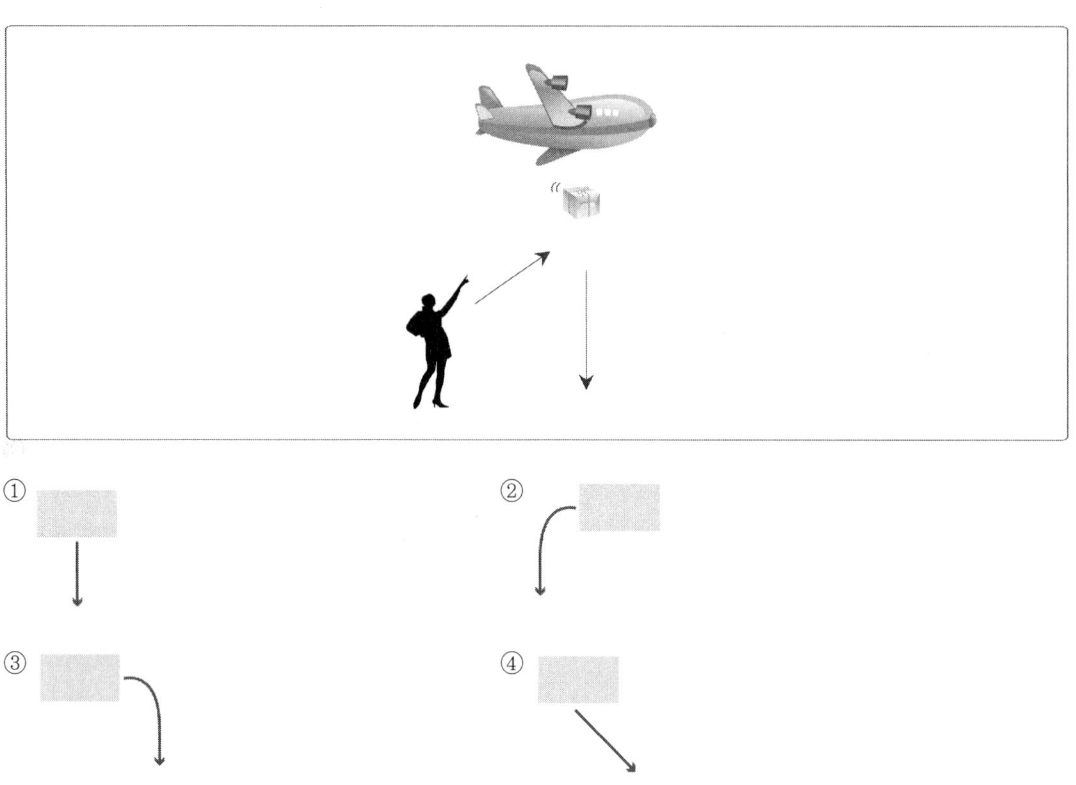

① ② ③ ④

Advice

비행기에서 떨어지는 물체에는 관성의 법칙이 작용한다. 앞으로 가던 비행기의 방향을 따라 물체도 앞으로 포물선을 그리며 떨어지게 된다. 그러므로 ③이 답이 된다.

답 ③

실력다지기

01 그래프는 어떤 물체의 운동을 나타낸 것이다. 이 물체가 등속운동을 하는 동안 이동한 거리는?

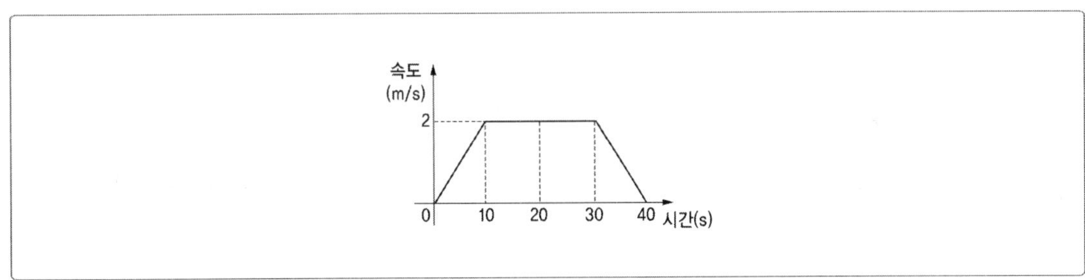

① 10m
② 20m
③ 40m
④ 60m

TIP 넓이 = 이동거리이므로 등속운동을 한 시간은 30 − 10 = 20(s)
속도 = 2m/s이므로
이동거리(V_0t) = 2× 20 = 40m

02 다음 그림과 같이 동일한 무게의 추가 매달려 있을 경우에 줄은 어느 방향으로 움직이겠는가?

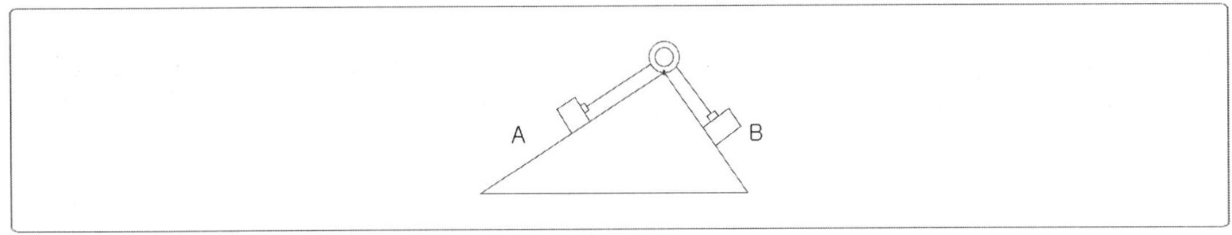

① A
② B
③ 움직이지 않고 그대로 있다.
④ 알 수 없음

TIP 두 비탈면에서 마찰 계수가 같다는 가정 하에 빗면방향으로 미끄러지는 힘은 다음과 같다.
빗면방향으로 미끄러지는 힘 = 질량(m) × 중력가속도(g) × sinθ (θ = 지면과 비탈길이 이루는 각도)
따라서 B쪽의 비탈면 경사가 더 커서 B가 움직인다.

Answer 01.③ 02.②

03 다음 중 물체의 가속도가 일정한 경우는?

① 일정한 시간이 지날 때마다 속도의 변화량이 같은 경우
② 일정한 거리를 진행할 때마다 속도의 변화량이 같은 경우
③ 직선상에서 일정한 시간 간격마다 이동한 거리가 같은 경우
④ 일정한 시간이 지날 때마다 가속도의 변화량이 일정한 경우

TIP 가속도는 단위시간 동안의 속도변화량이다.

04 다음과 같은 모양의 수레가 비탈길을 내려오고 있다. 다음 중 어떤 바퀴의 회전 속도가 더 빠른가?

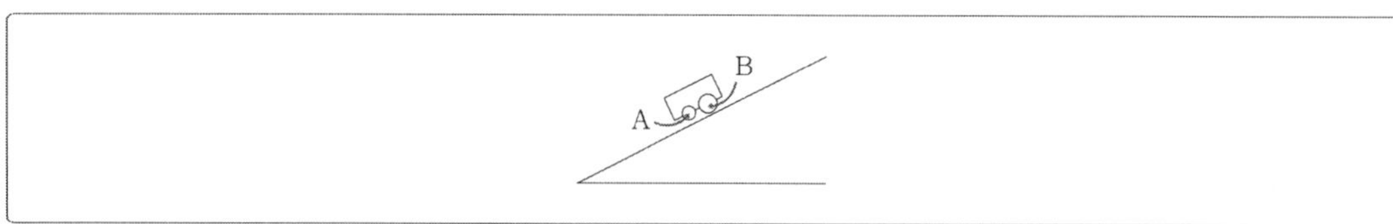

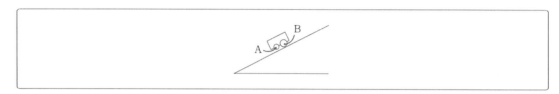

① A
② B
③ 똑같다.
④ 알 수 없음

TIP 수레의 속도가 동일하기 때문에 작은 바퀴의 회전 속도가 더 빠르다.

05 다음과 같이 100kg짜리 드럼통을 빗면을 따라 밀어 올리려 한다. 빗면의 길이가 6m이고, 높이가 3m라면, 이 드럼통을 밀어 올리는 데 필요한 최소한의 힘은?

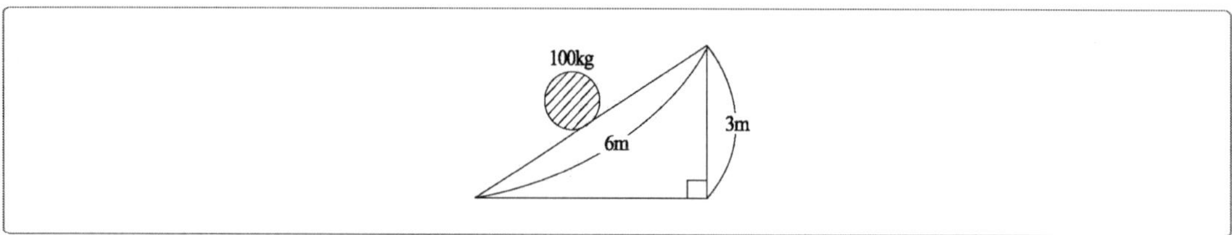

① 25kg중
② 50kg중
③ 100kg중
④ 150kg중

TIP $F = mg\sin\theta = 100 \times \frac{3}{6} = 50(\text{kg중})$

06 그림과 같이 마찰이 있는 경사면을 따라 내려가고 있는 물체에 작용하는 마찰력의 방향은?

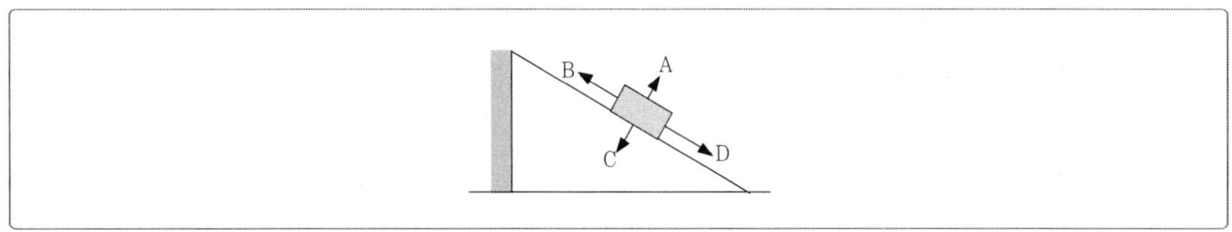

① A　　② B

③ C　　④ D

TIP 접촉면과 평행하게 힘이 작용할 때 마찰력은 그 힘과 반대방향으로 작용한다.

07 자동차가 평면 위에서 등속으로 좌회전을 할 때 더 큰 힘을 받는 바퀴는?

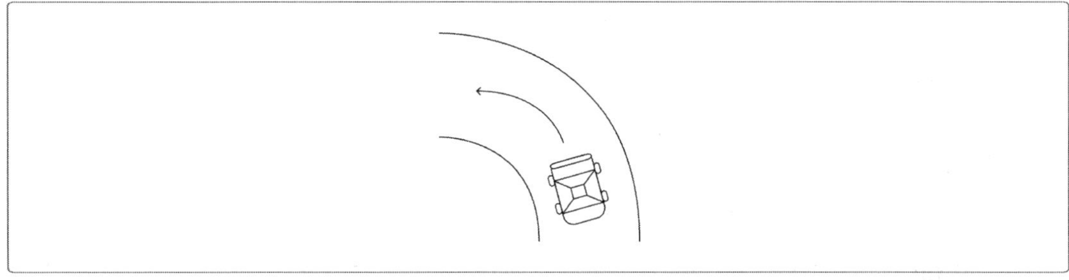

① 앞바퀴　　② 뒷바퀴

③ 왼쪽 바퀴　　④ 오른쪽 바퀴

TIP 자동차가 좌회전 하게 되면 차는 원심력이라는 관성력 때문에 바깥쪽으로 쏠린다. 그래서 왼쪽 바퀴보다는 오른쪽 바퀴에 더 큰 힘이 작용하게 된다.

Answer 03.① 04.① 05.② 06.② 07.④

08 **자동차가 충돌할 때 접촉 시간을 늘려 운전자가 받는 충격력을 완화시킬 수 있는 방법이 아닌 것은?**

① 에어백을 설치한다.

② 안전 벨트를 착용한다.

③ 차체를 단단한 강철로 제작한다.

④ 자동차 앞뒤 부분에 범퍼를 설치한다.

TIP ①②④ 충격량에 대한 충돌 시간을 늘려주어 충격력을 완화시켜 주게 된다.
③ 강철은 강성이 강하므로 외력을 완화시키지 못해 충격을 크게 받게 되므로 운전자는 사망에 이를 수 있다.

09 **코일 주위에 자기장이 변하면 코일에 전류가 흐른다. 이 현상을 응용한 기기를 〈보기〉에서 바르게 고른 것은?**

㉠ 다리미	㉡ 발전기
㉢ 변압기	㉣ 선풍기

① ㉠㉡ ② ㉠㉣

③ ㉡㉢ ④ ㉢㉣

TIP ㉡ 발전기는 자석 속에서 코일을 회전시켜 코일에 유도전류가 흐르게 하여 전기를 생산하는 장치이다.
㉢ 변압기는 코일의 감은 수와 전압은 비례한다는 성질을 이용하여 교류전압을 변화시켜 주는 장치이다.

10 물체 A가 속도 V로 운동하다가 정지해 있던 물체 B와 충돌한 후 정지하였다. 충돌 후 물체 B의 속도 V'은? (단, 물체 A, B의 질량은 같고, 마찰은 무시한다.)

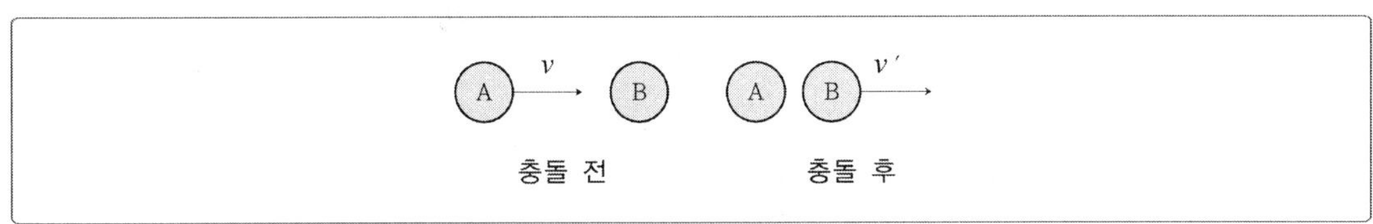

① $\frac{1}{2}$V ② V

③ 2V ④ 4V

TIP 운동량 보존의 법칙 … 두 물체 사이에 서로 힘이 작용하여 속도가 변하더라도 외력이 작용하지 않는 한 힘이 작용하기 전의 운동량의 총합은 힘이 작용하고 난 후의 운동량의 총합과 같다. 따라서 물체B의 속도 V′는 V이다.

11 다음과 같은 병따개로 뚜껑을 딸 때 힘을 더 적게 들이려면 어떻게 하면 되는가?

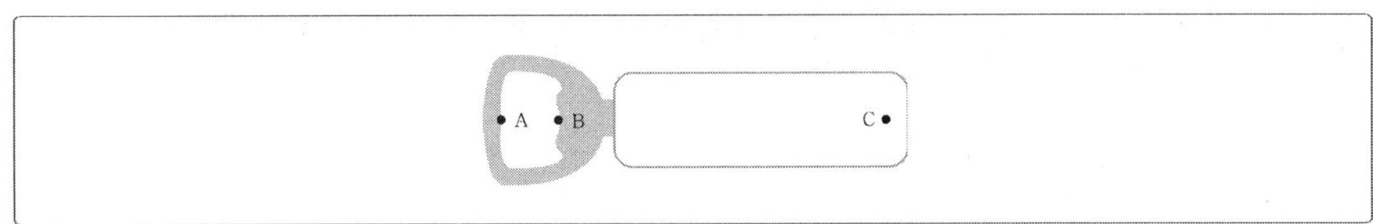

① $\overline{AB}$를 길게 늘인다. ② $\overline{BC}$를 길게 늘인다.

③ $\overline{AC}$를 길게 늘인다. ④ $\overline{BC}$를 짧게 줄인다.

TIP

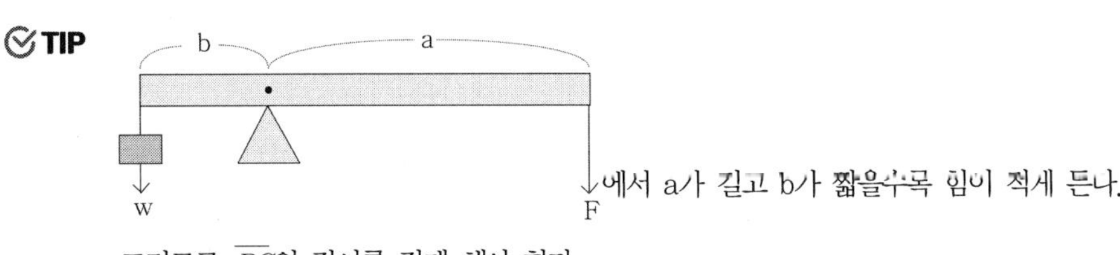

에서 a가 길고 b가 짧을수록 힘이 적게 든다.

그러므로 $\overline{BC}$의 길이를 길게 해야 한다.

Answer 08.③ 09.③ 10.② 11.②

12 다음 그림과 가장 관련이 깊은 법칙은?

① 관성
② 가속도
③ 만유인력
④ 작용 · 반작용

TIP ① 물체에 힘이 작용하지 않을 때 물체는 정지 상태나 일정한 운동 상태, 즉 현재의 운동 상태를 계속 유지하려는 성질을 말한다.
② 단위 시간(1초) 동안에 나타나는 속도의 변화량을 말한다.
③ 질량을 가진 두 물체 사이에 작용하는 힘으로 두 물체의 곱에 비례하고 거리의 제곱에 반비례한다.

13 진공 중에서 자유 낙하하는 물체와 같은 상태의 운동을 나타낸 그래프로 옳은 것은?

①
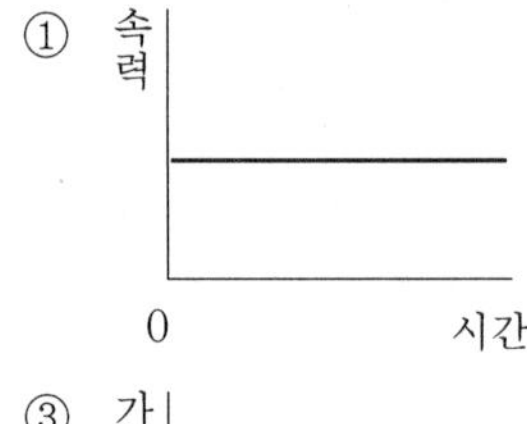

②
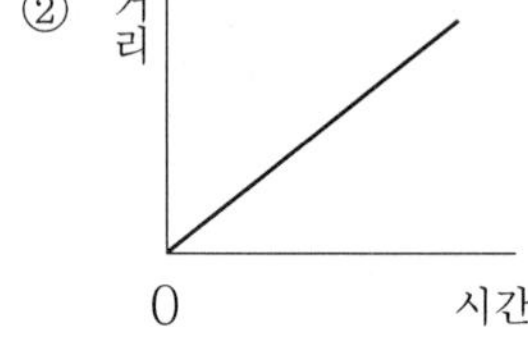

③
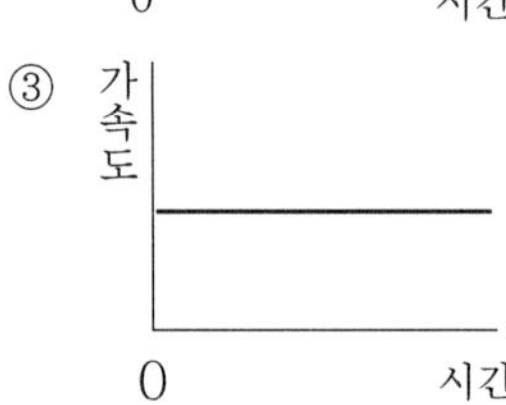

④
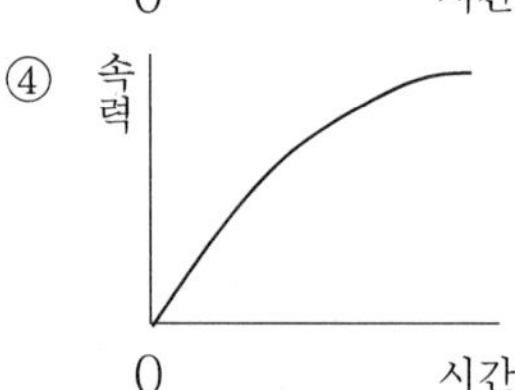

TIP 진공 중에서 자유 낙하하는 물체는 속력이 일정하게 늘어나므로 가속도는 일정하고 이동 거리는 시간의 제곱에 비례한다.

14 **작용 · 반작용 법칙의 예로 가장 적당한 것은?**

① 삽으로 흙을 떠서 멀리 던진다.

② 보트가 노를 젓는 방향의 반대쪽으로 나아간다.

③ 버스가 갑자기 출발하면 승객들이 뒤로 넘어진다.

④ 달리던 사람이 돌부리에 발이 걸리면 앞으로 넘어진다.

TIP 작용 · 반작용 법칙(운동의 제3법칙) … 두 물체 사이에서 일어나는 상호작용으로, 한쪽의 힘을 작용이라 할 때 반대쪽의 힘을 반작용이라고 한다. 작용과 반작용은 힘의 크기가 같고 방향이 반대이며 동일 직선상에서 작용한다.
①③④ 관성의 법칙

15 **영희와 철수가 지우개 뒤집기 놀이를 하고 있다. 다음 중 가장 뒤집기 어려운 지우개는?**

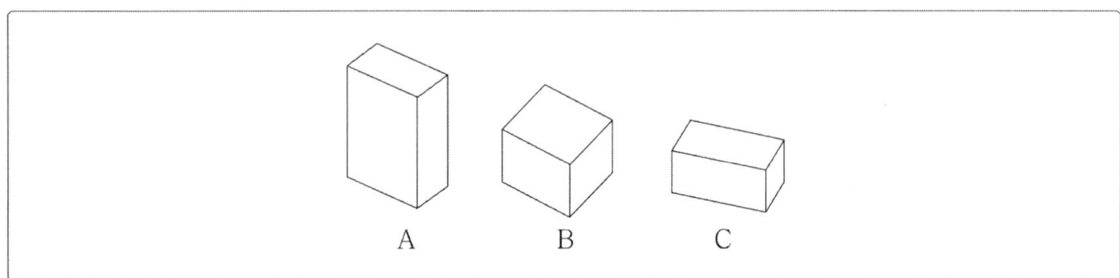

① A

② B

③ C

④ 지우개 모양과 상관없음

TIP A가 가장 뒤집기 쉽고, C가 가장 어렵다.

Answer 12.④ 13.③ 14.② 15.③

| 16~18 | **다음 중 문제에 제시된 상황과 같은 원리이거나 관련이 있는 것을 아래에서 고르시오.**

16 **달려가다가 돌에 걸려 앞으로 넘어졌다.**

① ㉠
② ㉡
③ ㉢
④ 관련 없음

TIP ㉠ 관성의 법칙 ㉡ 지렛대의 원리 ㉢ 작용 · 반작용, 마찰력

17 **가위를 이용해 종이를 오렸다.**

① ㉠
② ㉡
③ ㉢
④ 관련 없음

TIP 가위와 병따개는 지렛대의 원리를 이용하여 실생활에서 유용하게 사용되는 대표적인 도구들이다.

18 새총을 가지고 새를 잡았다.

① ㉠　　② ㉡

③ ㉢　　④ 관련 없음

TIP 새총은 탄성력과 작용 · 반작용의 원리를 이용한 것이다. 스케이트를 타는 것도 작용 · 반작용의 원리를 이용한 것이다.

19 다음 현상과 같은 원리로 설명할 수 있는 것은?

> 유리컵은 시멘트 바닥에 떨어지면 잘 깨지지만, 같은 높이에서 이불 위에 떨어지면 잘 깨지지 않는다.

① 대포를 쏘면 포신이 뒤로 밀린다.
② 나무에 달린 사과가 땅으로 떨어진다.
③ 달리던 사람이 돌부리에 걸리면 넘어진다.
④ 공을 받을 때 손을 몸 쪽으로 당기면서 받는다.

TIP 지문은 충격력을 완화시키는 방법이다.
① 작용 · 반작용의 법칙
② 만유인력의 법칙
③ 관성의 법칙

Answer 16.① 17.② 18.③ 19.④

PART

03

지각능력

CHAPTER 01

사무지각

출제경향

좌우의 문자열을 비교하여 같음과 다름을 구분하는 유형이 주로 출제된다. 다른 유형으로는 제시된 보기와 같거나 다른 것을 고르는 유형, 문자와 숫자를 대응시킨 표를 참고하여 그 대응의 옳고 그름을 판단하는 문제 등이 간혹 출제되기도 한다.

CHECK POINT

특별한 지식을 요구하는 영역이 아니기 때문에, 많은 문제들을 접해 해결 능력을 다지는 것이 중요하다. 지각속도의 측정을 위한 영역이므로 짧은 시간에 많은 문제를 정확하게 풀어내는 것이 관건이다.

유형별 분류

유형	예시
개수 문제	Q. 다음에서 왼쪽에 표시된 굵은 글씨체의 문자의 개수를 모두 세어 오른쪽에서 찾으시오 **%** @#$%&%^*$*#%!^&^$*&$%^&
일치 문제	Q. 다음에 주어진 문자의 좌우가 서로 같으면 ①, 다르면 ②를 고르시오. 123425232355232 123425232355232

기출문제 맛보기

| 01~04 | 다음에 주어진 문자의 배열이 좌우가 같으면 ①, 다르면 ②를 선택하시오.

01

9874652464	9874852484

① 같음　　　② 다름

Advice

9874652464 – 9874852484

답 ②

02

WOFFUIERSI	WOFFUIEBSI

① 같음　　　② 다름

Advice

WOFFUIERSI – WOFFUIEBSI

답 ②

03

100101110101110	100101110101110

① 같음　　　② 다름

Advice

주어진 두 문자의 배열이 같다.

답 ①

04

Get me some coffee	Got me same coffee

① 같음　　　② 다름

Advice

Get me some coffee – Got me same coffee

답 ②

실력다지기

▎01~05 ▎ 다음 좌우의 문자, 숫자, 또는 도형이 서로 같으면 '① 같음', 다르면 '② 다름'을 고르시오.

01

히토미오토지떼키미오에가쿠요	히토미오토지테키미오에가쿠요

① 같음　　② 다름

TIP 히토미오토지떼키미오에가쿠요 – 히토미오토지테키미오에가쿠요

02

6157354357613437 – 615735453613437

① 같음　　② 다름

TIP 6157354357613437 – 615735453613437

03

언찬퐁장니고멘펄티정콧부탕 – 언찬퐁장니고먼펄티정콧부탕

① 같음　　② 다름

TIP 언찬퐁장니고멘펄티정콧부탕 – 언찬퐁장니고먼펄티정콧부탕

Answer 01.② 02.② 03.②

04

☥☣☢☠☢☣☫☪☦☹☻☸ – ☥☣☢☠☢☣☫☪☦☹☻☸

① 같음　　　② 다름

TIP 좌우가 같다.

05

ㄷㄱ ㅂㅅㅂ ㅂㅈ ㅅㅂ ㅂㅅ ㅂㅅㄱ ㅂㅅㅈ ㄴㅂ ㅂㅅㅂ ㄴㄴ ㅂㅈ – ㄷㄱ ㅂㅅㅂ ㅂㅈ ㅅㅂ ㅂㅅ ㅂㅅㅂ ㅂㅅㅈ ㄴㅂ ㅂㅅㅂ ㄴㄴ ㅂㅈ

① 같음　　　② 다름

TIP ㄷㄱ ㅂㅅㅂ ㅂㅈ ㅅㅂ ㅂㅅ ㅂㅅㄱ ㅂㅅㅈ ㄴㅂ ㅂㅅㅂ ㄴㄴ ㅂㅈ – ㄷㄱ ㅂㅅㅂ ㅂㅈ ㅅㅂ ㅂㅅ ㅂㅅㅂ ㅂㅅㅈ ㄴㅂ ㅂㅅㅂ ㄴㄴ ㅂㅈ

Ⅰ06~10Ⅰ 다음 주어진 두 문자에서 다른 곳의 개수를 고르시오.

06

가장재B존K동LO의VE보　　　가장재B존K통LO의VE보

① 1개　　　② 2개
③ 3개　　　④ 4개

TIP 가장재B존K동LO의VE보 – 가장재B존K통LO의VE보

07

14651317198654532567　　　14651317193954532467

① 0개　　　② 1개
③ 2개　　　④ 3개

TIP 14651317198654532567 14651317193954532467

08

Love will find a way	Love wild find a wav

① 없음　　② 1개
③ 2개　　④ 3개

TIP Love will find a way – Love wild find a wav

09

손○이요이가○ ○손에가	손○이요이가○ ○손에가

① 없음　　② 1개
③ 2개　　④ 3개

TIP 주어진 두 문장은 모두 같다.

10

1001011101011110101	101101111001110001

① 1개　　② 2개
③ 3개　　④ 4개

TIP 1001011101011110101 – 101101111001110001

Answer 04.① 05.② 06.① 07.④ 08.③ 09.① 10.④

▌11~15▌ 다음 중 제시된 보기와 다른 하나를 고르시오.

11

博物君子(박물군자)

① 博物君子(박물군자) ② 博物君子(박물군자)
③ 搏物君子(박물군자) ④ 博物君子(박물군자)

TIP ③ 搏物君子(박물군자)

12

029134584

① 029134584 ② 029134584
③ 026134584 ④ 029134584

TIP 026134584

13

swim against the tide

① swim against the tide ② swim ageinst the tide
③ swim against the tide ④ swim against the tide

TIP ② swim ageinst the tide

14

아 해 다르고 어 해 다르다.

① 아 해 다르고 어 해 다르다.
② 아 해 다르고 어 해 다르다.
③ 아 해 다르고 어 해 다르다.
④ 아 해 다르고 어 헤 다르다.

TIP ④ 아 해 다르고 어 헤 다르다.

15

111111001111101011001

① 111110001111101011001
② 111111001111101011001
③ 111111001111101011001
④ 111111001111101011001

TIP ① 111110001111101011001

Ⅰ16~18Ⅰ 다음 짝지어진 문자 중에서 서로 같은 것을 고르시오.

16
① ㄱㄴㄷㄹㅁㅂㅅㅇㅈㅊㅋㅌㅍㅎ － ㄱㄴㄷㄹㅁㅂㅅㅇㅈㅊㅋㅌㅍㅎ
② ㅌㅍㅋㅊㅁㅇㄴㄹㅂㄱㄷㅈㄱㄷㅅ － ㅌㅍㅋㅊㅂㅇㄴㄹㅂㄱㄷㅈㄱㄷㅅ
③ ㄱㄴㄹㅇㄱㅁㄴㅇㅁㄱㄴㄱㅇㅁㄹ － ㄱㄴㄹㅇㄱㅁㄴㅇㅁㄱㄴㄱㅁㅇㄹ
④ ㄹㄴㅅㄷㄱㄴㄹㅁㅇㄷㅂㄱㅈㅅ － ㄹㄴㅅㄷㄱㄴㄹㅅㅇㄷㅂㄱㅈㅅ

TIP ② ㅌㅍㅋㅊㅁㅇㄴㄹㅂㄱㄷㅈㄱㄷㅅ － ㅌㅍㅋㅊㅂㅇㄴㄹㅂㄱㄷㅈㄱㄷㅅ
③ ㄱㄴㄹㅇㄱㅁㄴㅇㅁㄱㄴㄱㅇㅁㄹ － ㄱㄴㄹㅇㄱㅁㄴㅇㅁㄱㄴㄱㅁㅇㄹ
④ ㄹㄴㅅㄷㄱㄴㄹㅁㅇㄷㅂㄱㅈㅅ － ㄹㄴㅅㄷㄱㄴㄹㅅㅇㄷㅂㄱㅈㅅ

Answer 11.③ 12.③ 13.② 14.④ 15.① 16.①

17 ① MUSTPRESENT – MUSTPRESENT

② ALONGWITH – ALONCWITH

③ INORDERTO – INOROERTO

④ MARRIEDIN – MARRAEDIN

> **TIP** ② ALONGWITH – ALONCWITH
> ③ INORDERTO – INOROERTO
> ④ MARRIEDIN – MARRAEDIN

18 ① HAVEREADTHESE – HAVEPEADTHESE

② IDENTIFICATION – IDENTIFICATION

③ DEPARTMENT – DEPARTNENT

④ ASSUMETOBEBE – ASSUMETDBEBE

> **TIP** ① HAVEREADTHESE – HAVEPEADTHESE
> ③ DEPARTMENT – DEPARTNENT
> ④ ASSUMETOBEBE – ASSUMETDBEBE

Ⅰ19~20Ⅰ 다음 짝지어진 문자 또는 기호가 서로 다른 것을 고르시오.

19 ① 야이이잉이잉아잉아잉아이이 – 야이이잉이잉아잉아잉아이이

② 만만만너넌넌너넌마마마 – 만만만너너너너넌마마마

③ ADGEDVEEEESEWEQA – ADGEDVEEEESEWEQA

④ 커먹먹먹시시시싱시커먼스 – 커먹먹먹시시시싱시커먼스

> **TIP** ② 만만만너넌넌너넌마마마 – 만만만너너너너넌마마마

20 ① 𝅘𝅥𝅰 ♩. 𝅗𝅥 𝅗𝅥. ♪. ♬ – 𝅘𝅥𝅰 ♩. 𝅗𝅥 𝅗𝅥. ♪. ♬

② ♬♬ ♪. 𝅗𝅥. 𝅗𝅥. 𝅗𝅥 – ♬♬ ♪. 𝅗𝅥. 𝅗𝅥. 𝅗𝅥

③ 𝅘𝅥𝅯 ♬ 𝅘𝅥𝅯. ♬♬♬ – 𝅘𝅥𝅯 ♬ 𝅘𝅥𝅯. 𝅘𝅥𝅯 ♬♬

④ ♬ 𝅘𝅥𝅯. ♬ 𝅘𝅥𝅯 ♬♬ – ♬ 𝅘𝅥𝅯. ♬ 𝅘𝅥𝅯 ♬♬

TIP ③ 𝅘𝅥𝅯 ♬ 𝅘𝅥𝅯. ♬♬♬ – 𝅘𝅥𝅯 ♬ 𝅘𝅥𝅯. 𝅘𝅥𝅯 ♬♬

▌21~22▐ 다음 주어진 표의 문자와 숫자의 대응을 참고하여 각 문제의 대응이 같으면 답안지에 ①을, 틀리면 ②를 선택하시오.

가	갸	거	겨	고	교	구	규	그	기
0	1	2	3	4	9	8	7	6	5

21

734 – 규겨고

① 맞음 ② 틀림

TIP 7(규), 3(겨), 4(고)

22

369 – 고겨구

① 맞음 ② 틀림

TIP 3(겨), 6(그), 9(교)

Answer 17.① 18.② 19.② 20.③ 21.① 22.②

CHAPTER 02

공간지각

출제경향

블록세기, 같은 그림 찾기, 분할된 도형 및 그림 맞추기 등의 문제들이 출제된다.

- 블록세기의 경우, 주어진 그림을 보고 블록의 개수를 세는 유형과 정육면체를 만들기 위해 필요한 블록의 개수를 구하는 유형 등으로 출제된다.
- 같은 그림 찾기의 경우, 제시된 도형을 회전시킨 보기들 중에서 같은 도형을 고르는 유형과 미세한 부분이 서로 다른 그림들 중에서 같은 그림을 찾는 유형으로 구분해 볼 수 있다.
- 분할된 도형 및 그림 맞추기의 경우, 조각들을 하나로 맞추었을 때 만들어지는 도형 및 그림을 찾는 유형이다.

유형별 분류

유형	예시
도형 조각 문제	Q. 다음 제시된 도형을 네 조각으로 나누었을 때 그 조각에 해당되지 않는 것을 고르시오.
전개도 문제	Q. 다음 제시된 전개도로 만들 수 있는 주사위로 적절한 것을 고르시오.
모양파악 문제	Q. 다음 도형을 위에서 내려보았을 때의 형태를 고르시오.
블록 문제	Q. 제시된 그림과 같이 쌓기 위해 필요한 블록의 수를 고르시오.

기출문제 맛보기

01 주어진 블록의 모양은 그대로 두고 최소한의 블록을 더 추가해서 정육면체로 만들려고 한다. 몇 개의 블록이 더 필요한가?

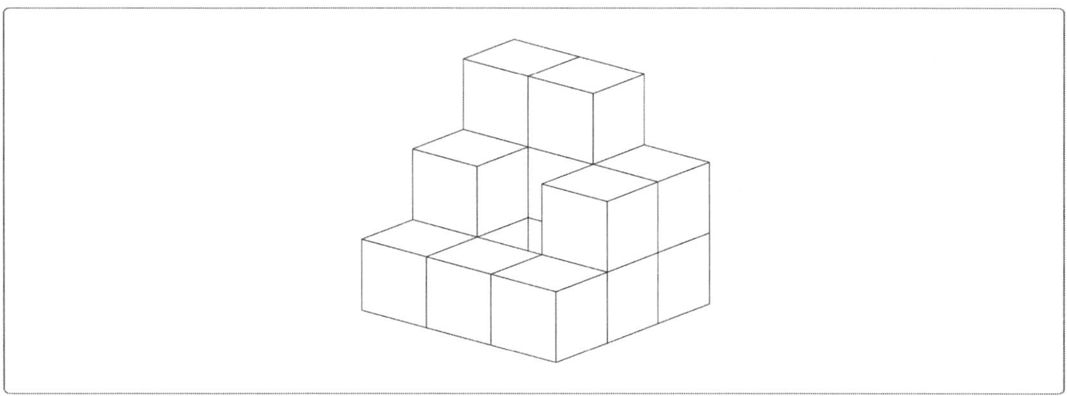

① 10개 ② 11개

③ 12개 ④ 13개

Advice

3×3 정육면체(블록 27개)를 만들 수 있다. 주어진 블록이 총 15개이므로 필요한 블록은 12개이다.

답 ③

02 다음과 같이 쌓인 블록의 바닥면을 제외하고 밖으로 노출된 모든 면에 페인트를 칠하려고 한다. 한 면에만 페인트칠이 되는 블록은 모두 몇 개인가?

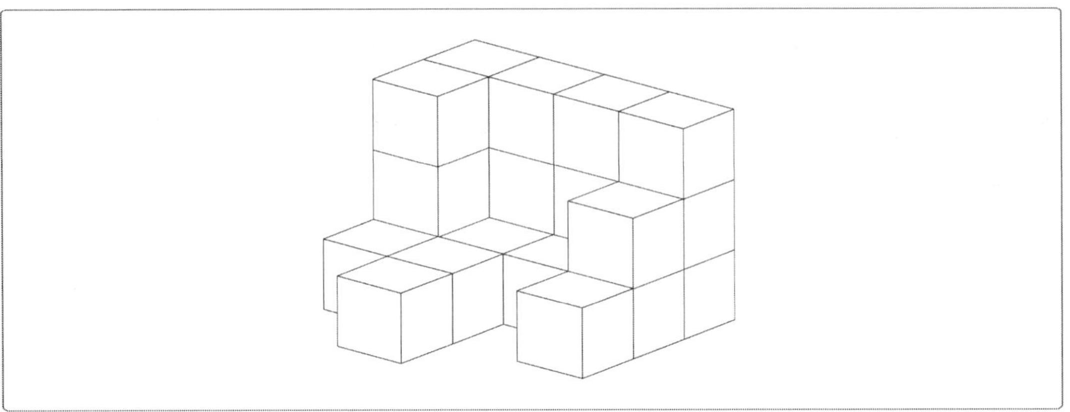

① 4개 ② 5개

③ 6개 ④ 7개

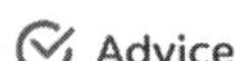 Advice

밖으로 노출된 면이 1면인 블록을 찾아야 한다. 맨 아래층 블록부터 순서대로 다음과 같은 개수의 면이 밖으로 노출되어 페인트가 칠해진다.

2	1	1	2
1	1	2	1
3	2		4
	4		

2	2	2	2
3			4

3	3	3	4
4			

답 ②

03 다음 주어진 그림을 순서대로 바르게 연결한 것은?

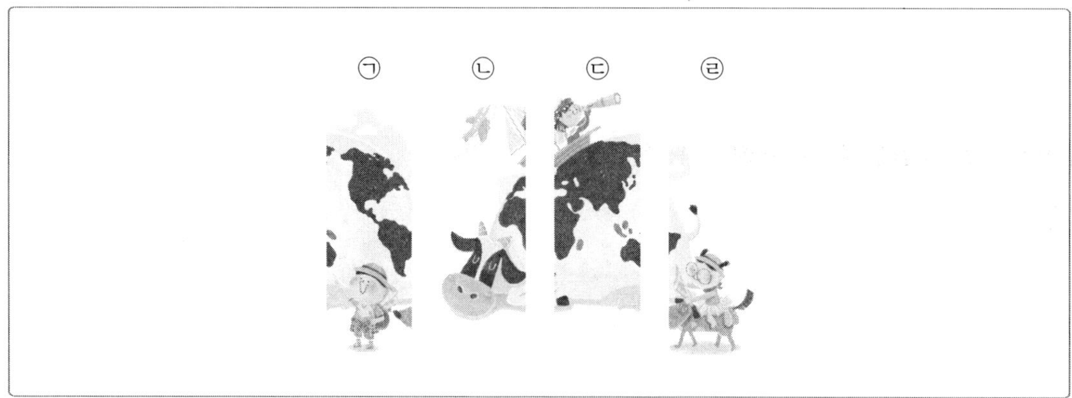

① ㉠㉢㉡㉣　　② ㉡㉢㉠㉣
③ ㉢㉠㉣㉡　　④ ㉣㉡㉢㉠

Advice

그림의 가장 큰 부분을 차지하는 지구(젖소)의 모양에 유의하여 연결한다.

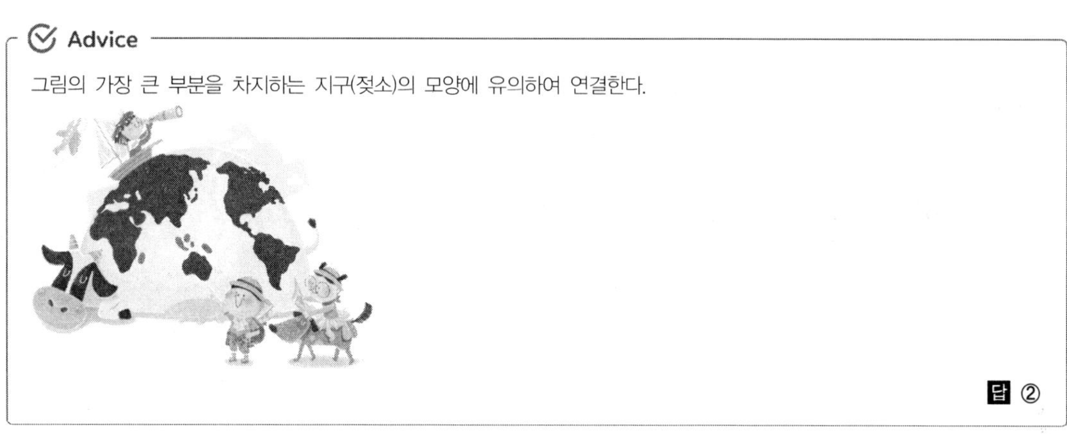

답 ②

CHAPTER 02

실력다지기

▌01～05▌ 다음에 제시된 블록의 개수를 구하시오.

01

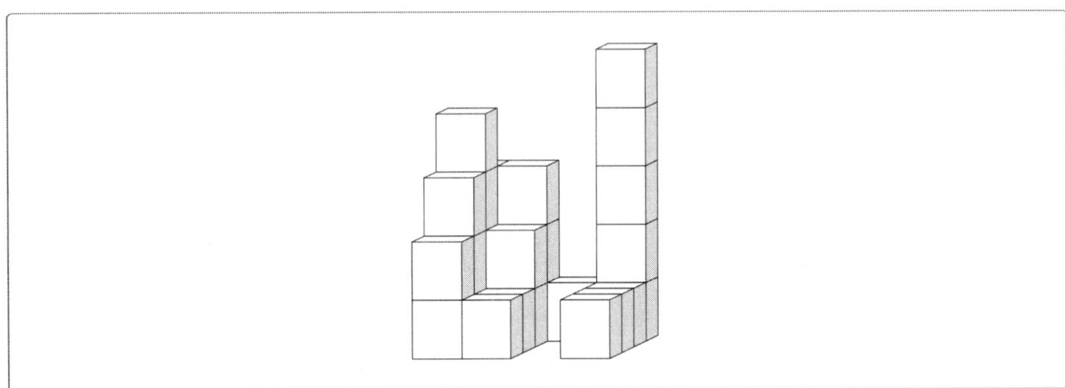

① 20
② 24
③ 28
④ 32

TIP 1단 : 13개, 2단 : 7개, 3단 : 5개, 4단 : 2개, 5단 : 1개
총 28개

02

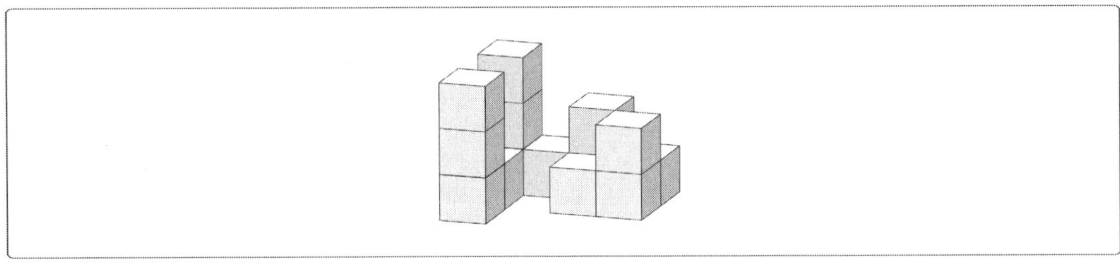

① 14개
② 15개
③ 16개
④ 17개

TIP 1층 : 8개, 2층 : 4개, 3층 : 2개

03

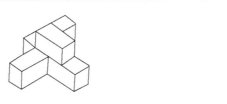

① 4개 ② 5개

③ 6개 ④ 7개

TIP 1층 : 4개, 2층 : 1개

04

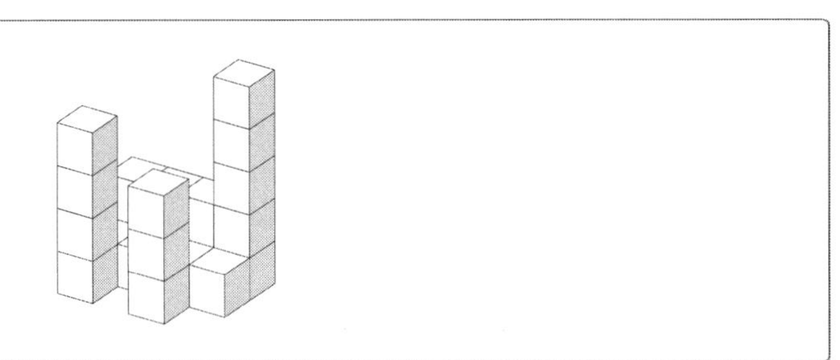

① 16 ② 18

③ 20 ④ 22

TIP 1단 : 10개, 2단 : 6개, 3단 : 3개, 4단 : 2개, 5단 : 1개
총 22개

05

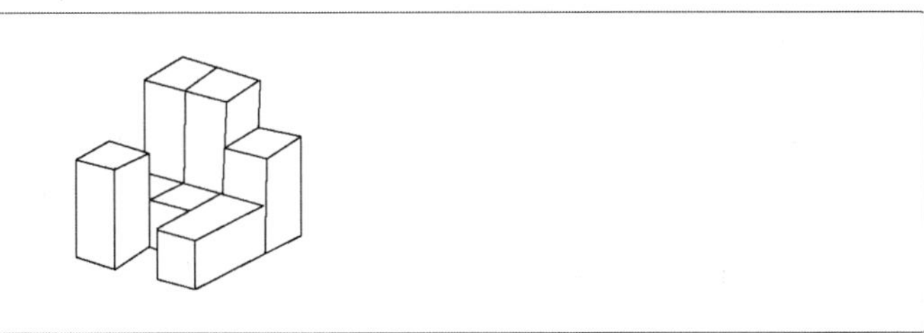

① 5개 ② 6개

③ 7개 ④ 8개

TIP 1층 : 5개, 2층 : 2개

Answer 01.③ 02.① 03.② 04.④ 05.③

▌06~10▐ 다음에 제시된 블록에 추가로 블록을 쌓아 정육면체를 만들려고 할 때, 몇 개의 블록이 더 필요한지 구하시오.

06

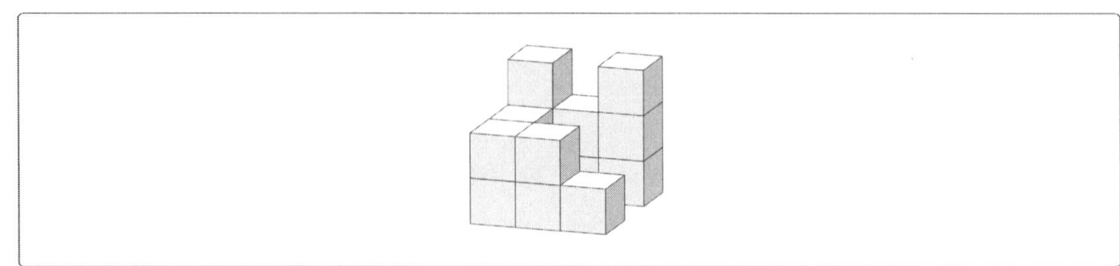

① 8개 ② 10개

③ 12개 ④ 14개

✔TIP 3 × 3 정육면체가 되기 위해서는 1층 : 2개, 2층 : 3개, 3층 : 7개가 필요하다.

07

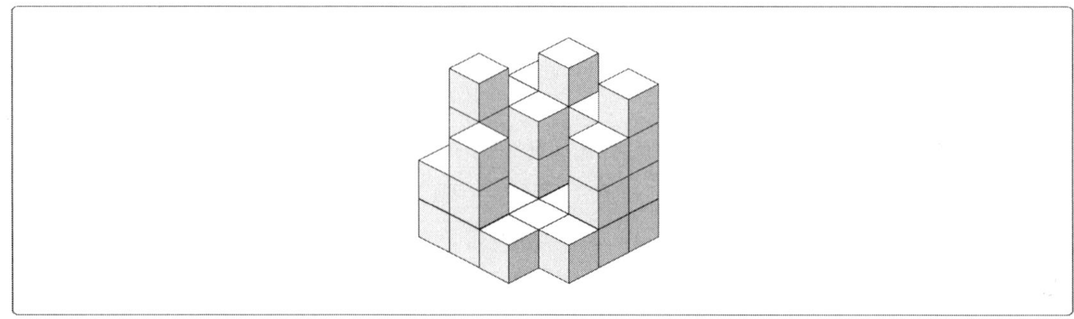

① 27개 ② 25개

③ 23개 ④ 21개

✔TIP 4 × 4 정육면체가 되기 위해서는 1층 : 1개, 2층 : 6개, 3층 : 7개, 4층 : 13개가 필요하다.

08

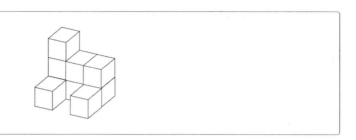

① 14개 ② 16개

③ 18개 ④ 20개

TIP 3 × 3 정육면체가 되기 위해서는 1층 : 4개, 2층 : 6개, 3층 : 8개가 필요하다.

09

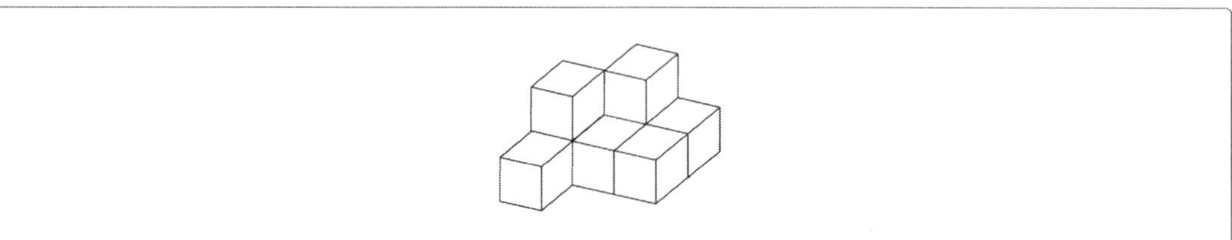

① 13개 ② 15개

③ 17개 ④ 19개

TIP 3 × 3 정육면체가 되기 위해서는 1층 : 3개, 2층 : 7개, 3층 : 9개가 필요하다.

10

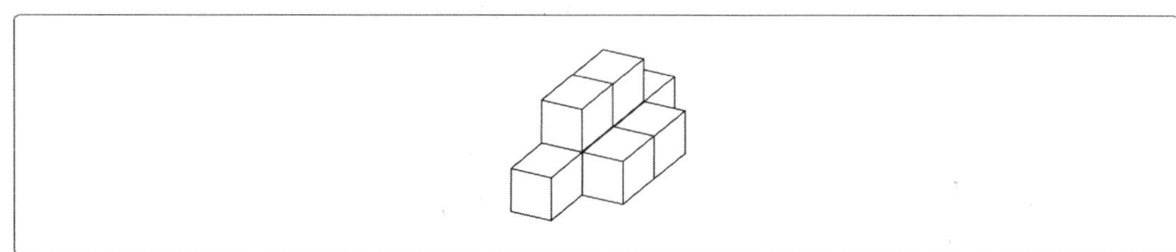

① 50개 ② 52개

③ 54개 ④ 56개

TIP 4 × 4 정육면체가 되기 위해서는 1층 : 10개, 2층 : 14개, 3층 : 16개, 4층 : 16개가 필요하다.

Answer 06.③ 07.① 08.③ 09.④ 10.④

❙ 11~14 ❙ 다음에 제시된 그림과 같은 그림을 고르시오.

※ 11~14번 문제는 해설이 없습니다.

11

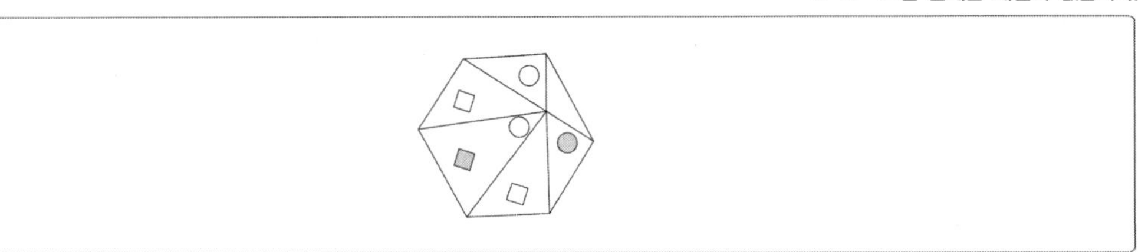

①
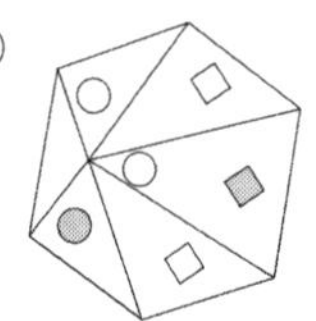

②
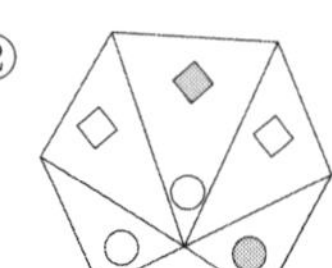

③
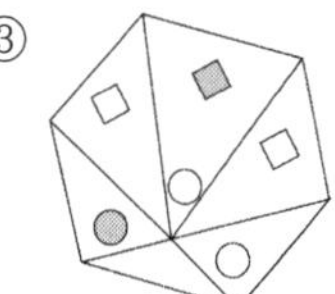

④
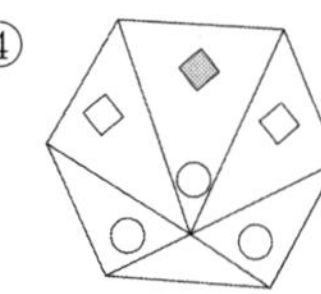

12

①
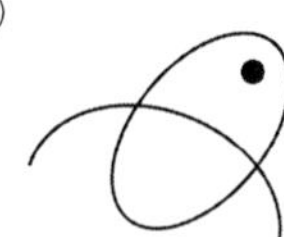

②
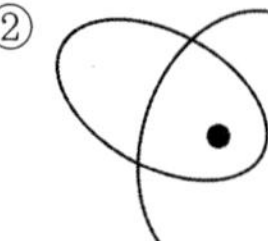

③

④

| 13~14 | 다음 제시된 그림과 다른 것을 고르시오.

13

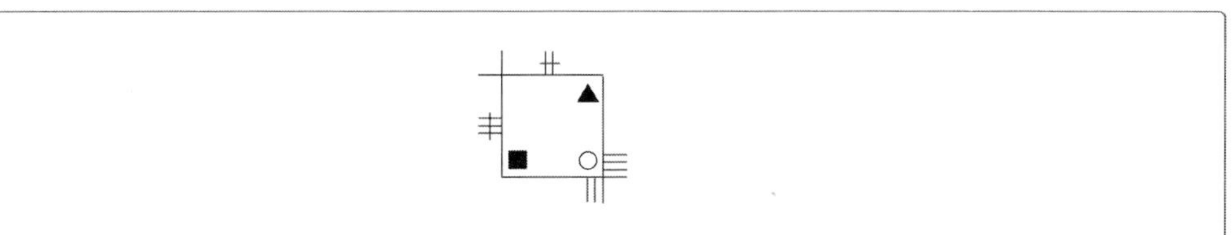

① 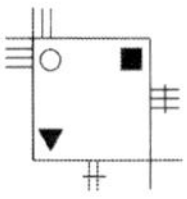 ②

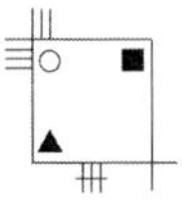

③ 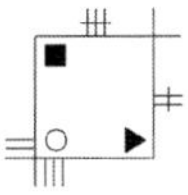 ④

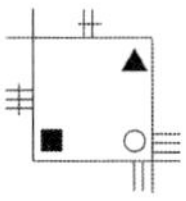

TIP ② ①의 모양이 되어야 한다.

① 보기의 그림을 180° 회전시킨 모양이다.

③ 보기의 그림을 오른쪽으로 90° 회전시킨 모양이다.

④ 보기의 그림과 일치한다.

14

① 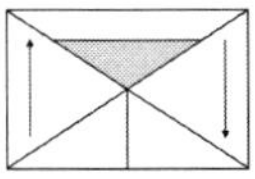 ②

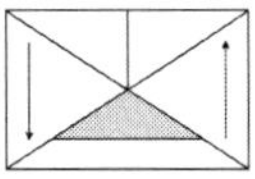

③ 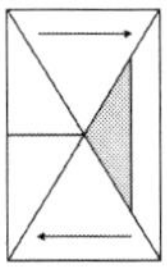 ④

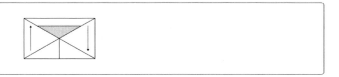

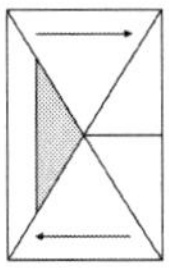

TIP ② 화살표의 위치가 서로 바뀌었다.

① 보기의 그림과 일치한다.

③ 보기의 그림을 오른쪽으로 90° 회전시킨 모양이다.

④ 보기의 그림을 왼쪽으로 90° 회전시킨 모양이다.

Answer 11.③ 12.② 13.② 14.②

▌15~16▐ 다음에 제시된 도형 조각들을 하나로 맞추었을 때 만들어지는 도형을 고르시오.

15

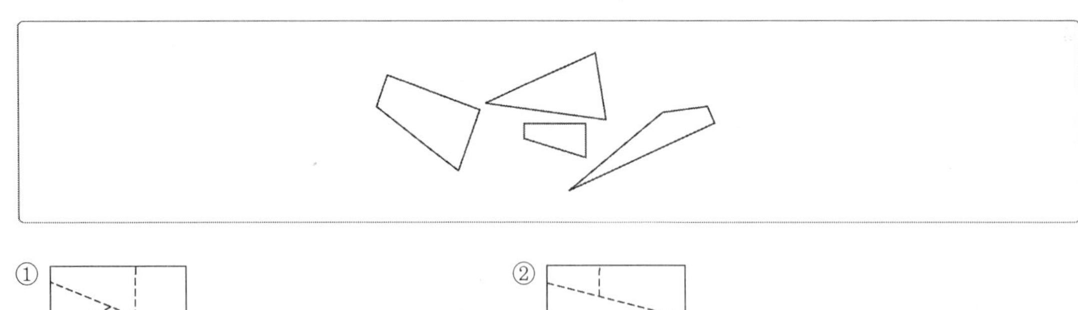

① 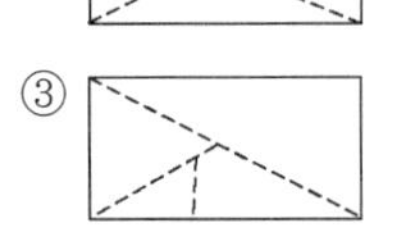

② 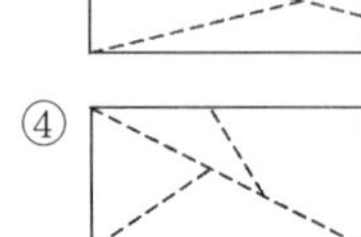

③

④

TIP

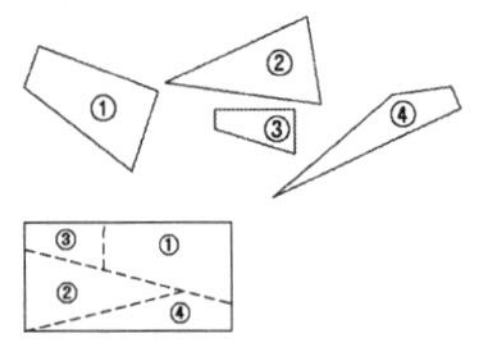

16

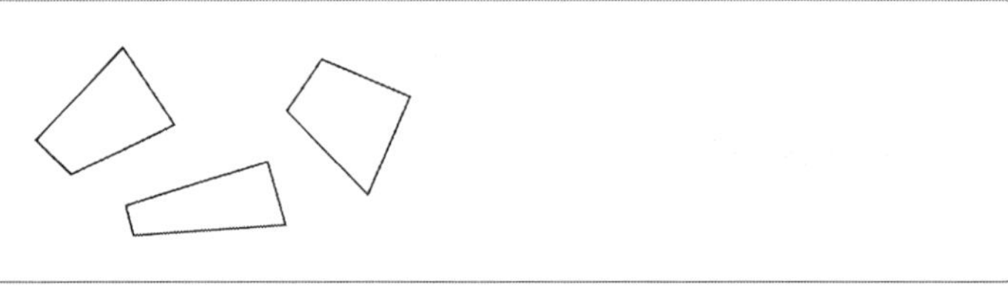

①

② 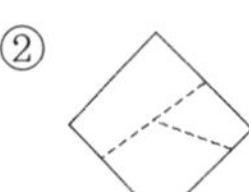

③

④ 

TIP

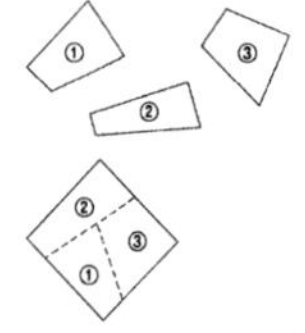

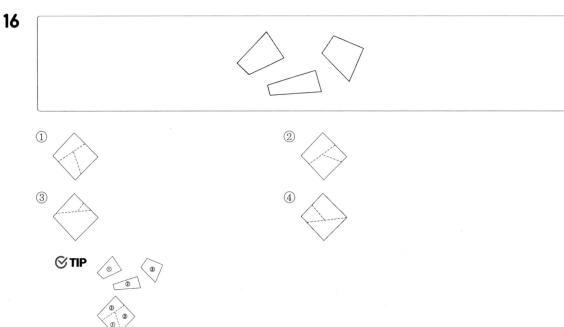

| 17~18 | 다음에 분할된 그림을 하나의 완성된 그림으로 만들기 위해 순서대로 나열한 것을 고르시오.

17

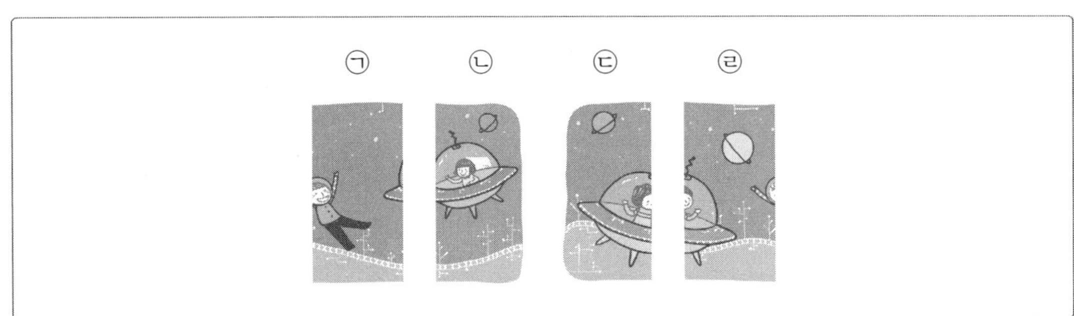

① ㉠-㉡-㉢-㉣
② ㉡-㉠-㉢-㉣
③ ㉢-㉣-㉠-㉡
④ ㉣-㉡-㉠-㉢

TIP

18

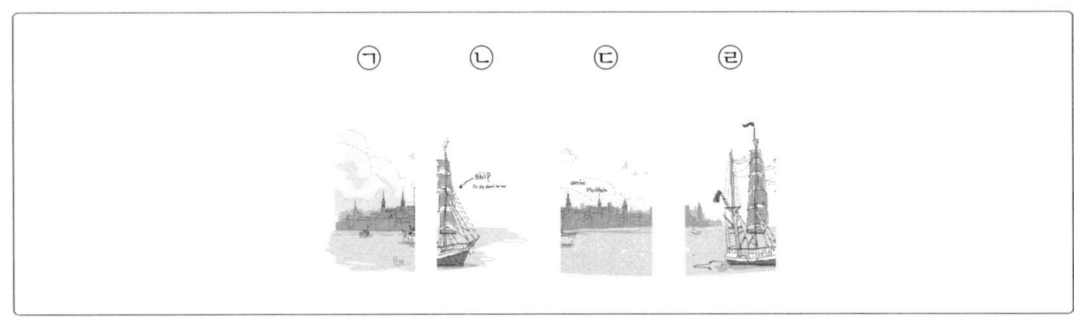

① ㉠-㉢-㉣-㉡
② ㉡-㉢-㉠-㉣
③ ㉡-㉣-㉠-㉡
④ ㉣-㉠-㉡-㉢

TIP

Answer 15.② 16.① 17.③ 18.①

PART

04

인성검사

CHAPTER

01 인성검사의 개요

1 허구성 척도의 질문을 파악한다.

인성검사의 질문에는 허구성 척도를 측정하기 위한 질문이 숨어있음을 유념해야 한다. 예를 들어 '나는 지금까지 거짓말을 한 적이 없다.' '나는 한 번도 화를 낸 적이 없다.' '나는 남을 헐뜯거나 비난한 적이 한 번도 없다.' 이러한 질문이 있다고 가정해보자. 상식적으로 보통 누구나 태어나서 한번은 거짓말을 한 경험은 있을 것이며 화를 낸 경우도 있을 것이다. 또한 대부분의 구직자가 자신을 좋은 인상으로 포장하는 것도 자연스러운 일이다. 따라서 허구성을 측정하는 질문에 다소 거짓으로 '그렇다'라고 답하는 것은 전혀 문제가 되지 않는다. 하지만 지나치게 좋은 성격을 염두에 두고 허구성을 측정하는 질문에 전부 '그렇다'고 대답을 한다면 허구성 척도의 득점이 극단적으로 높아지며 이는 검사항목전체에서 구직자의 성격이나 특성이 반영되지 않았음을 나타내 불성실한 답변으로 신뢰성이 의심받게 되는 것이다. 다시 한 번 인성검사의 문항은 각 개인의 특성을 알아보고자 하는 것으로 절대적으로 옳거나 틀린 답이 없으므로 결과를 지나치게 의식하여 솔직하게 응답하지 않으면 과장 반응으로 분류될 수 있음을 기억하자!

2 '대체로', '가끔' 등의 수식어를 확인한다.

'대체로', '종종', '가끔', '항상', '대개' 등의 수식어는 대부분의 인성검사에서 자주 등장한다. 이러한 수식어가 붙은 질문을 접했을 때 구직자들은 조금 고민하게 된다. 하지만 아직 답해야 할 질문들이 많음을 기억해야 한다. 다만, 앞에서 '가끔', '때때로'라는 수식어가 붙은 질문이 나온다면 뒤에는 '항상', '대체로'의 수식어가 붙은 내용은 똑같은 질문이 이어지는 경우가 많다. 따라서 자주 사용되는 수식어를 적절히 구분할 줄 알아야 한다.

3 솔직하게 있는 그대로 표현한다.

인성검사는 평범한 일상생활 내용들을 다룬 짧은 문장과 어떤 대상이나 일에 대한 선호를 선택하는 문장으로 구성되었으므로 평소에 자신이 생각한 바를 너무 골똘히 생각하지 말고 문제를 보는 순간 떠오른 것을 표현한다. 또한 간혹 반복되는 문제들이 출제되기 때문에 일관성 있게 답하지 않으면 감점될 수 있으므로 유의한다.

4 모든 문제를 신속하게 대답한다.

인성검사는 시간제한이 없는 것이 원칙이지만 기업체들은 일정한 시간제한을 두고 있다. 인성검사는 개인의 성격과 자질을 알아보기 위한 검사이기 때문에 정답이 없다. 다만, 기업체에서 바람직하게 생각하거나 기대되는 결과가 있을 뿐이다. 따라서 시간에 쫓겨서 대충 대답을 하는 것은 바람직하지 못하다.

5 자신의 성향과 사고방식을 미리 정리한다.

기업의 인재상을 기초로 하여 일관성, 신뢰성, 진실성 있는 답변을 염두에 두고 꼼꼼히 풀다보면 분명 시간의 촉박함을 느낄 것이다. 따라서 각각의 질문을 너무 골똘히 생각하거나 고민하지 말자. 대신 시험 전에 여유 있게 자신의 성향이나 사고방식에 대해 정리해보는 것이 필요하다.

6 마지막까지 집중해서 검사에 임한다.

장시간 진행되는 검사에 지칠 수 있으므로 마지막까지 집중해서 정확히 답할 수 있도록 해야 한다.

CHAPTER

02 실전 인성검사

Ⅰ1~300Ⅰ 다음 (   )안에 진술이 자신에게 적합하면 YES, 그렇지 않다면 NO를 선택하시오(인성검사는 응시자의 인성을 파악하기 위한 자료이므로 정답이 존재하지 않습니다).

YES NO

1. 조금이라도 나쁜 소식은 절망의 시작이라고 생각해버린다. ………………( )( )
2. 언제나 실패가 걱정이 되어 어쩔 줄 모른다. ………………( )( )
3. 다수결의 의견에 따르는 편이다. ………………( )( )
4. 혼자서 식당에 들어가는 것은 전혀 두려운 일이 아니다. ………………( )( )
5. 승부근성이 강하다. ………………( )( )
6. 자주 흥분해서 침착하지 못하다. ………………( )( )
7. 지금까지 살면서 타인에게 폐를 끼친 적이 없다. ………………( )( )
8. 소곤소곤 이야기하는 것을 보면 자기에 대해 험담하고 있는 것으로 생각된다. ………………( )( )
9. 무엇이든지 자기가 나쁘다고 생각하는 편이다. ………………( )( )
10. 자신을 변덕스러운 사람이라고 생각한다. ………………( )( )
11. 고독을 즐기는 편이다. ………………( )( )
12. 자존심이 강하다고 생각한다. ………………( )( )
13. 금방 흥분하는 성격이다. ………………( )( )
14. 거짓말을 한 적이 없다. ………………( )( )
15. 신경질적인 편이다. ………………( )( )
16. 끙끙대며 고민하는 타입이다. ………………( )( )
17. 감정적인 사람이라고 생각한다. ………………( )( )
18. 자신만의 신념을 가지고 있다. ………………( )( )
19. 다른 사람을 바보 같다고 생각한 적이 있다. ………………( )( )
20. 금방 말해버리는 편이다. ………………( )( )
21. 싫어하는 사람이 없다. ………………( )( )
22. 대재앙이 오지 않을까 항상 걱정을 한다. ………………( )( )

	YES	NO
23. 쓸데없는 고생을 하는 일이 많다.	( )	( )
24. 자주 생각이 바뀌는 편이다.	( )	( )
25. 문제점을 해결하기 위해 여러 사람과 상의한다.	( )	( )
26. 내 방식대로 일을 한다.	( )	( )
27. 영화를 보고 운 적이 많다.	( )	( )
28. 어떤 것에 대해서도 화낸 적이 없다.	( )	( )
29. 사소한 충고에도 걱정을 한다.	( )	( )
30. 자신은 도움이 안 되는 사람이라고 생각한다.	( )	( )
31. 금방 싫증을 내는 편이다.	( )	( )
32. 개성적인 사람이라고 생각한다.	( )	( )
33. 자기주장이 강한 편이다.	( )	( )
34. 뒤숭숭하다는 말을 들은 적이 있다.	( )	( )
35. 학교를 쉬고 싶다고 생각한 적이 한 번도 없다.	( )	( )
36. 사람들과 관계 맺는 것을 보면 잘하지 못한다.	( )	( )
37. 사고방식이 독특하다.	( )	( )
38. 몸을 움직이는 것을 좋아한다.	( )	( )
39. 끈기가 있는 편이다.	( )	( )
40. 신중한 편이라고 생각한다.	( )	( )
41. 인생의 목표는 큰 것이 좋다.	( )	( )
42. 어떤 일이라도 바로 시작하는 타입이다.	( )	( )
43. 낯가림을 하는 편이다.	( )	( )
44. 생각하고 나서 행동하는 편이다.	( )	( )
45. 쉬는 날은 밖으로 나가는 경우가 많다.	( )	( )
46. 시작한 일은 반드시 완성시킨다.	( )	( )
47. 면밀한 계획을 세운 여행을 좋아한다.	( )	( )
48. 야망이 있는 편이라고 생각한다.	( )	( )
49. 활동력이 있는 편이다.	( )	( )
50. 많은 사람들과 왁자지껄하게 식사하는 것을 좋아하지 않는다.	( )	( )
51. 장기적인 계획을 세우는 것을 꺼려한다.	( )	( )
52. 자기 일이 아닌 이상 무심한 편이다.	( )	( )

YES NO

53. 하나의 취미에 열중하는 타입이다. ( )( )
54. 스스로 모임에서 회장에 어울린다고 생각한다. ( )( )
55. 입신출세의 성공이야기를 좋아한다. ( )( )
56. 어떠한 일도 의욕을 가지고 임하는 편이다. ( )( )
57. 학급에서는 존재가 희미했다. ( )( )
58. 항상 무언가를 생각하고 있다. ( )( )
59. 스포츠는 보는 것보다 하는 게 좋다. ( )( )
60. 문제 상황을 바르게 인식하고 현실적이고 객관적으로 대처한다. ( )( )
61. 흐린 날은 반드시 우산을 가지고 간다. ( )( )
62. 여러 명보다 1 : 1로 대화하는 것을 선호한다. ( )( )
63. 공격하는 타입이라고 생각한다. ( )( )
64. 리드를 받는 편이다. ( )( )
65. 너무 신중해서 기회를 놓친 적이 있다. ( )( )
66. 시원시원하게 움직이는 타입이다. ( )( )
67. 야근을 해서라도 업무를 끝낸다. ( )( )
68. 누군가를 방문할 때는 반드시 사전에 확인한다. ( )( )
70. 솔직하고 타인에 대해 개방적이다. ( )( )
69. 아무리 노력해도 결과가 따르지 않는다면 의미가 없다. ( )( )
71. 유행에 둔감하다고 생각한다. ( )( )
72. 정해진 대로 움직이는 것은 시시하다. ( )( )
73. 꿈을 계속 가지고 있고 싶다. ( )( )
74. 질서보다 자유를 중요시하는 편이다. ( )( )
75. 혼자서 취미에 몰두하는 것을 좋아한다. ( )( )
76. 직관적으로 판단하는 편이다. ( )( )
77. 영화나 드라마를 보며 등장인물의 감정에 이입된다. ( )( )
78. 시대의 흐름에 역행해서라도 자신을 관철하고 싶다. ( )( )
79. 다른 사람의 소문에 관심이 없다. ( )( )
80. 창조적인 편이다. ( )( )
81. 비교적 눈물이 많은 편이다. ( )( )
82. 융통성이 있다고 생각한다. ( )( )

YES NO

83. 친구의 휴대전화 번호를 잘 모른다. ( )( )
84. 스스로 고안하는 것을 좋아한다. ( )( )
85. 정이 두터운 사람으로 남고 싶다. ( )( )
86. 조직의 일원으로 별로 안 어울린다. ( )( )
87. 세상의 일에 별로 관심이 없다. ( )( )
88. 변화를 추구하는 편이다. ( )( )
89. 업무는 인간관계로 선택한다. ( )( )
90. 환경이 변하는 것에 구애되지 않는다. ( )( )
91. 불안감이 강한 편이다. ( )( )
92. 인생은 살 가치가 없다고 생각한다. ( )( )
93. 의지가 약한 편이다. ( )( )
94. 다른 사람이 하는 일에 별로 관심이 없다. ( )( )
95. 사람을 설득시키는 것은 어렵지 않다. ( )( )
96. 심심한 것을 못 참는다. ( )( )
97. 다른 사람을 욕한 적이 한 번도 없다. ( )( )
98. 다른 사람에게 어떻게 보일지 신경을 쓴다. ( )( )
99. 금방 낙심하는 편이다. ( )( )
100. 다른 사람에게 의존하는 경향이 있다. ( )( )
101. 그다지 융통성이 있는 편이 아니다. ( )( )
102. 다른 사람이 내 의견에 간섭하는 것이 싫다. ( )( )
103. 낙천적인 편이다. ( )( )
104. 숙제를 잊어버린 적이 한 번도 없다. ( )( )
105. 밤길에는 발소리가 들리기만 해도 불안하다. ( )( )
106. 상냥하다는 말을 들은 적이 있다. ( )( )
107. 자신은 유치한 사람이다. ( )( )
108. 잡담을 하는 것보다 책을 읽는 게 낫다. ( )( )
109. 나는 영업에 적합한 타입이라고 생각한다. ( )( )
110. 술자리에서 술을 마시지 않아도 흥을 돋울 수 있다. ( )( )
111. 한 번도 병원에 간 적이 없다. ( )( )
112. 나쁜 일은 걱정이 되어서 어쩔 줄을 모른다. ( )( )

YES NO

113. 금세 무기력해지는 편이다. ………………………………………………………………( )( )
114. 비교적 고분고분한 편이라고 생각한다. ………………………………………………( )( )
115. 독자적으로 행동하는 편이다. …………………………………………………………( )( )
116. 적극적으로 행동하는 편이다. …………………………………………………………( )( )
117. 금방 감격하는 편이다. …………………………………………………………………( )( )
118. 어떤 것에 대해서는 불만을 가진 적이 없다. …………………………………………( )( )
119. 걱정으로 밤에 못 잘 때가 많다. ………………………………………………………( )( )
120. 자주 후회하는 편이다. …………………………………………………………………( )( )
121. 쉽게 학습하지만 쉽게 잊어버린다. ……………………………………………………( )( )
122. 자신만의 세계를 가지고 있다. …………………………………………………………( )( )
123. 많은 사람 앞에서도 긴장하지 않는다. …………………………………………………( )( )
124. 말하는 것을 아주 좋아한다. ……………………………………………………………( )( )
125. 인생을 포기하는 마음을 가진 적이 한 번도 없다. ……………………………………( )( )
126. 규칙에 대해 드러나게 반발하기보다 속으로 반발한다. ………………………………( )( )
127. 금방 반성한다. ……………………………………………………………………………( )( )
128. 활동범위가 좁아 가던 곳만 고집한다. …………………………………………………( )( )
129. 나는 끈기가 다소 부족하다. ……………………………………………………………( )( )
130. 좋다고 생각하더라도 좀 더 검토하고 나서 실행한다. ………………………………( )( )
131. 위대한 인물이 되고 싶다. ………………………………………………………………( )( )
132. 한 번에 많은 일을 떠맡아도 힘들지 않다. ……………………………………………( )( )
133. 사람과 약속은 부담스럽다. ……………………………………………………………( )( )
134. 질문을 받으면 충분히 생각하고 나서 대답하는 편이다. ……………………………( )( )
135. 머리를 쓰는 것보다 땀을 흘리는 일이 좋다. …………………………………………( )( )
136. 결정한 것에는 철저히 구속받는다. ……………………………………………………( )( )
137. 외출 시 문을 잠갔는지 몇 번을 확인한다. ……………………………………………( )( )
138. 이왕 할 거라면 일등이 되고 싶다. ……………………………………………………( )( )
139. 과감하게 도전하는 타입이다. …………………………………………………………( )( )
140. 자신은 사교적이 아니라고 생각한다. …………………………………………………( )( )
141. 무심코 도리에 대해서 말하고 싶어진다. ………………………………………………( )( )
142. '항상 건강하네요'라는 말을 듣는다. ……………………………………………………( )( )

	YES	NO
143. 단념하기보다 실패하는 것이 낫다고 생각한다.	( )	( )
144. 예상하지 못한 일은 하고 싶지 않다.	( )	( )
145. 파란만장하더라도 성공하는 인생을 살고 싶다.	( )	( )
146. 활기찬 편이라고 생각한다.	( )	( )
147. 자신의 성격으로 고민한 적이 있다.	( )	( )
148. 무심코 사람들을 평가 한다.	( )	( )
149. 때때로 성급하다고 생각한다.	( )	( )
150. 자신은 꾸준히 노력하는 타입이라고 생각한다.	( )	( )
151. 터무니없는 생각이라도 메모한다.	( )	( )
152. 리더십이 있는 사람이 되고 싶다.	( )	( )
153. 열정적인 사람이라고 생각한다.	( )	( )
154. 다른 사람 앞에서 이야기를 하는 것이 조심스럽다.	( )	( )
155. 세심하기보다 통찰력이 있는 편이다.	( )	( )
156. 엉덩이가 가벼운 편이다.	( )	( )
157. 여러 가지로 구애받는 것을 견디지 못한다.	( )	( )
158. 돌다리도 두들겨 보고 건너는 쪽이 좋다.	( )	( )
159. 자신에게는 권력욕이 있다.	( )	( )
160. 자신의 능력보다 과중한 업무를 할당받으면 기쁘다.	( )	( )
161. 사색적인 사람이라고 생각한다.	( )	( )
162. 비교적 개혁적이다.	( )	( )
163. 좋고 싫음으로 정할 때가 많다.	( )	( )
164. 전통에 얽매인 습관은 버리는 것이 적절하다.	( )	( )
165. 교제 범위가 좁은 편이다.	( )	( )
166. 발상의 전환을 할 수 있는 타입이라고 생각한다.	( )	( )
167. 주관적인 판단으로 실수한 적이 있다.	( )	( )
168. 현실적이고 실용적인 면을 추구한다.	( )	( )
169. 타고난 능력에 의존하는 편이다.	( )	( )
170. 다른 사람을 의식하여 외모에 신경을 쓴다.	( )	( )
171. 마음이 담겨 있으면 선물은 아무 것이나 좋다.	( )	( )
172. 여행은 내 마음대로 하는 것이 좋다.	( )	( )

	YES	NO
173. 추상적인 일에 관심이 있는 편이다.	( )	( )
174. 큰 일을 먼저 결정하고 세세한 일을 나중에 결정하는 편이다.	( )	( )
175. 괴로워하는 사람을 보면 답답하다.	( )	( )
176. 자신의 가치기준을 알아주는 사람은 아무도 없다.	( )	( )
177. 인간성이 없는 사람과는 함께 일할 수 없다.	( )	( )
178. 상상력이 풍부한 편이라고 생각한다.	( )	( )
179. 의리, 인정이 두터운 상사를 만나고 싶다.	( )	( )
180. 인생은 앞날을 알 수 없어 재미있다.	( )	( )
181. 조직에서 분위기 메이커다.	( )	( )
182. 반성하는 시간에 차라리 실수를 만회할 방법을 구상한다.	( )	( )
183. 늘 하던 방식대로 일을 처리해야 마음이 편하다.	( )	( )
184. 쉽게 이룰 수 있는 일에는 흥미를 느끼지 못한다.	( )	( )
185. 좋다고 생각하면 바로 행동한다.	( )	( )
186. 후배들은 무섭게 가르쳐야 따라온다.	( )	( )
187. 한 번에 많은 일을 떠맡는 것이 부담스럽다.	( )	( )
188. 능력 없는 상사라도 진급을 위해 아부할 수 있다.	( )	( )
189. 질문을 받으면 그때의 느낌으로 대답하는 편이다.	( )	( )
190. 땀을 흘리는 것보다 머리를 쓰는 일이 좋다.	( )	( )
191. 단체 규칙에 그다지 구속받지 않는다.	( )	( )
192. 물건을 자주 잃어버리는 편이다.	( )	( )
193. 불만이 생기면 즉시 말해야 한다.	( )	( )
194. 안전한 방법을 고르는 타입이다.	( )	( )
195. 사교성이 많은 사람을 보면 부럽다.	( )	( )
196. 성격이 급한 편이다.	( )	( )
197. 갑자기 중요한 프로젝트가 생기면 혼자서라도 야근할 수 있다.	( )	( )
198. 내 인생에 절대로 포기하는 경우는 없다.	( )	( )
199. 예상하지 못한 일도 해보고 싶다.	( )	( )
200. 평범하고 평온하게 행복한 인생을 살고 싶다.	( )	( )
201. 상사의 부정을 눈감아 줄 수 있다.	( )	( )
202. 자신은 소극적이라고 생각하지 않는다.	( )	( )

YES NO

203. 이것저것 평하는 것이 싫다. ( )( )
204. 자신은 꼼꼼한 편이라고 생각한다. ( )( )
205. 꾸준히 노력하는 것을 잘 하지 못한다. ( )( )
206. 내일의 계획이 이미 머릿속에 계획되어 있다. ( )( )
207. 협동성이 있는 사람이 되고 싶다. ( )( )
208. 동료보다 돋보이고 싶다. ( )( )
209. 다른 사람 앞에서 이야기를 잘한다. ( )( )
210. 실행력이 있는 편이다. ( )( )
211. 계획을 세워야만 실천할 수 있다. ( )( )
212. 누구라도 나에게 싫은 소리를 하는 것은 듣기 싫다. ( )( )
213. 생각으로 끝나는 일이 많다. ( )( )
214. 피곤하더라도 웃으며 일하는 편이다. ( )( )
215. 과중한 업무를 할당받으면 포기해버린다. ( )( )
216. 상사가 지시한 일이 부당하면 업무를 하더라도 불만을 토로한다. ( )( )
217. 또래에 비해 보수적이다. ( )( )
218. 자신에게 손해인지 이익인지를 생각하여 결정할 때가 많다. ( )( )
219. 전통적인 방식이 가장 좋은 방식이라고 생각한다. ( )( )
220. 때로는 친구들이 너무 많아 부담스럽다. ( )( )
221. 상식적인 판단을 할 수 있는 타입이라고 생각한다. ( )( )
222. 너무 객관적이라는 평가를 받는다. ( )( )
223. 안정적인 방법보다는 위험성이 높더라도 높은 이익을 추구한다. ( )( )
224. 타인의 아이디어를 도용하여 내 아이디어처럼 꾸민 적이 있다. ( )( )
225. 조직에서 돋보이기 위해 준비하는 것이 있다. ( )( )
226. 선물은 상대방에게 필요한 것을 사줘야 한다. ( )( )
227. 나무보다 숲을 보는 것에 소질이 있다. ( )( )
228. 때때로 자신을 지나치게 비하하기도 한다. ( )( )
229. 조직에서 있는 듯 없는 듯 한 존재이다. ( )( )
230. 다른 일을 제쳐두고 한 가지 일에 몰두한 적이 있다. ( )( )
231. 가끔 다음 날 지장이 생길 만큼 술을 마신다. ( )( )
232. 또래보다 개방적이다. ( )( )

YES NO

233. 사실 돈이면 안 될 것이 없다고 생각한다. ( )( )
234. 능력이 없더라도 공평하고 공적인 상사를 만나고 싶다. ( )( )
235. 사람들이 자신을 비웃는다고 종종 여긴다. ( )( )
236. 내가 먼저 적극적으로 사람들과 관계를 맺는다. ( )( )
237. 모임을 스스로 만들기보다 이끌려가는 것이 편하다. ( )( )
238. 몸을 움직이는 것을 좋아하지 않는다. ( )( )
239. 꾸준한 취미를 갖고 있다. ( )( )
240. 때때로 나는 경솔한 편이라고 생각한다. ( )( )
241. 때로는 목표를 세우는 것이 무의미하다고 생각한다. ( )( )
242. 어떠한 일을 시작하는데 많은 시간이 걸린다. ( )( )
243. 초면인 사람과도 바로 친해질 수 있다. ( )( )
244. 일단 행동하고 나서 생각하는 편이다. ( )( )
245. 쉬는 날은 집에 있는 경우가 많다. ( )( )
246. 마무리를 짓지 못해 포기하는 경우가 많다. ( )( )
247. 여행은 계획 없이 떠나는 것을 좋아한다. ( )( )
248. 욕심이 없는 편이라고 생각한다. ( )( )
249. 성급한 결정으로 후회한 적이 있다. ( )( )
250. 많은 사람들과 왁자지껄하게 식사하는 것을 좋아한다. ( )( )
251. 이유 없이 불안할 때가 종종 있다. ( )( )
252. 주위 사람이 상처받는 것을 고려해 발언을 자제할 때가 있다. ( )( )
253. 자존심이 강한 편이다. ( )( )
254. 생각 없이 함부로 말하는 사람을 보면 불편하다. ( )( )
255. 취미생활을 서너 개는 갖고 있다. ( )( )
256. 거짓말을 한 적이 한 번도 없다. ( )( )
257. 경쟁사라도 많은 연봉을 주면 옮길 수 있다. ( )( )
258. 자신은 충분히 신뢰할만한 사람이라고 생각한다. ( )( )
259. 좋고 싫음이 얼굴에 분명히 드러난다. ( )( )
260. 자신만이 할 수 있는 일을 하고 싶다. ( )( )
261. 자신을 과소평가하는 경향이 있다. ( )( )
262. 책상 위나 서랍 안은 항상 깔끔히 정리해야 직성이 풀린다. ( )( )

YES NO

263. 건성으로 일을 할 때가 때때로 있다. ( )( )

264. 남의 험담을 한 적이 있다. ( )( )

265. 쉽게 화를 낸다는 말을 듣는다. ( )( )

266. 초초하면 손을 떨고, 심장박동이 빨라진다. ( )( )

267. 토론에서는 진 적이 한 번도 없다. ( )( )

268. 나보다 나이가 많은 사람을 대하는 것이 불편하다. ( )( )

269. 의심이 많은 편이다. ( )( )

270. 주변 사람이 자기 험담을 하고 있다고 생각할 때가 있다. ( )( )

271. 이론만 내세우는 사람이라는 평가를 받는다. ( )( )

272. 실패보다 성공을 먼저 생각한다. ( )( )

273. 자신에 대한 자부심이 강한 편이다. ( )( )

274. 주변 사람이 피곤해 하여도 자신은 원기왕성하다. ( )( )

275. 친구를 재미있게 하는 것을 좋아한다. ( )( )

276. 아침부터 아무것도 하고 싶지 않을 때가 있다. ( )( )

277. 지각을 하면 학교를 결석하고 싶어졌다. ( )( )

278. 이 세상에 없는 세계가 존재한다고 생각한다. ( )( )

279. 하기 싫은 것을 하고 있으면 무심코 불만을 말한다. ( )( )

280. 동료와의 경쟁심으로 불법을 저지른 적이 있다. ( )( )

281. 자신을 배신한 사람에게는 반드시 복수한다. ( )( )

292. 오히려 고된 일을 헤쳐 나가는데 자신이 있다. ( )( )

293. 착한 사람이라는 말을 들을 때가 많다. ( )( )

294. 업무적인 능력으로 칭찬 받을 때가 자주 있다. ( )( )

295. 개성적인 사람이라는 말을 자주 듣는다. ( )( )

296. 누구와도 편하게 대화할 수 있다. ( )( )

297. 나보다 나이가 많은 사람들하고도 격의 없이 지낸다. ( )( )

298. 사물의 근원과 배경에 대해 관심이 많다. ( )( )

299. 쉬는 것보다 일하는 것이 편하다. ( )( )

300. 계획하는 시간에 직접 행동하는 것이 효율적이다. ( )( )

CHAPTER

03 UK TEST

1 UK검사(Uchida – Kraepelin TEST)

UK검사란 Uchida Kraepelin 정신작업 검사로 일정한 조건 아래 단순한 작업을 시키고 나서 그 작업량의 패턴에서 인격을 파악하려고 하는 것이다.

① UK검사는 1~9까지의 숫자를 나열하고 앞과 뒤의 더한 수의 일의 자리 수를 기록하는 방법으로 진행된다. 예를 들어 1 2 3 4 5 6 … 이란 숫자의 나열이 있을 때 1 + 2 = 3이면 3을 1과 2 사이에 기록하고 5 + 6 = 11은 일의 자리 수, 즉 1을 5와 6 사이에 기록한다.

예

```
2   5   7   8   5   1   9   5   8   7   2   6   4   7   1
  7   2   5   3   6   0   4   3   5   9   8   0   1   8
```

② 각 행마다 1분이 주어지며 1분이 지나면 다음 행으로 넘어가는 방식으로 진행된다. 시험 시작 전에 2분간 연습이 주어지고 전반부 15분, 휴식 5분, 후반부 15분으로 진행된다. 시간은 시행하는 곳마다 다를 수 있고 결과의 판단은 각 행의 마지막 계삭이 있던 곳에 작업량 곡선을 표기하고 오답을 검사한다고 한다.

2 Kraepelin 작업 5요인설

Kraepelin은 연속 덧셈의 결과 곡선을 다음과 같은 5가지 요소에 의거해 진단하였다.

① **추동**(drive) : 처음 시작할 때 과도하게 진행하는 것을 의미한다. 도입부이므로 의욕도 높고 피로도도 적어서 작업량이 많다.

② **흥분**(excitement) : 흥분 정도에 따라서 곡선의 기복이 나타난다.

③ **경험**(experience) : 학습 효과로 인해 어떻게 하는 건지 익혔음이 곡선에 보인다.

④ **피로**(fatigue) : 시간이 갈수록 지치고 반복에 의해 집중력이 떨어지므로 작업량이 줄어든다.

⑤ **연습**(practice) : 횟수를 거듭할수록 익숙해져서 작업량이 증가한다. 후반부에는 연습과 피로 효과가 동시에 일어난다.

3 UK검사로 측정되는 것

① **능력** : 일정 시간 동안 주어진 일을 수행할 수 있는 능력의 측정

② **흥미** : 일정 시간 동안 주어진 일에 대해 보이는 흥미의 정도(변덕스러움)를 측정

③ **성격** : 대상자가 나타내는 일관적인 기질을 확인

4 일반적인 작업 곡선

① 전반, 후반 모두 처음 1분의 작업량이 많다.

② 대체적으로 2분 이후 작업이 저하되었다가 다시 많아진다.

③ 대체적으로 전기보다 후기의 작업량이 많다(휴식효과).

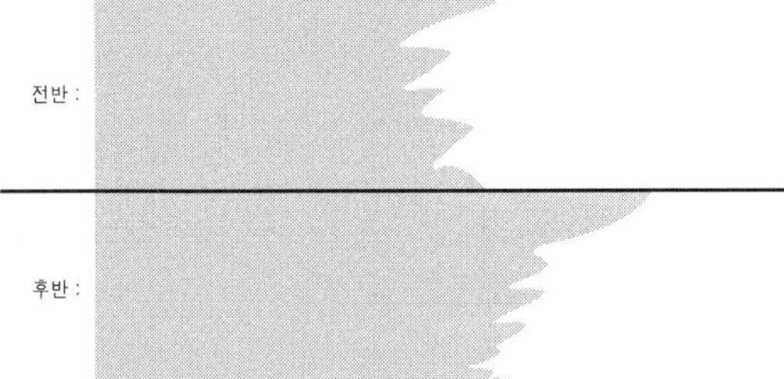

5 비정상인의 작업곡선

① **초두노력 부족** : 전반, 후반 모두 처음 1분간의 작업량이 눈에 띄게 높지 않다.

② **휴식효과 부족** : 중간에 5분 쉬었는데도 후반의 전체적인 작업량이 증가하지 않는다.

③ **작업량이 일정하지 않음** : 각 행 사이의 작업량이 많고 적음의 차가 극단적이다.

④ **긴장하지 않음** : 작업량이 월등히 적고 아래 행으로 갈수록 작업량이 계속 줄어든다.

⑤ **비정상자** : 오답이 너무 많다.

6 연습문제

(1) 전반부

5 7 8 4 2 3 6 1 8 9 7 2 1 7 8 9 5 7 8 5 1 8 4 5 6 9 2 3 8

2 8 6 2 4 3 2 4 8 1 9 4 6 5 3 2 1 4 8 4 3 7 1 8 2 5 2 5 8

4 2 5 8 9 1 7 5 3 6 4 8 9 5 2 3 4 1 2 4 9 1 8 2 4 6 1 2 3

2 8 9 5 7 2 6 5 2 7 5 1 6 8 5 4 6 1 2 7 4 5 2 8 6 8 7 5 7

1 3 3 6 1 8 9 7 2 1 3 7 8 5 7 8 4 2 7 5 8 2 3 4 7 1 2 1 5

3 2 4 1 5 9 4 2 2 7 5 4 6 9 1 8 2 4 7 6 7 8 1 2 8 9 5 9 5

5 9 5 4 7 5 3 2 7 1 4 6 4 7 8 4 9 1 5 3 2 4 5 8 5 2 1 3 2

4 4 3 9 5 3 1 1 2 7 8 2 5 8 3 9 4 6 7 5 1 2 8 9 7 3 5 8 4

2 8 5 6 7 1 5 5 3 7 4 7 8 5 9 1 2 6 2 9 6 2 5 6 6 7 4 1 5

1 5 8 3 7 2 4 3 7 4 5 6 9 8 7 1 2 3 5 4 6 8 8 5 3 1 3 1 2

2 3 8 4 6 7 9 5 2 9 5 1 3 7 4 5 1 7 8 5 9 8 2 3 4 1 5 5 7

2 5 5 7 4 9 5 9 5 2 3 5 6 4 6 7 4 6 9 8 5 2 5 3 1 5 6 7 9

2 5 4 7 5 9 6 1 3 8 5 2 1 7 9 8 5 1 2 4 6 3 2 8 2 5 2 5 9

3 1 3 8 9 4 2 7 9 2 8 1 3 5 6 7 3 2 6 7 1 8 2 1 2 1 6 2 4

8 5 8 1 4 7 3 5 6 4 2 9 2 8 2 5 2 1 8 9 5 6 3 7 8 9 1 5 2

2 2 7 8 9 5 5 9 6 3 7 2 5 8 7 9 2 3 6 1 5 7 5 4 6 3 6 2 3

5 3 6 9 1 5 7 9 8 5 2 2 8 6 4 8 6 5 2 3 5 9 5 7 1 5 3 7 1

(2) 후반부

5 7 8 5 1 8 4 5 6 9 2 3 8 2 8 6 2 4 3 2 4 8 1 9 4 6 5 3 5

6 7 9 5 2 9 5 1 3 7 4 5 1 7 8 5 9 4 2 5 8 9 1 7 5 3 6 2 4

2 1 4 8 4 3 7 1 8 2 5 2 4 8 4 3 7 4 5 6 9 8 7 1 2 3 5 4 1

9 5 2 3 4 1 2 4 9 1 8 2 4 6 1 2 3 2 1 6 4 6 7 4 6 3 6 1 9

8 9 7 2 1 7 8 9 5 7 8 8 5 4 6 1 2 7 4 5 2 8 6 8 7 5 7 5 8

1 5 5 3 7 4 7 8 5 9 1 1 5 8 6 1 3 3 7 1 2 1 5 2 4 1 5 5 3

9 4 2 2 7 5 4 6 9 1 8 2 4 7 6 7 8 1 2 8 9 5 9 5 6 8 4 3 1

3 5 6 1 8 9 7 5 8 2 3 4 5 9 5 4 7 5 3 2 7 1 4 6 4 7 8 4 6

1 9 1 5 3 2 4 5 8 5 2 1 3 2 4 4 3 9 5 3 1 1 4 2 5 5 7 4 8

2 9 5 9 5 2 2 7 8 2 5 8 3 9 4 6 7 5 1 2 8 9 7 3 5 8 4 6 5

2 8 5 6 7 2 9 6 2 5 6 6 7 4 1 5 2 9 8 5 2 5 3 1 5 8 3 7 2

3 6 8 8 5 3 1 3 1 2 2 1 3 7 8 5 7 8 4 2 7 2 3 8 4 8 2 3 1

3 2 8 2 5 2 5 8 1 9 7 5 2 6 3 4 3 6 7 9 5 8 9 3 4 1 7 3 5

3 1 2 1 2 1 2 8 9 2 3 1 4 7 4 5 5 8 9 2 8 3 5 4 9 2 1 7 3

2 5 2 1 8 9 5 6 3 7 8 9 2 8 3 6 1 4 5 1 5 7 6 9 8 2 5 1 4

1 3 6 1 5 7 5 4 6 3 2 2 7 8 9 5 5 9 6 3 7 2 5 8 7 9 3 9 2

5 2 2 8 6 4 8 6 5 2 3 5 9 5 7 1 5 5 3 6 9 1 5 7 9 8 1 5 3

PART

05

면접

CHAPTER

01 면접의 기본

1 면접의 종류와 의의

(1) 면접의 기본 원칙

① **면접의 의미** … 면접이란 다양한 면접기법을 활용하여 지원한 직무에 필요한 능력을 지원자가 보유하고 있는지를 확인하는 절차라고 할 수 있다. 즉, 지원자의 입장에서는 채용 직무수행에 필요한 요건들과 관련하여 자신의 환경, 경험, 관심사, 성취 등에 대해 기업에 직접 어필할 수 있는 기회를 제공받는 것이며, 기업의 입장에서는 서류전형만으로 알 수 없는 지원자에 대한 정보를 직접적으로 수집하고 평가하는 것이다.

② **면접의 특징** … 면접은 기업의 입장에서 서류전형이나 필기전형에서 드러나지 않는 지원자의 능력이나 성향을 볼 수 있는 기회로, 면대면으로 이루어지며 즉흥적인 질문들이 포함될 수 있기 때문에 지원자가 완벽하게 준비하기 어려운 부분이 있다. 하지만 지원자 입장에서도 서류전형이나 필기전형에서 모두 보여주지 못한 자신의 능력 등을 기업의 인사담당자에게 어필할 수 있는 추가적인 기회가 될 수도 있다.

[서류 · 필기전형과 차별화되는 면접의 특징]

- 직무수행과 관련된 다양한 지원자 행동에 대한 관찰이 가능하다.
- 면접관이 알고자 하는 정보를 심층적으로 파악할 수 있다.
- 서류상의 미비한 사항과 의심스러운 부분을 확인할 수 있다.
- 커뮤니케이션 능력, 대인관계 능력 등 행동 · 언어적 정보도 얻을 수 있다.

③ **면접의 유형**

㉠ **구조화 면접** : 구조화 면접은 사전에 계획을 세워 질문의 내용과 방법, 지원자의 답변 유형에 따른 추가 질문과 그에 대한 평가 역량이 정해져 있는 면접 방식으로 표준화 면접이라고도 한다.

- 표준화된 질문이나 평가요소가 면접 전 확정되며, 지원자는 편성된 조나 면접관에 영향을 받지 않고 동일한 질문과 시간을 부여받을 수 있다.
- 조직 또는 직무별로 주요하게 도출된 역량을 기반으로 평가요소가 구성되어, 조직 또는 직무에서 필요한 역량을 가진 지원자를 선발할 수 있다.

• 표준화된 형식을 사용하는 특성 때문에 비구조화 면접에 비해 신뢰성과 타당성, 객관성이 높다.

㉡ **비구조화 면접** : 비구조화 면접은 면접 계획을 세울 때 면접 목적만을 명시하고 내용이나 방법은 면접관에게 전적으로 일임하는 방식으로 비표준화 면접이라고도 한다.

• 표준화된 질문이나 평가요소 없이 면접이 진행되며, 편성된 조나 면접관에 따라 지원자에게 주어지는 질문이나 시간이 다르다.
• 면접관의 주관적인 판단에 따라 평가가 이루어져 평가 오류가 빈번히 일어난다.
• 상황 대처나 언변이 뛰어난 지원자에게 유리한 면접이 될 수 있다.

④ **경쟁력 있는 면접 요령**

㉠ **면접 전에 준비하고 유념할 사항**

• 예상 질문과 답변을 미리 작성한다.
• 작성한 내용을 문장으로 외우지 않고 키워드로 기억한다.
• 지원한 회사의 최근 기사를 검색하여 기억한다.
• 지원한 회사가 속한 산업군의 최근 기사를 검색하여 기억한다.
• 면접 전 1주일간 이슈가 되는 뉴스를 기억하고 자신의 생각을 반영하여 정리한다.
• 찬반토론에 대비한 주제를 목록으로 정리하여 자신의 논리를 내세운 예상답변을 작성한다.

㉡ **면접장에서 유념할 사항**

• 질문의 의도 파악 : 답변을 할 때에는 질문 의도를 파악하고 그에 충실한 답변이 될 수 있도록 질문사항을 유념해야 한다. 많은 지원자가 하는 실수 중 하나로 답변을 하는 도중 자기 말에 심취되어 질문의 의도와 다른 답변을 하거나 자신이 알고 있는 지식만을 나열하는 경우가 있는데, 이럴 경우 의사소통능력이 부족한 사람으로 인식될 수 있으므로 주의하도록 한다.
• 답변은 두괄식 : 답변을 할 때에는 두괄식으로 결론을 먼저 말하고 그 이유를 설명하는 것이 좋다. 미괄식으로 답변을 할 경우 용두사미의 답변이 될 가능성이 높으며, 결론을 이끌어 내는 과정에서 논리성이 결여될 우려가 있다. 또한 면접관이 결론을 듣기 전에 말을 끊고 다른 질문을 추가하는 예상치 못한 상황이 발생될 수 있으므로 답변은 자신이 전달하고자 하는 바를 먼저 밝히고 그에 대한 설명을 하는 것이 좋다.
• 지원한 회사의 기업정신과 인재상을 기억 : 답변을 할 때에는 회사가 원하는 인재라는 인상을 심어주기 위해 지원한 회사의 기업정신과 인재상 등을 염두에 두고 답변을 하는 것이 좋다. 모든 회사에 해당되는 두루뭉술한 답변보다는 지원한 회사에 맞는 맞춤형 답변을 하는 것이 좋다.
• 나보다는 회사와 사회적 관점에서 답변 : 답변을 할 때에는 자기중심적인 관점을 피하고 좀 더 넓은 시각으로 회사와 국가, 사회적 입장까지 고려하는 인재임을 어필하는 것이 좋다. 자기중심적 시각을 바탕으로 자신의 출세만을 위해 회사에 입사하려는 인상을 심어줄 경우 면접에서 불이익을 받을 가능성이 높다.
• 난처한 질문은 정직한 답변 : 난처한 질문에 답변을 해야 할 때에는 피하기보다는 정면 돌파로 정직하고 솔직하게 답변하는 것이 좋다. 난처한 부분을 감추고 드러내지 않으려 회피하려는 지원자의 모습은 인사담당자에게 입사 후에도 비슷한 상황에 처했을 때 회피할 수도 있다는 우려를 심어줄 수 있다. 따라서 직장생활에 있어 중요한 덕목 중 하나인 정직을 바탕으로 솔직하게 답변을 하도록 한다.

(2) 면접의 종류 및 준비 전략

① 인성면접

㉠ 면접 방식 및 판단기준

- 면접 방식 : 인성면접은 면접관이 가지고 있는 개인적 면접 노하우나 관심사에 의해 질문을 실시한다. 주로 입사지원서나 자기소개서의 내용을 토대로 지원동기, 과거의 경험, 미래 포부 등을 이야기하도록 하는 방식이다.
- 판단기준 : 면접관의 개인적 가치관과 경험, 해당 역량의 수준, 경험의 구체성 · 진실성 등

㉡ 특징 : 인성면접은 그 방식으로 인해 역량과 무관한 질문들이 많고 지원자에게 주어지는 면접 질문, 시간 등이 다를 수 있다. 또한 입사지원서나 자기소개서의 내용을 토대로 하기 때문에 지원자별 질문이 달라질 수 있다.

㉢ 예시 문항 및 준비전략

- 예시 문항

> • 3분 동안 자기소개를 해 보십시오.
> • 자신의 장점과 단점을 말해 보십시오.
> • 학점이 좋지 않은데 그 이유가 무엇입니까?
> • 최근에 인상 깊게 읽은 책은 무엇입니까?
> • 회사를 선택할 때 중요시하는 것은 무엇입니까?
> • 일과 개인생활 중 어느 쪽을 중시합니까?
> • 10년 후 자신은 어떤 모습일 것이라고 생각합니까?
> • 휴학 기간 동안에는 무엇을 했습니까?

- 준비전략 : 인성면접은 입사지원서나 자기소개서의 내용을 바탕으로 하는 경우가 많으므로 자신이 작성한 입사지원서와 자기소개서의 내용을 충분히 숙지하도록 한다. 또한 최근 사회적으로 이슈가 되고 있는 뉴스에 대한 견해를 묻거나 시사상식 등에 대한 질문을 받을 수 있으므로 이에 대한 대비도 필요하다. 자칫 부담스러워 보이지 않는 질문으로 가볍게 대답하지 않도록 주의하고 모든 질문에 입사 의지를 담아 성실하게 답변하는 것이 중요하다.

② 발표면접

㉠ 면접 방식 및 판단 기준

- 면접 방식 : 지원자가 특정 주제와 관련된 자료를 검토하고 그에 대한 자신의 생각을 면접관 앞에서 주어진 시간 동안 발표하고 추가 질의를 받는 방식으로 진행된다.
- 판단기준 : 지원자의 사고력, 논리력, 문제해결력 등

㉡ 특징 : 발표면접은 지원자에게 과제를 부여한 후, 과제를 수행하는 과정과 결과를 관찰 · 평가한다. 따라서 과제수행 결과뿐 아니라 수행과정에서의 행동을 모두 평가할 수 있다.

㉢ 예시 문항 및 준비전략

• 예시 문항

[신입사원 조기 이직 문제]

※ 지원자는 아래에 제시된 자료를 검토한 뒤, 신입사원 조기 이직의 원인을 크게 3가지로 정리하고 이에 대한 구체적인 개선안을 도출하여 발표해 주시기 바랍니다.

※ 본 과제에 정해진 정답은 없으나 논리적 근거를 들어 개선안을 작성해 주십시오.

• A기업은 동종업계 유사기업들과 비교해 볼 때, 비교적 높은 재무안정성을 유지하고 있으며 업무강도가 그리 높지 않은 것으로 외부에 알려져 있음.
• 최근 조사결과, 동종업계 유사기업들과 연봉을 비교해 보았을 때 연봉 수준도 그리 나쁘지 않은 편이라는 것이 확인되었음.
• 그러나 지난 3년간 1~2년차 직원들의 이직률이 계속해서 증가하고 있는 추세이며, 경영진 회의에서 최우선 해결과제 중 하나로 거론되었음.
• 이에 따라 인사팀에서 현재 1~2년차 사원들을 대상으로 개선되어야 하는 A기업의 조직문화에 대한 설문조사를 실시한 결과, '상명하복식의 의사소통'이 36.7%로 1위를 차지했음.
• 이러한 설문조사와 함께, 신입사원 조기 이직에 대한 원인을 분석한 결과 파랑새 증후군, 셀프홀릭 증후군, 피터팬 증후군 등 3가지로 분류할 수 있었음.

〈동종업계 유사기업들과의 연봉 비교〉

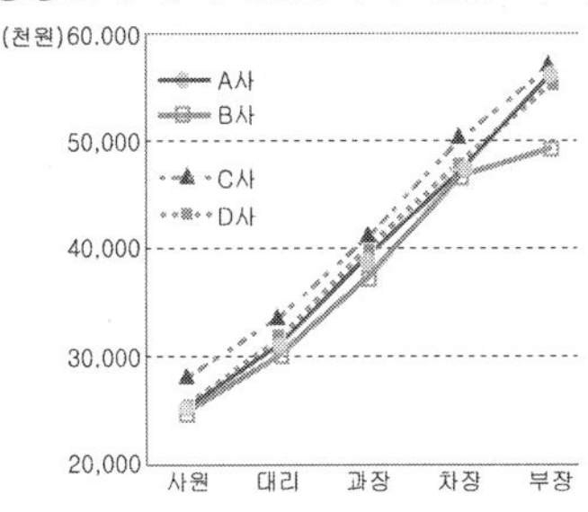

〈우리 회사 조직문화 중 개선되었으면 하는 것〉

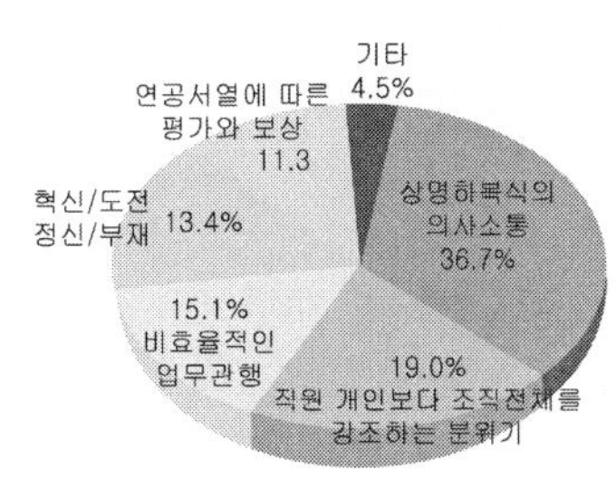

〈신입사원 조기 이직의 원인〉

• 파랑새 증후군
-현재의 직장보다 더 좋은 직장이 있을 것이라는 막연한 기대감으로 끊임없이 새로운 직장을 탐색함.
-학력 수준과 맞지 않는 '하향지원', 전공과 적성을 고려하지 않고 일단 취업하고 보자는 '묻지마 지원'이 파랑새 증후군을 초래함.

• 셀프홀릭 증후군
-본인의 역량에 비해 가치가 낮은 일을 주로 하면서 갈등을 느낌.

• 피터팬 증후군
-기성세대의 문화를 무조건 수용하기보다는 자유로움과 변화를 추구함.
-상명하복, 엄격한 규율 등 기성세대가 당연시하는 관행에 거부감을 가지며 직장에 답답함을 느낌.

- 준비전략 : 발표면접의 시작은 과제 안내문과 과제 상황, 과제 자료 등을 정확하게 이해하는 것에서 출발한다. 과제 안내문을 침착하게 읽고 제시된 주제 및 문제와 관련된 상황의 맥락을 파악한 후 과제를 검토한다. 제시된 기사나 그래프 등을 충분히 활용하여 주어진 문제를 해결할 수 있는 해결책이나 대안을 제시하며, 발표를 할 때에는 명확하고 자신 있는 태도로 전달할 수 있도록 한다.

③ 토론면접

㉠ 면접 방식 및 판단기준

- 면접 방식 : 상호갈등적 요소를 가진 과제 또는 공통의 과제를 해결하는 내용의 토론 과제를 제시하고, 그 과정에서 개인 간의 상호작용 행동을 관찰하는 방식으로 면접이 진행된다.
- 판단기준 : 팀워크, 적극성, 갈등 조정, 의사소통능력, 문제해결능력 등

㉡ 특징 : 토론을 통해 도출해 낸 최종안의 타당성도 중요하지만, 결론을 도출해 내는 과정에서의 의사소통능력이나 갈등상황에서 의견을 조정하는 능력 등이 중요하게 평가되는 특징이 있다.

㉢ 예시 문항 및 준비전략

- 예시 문항

> - 군 가산점제 부활에 대한 찬반토론
> - 담뱃값 인상에 대한 찬반토론
> - 비정규직 철폐에 대한 찬반토론
> - 대학의 영어 강의 확대 찬반토론
> - 워크숍 장소 선정을 위한 토론

- 준비전략 : 토론면접은 무엇보다 팀워크와 적극성이 강조된다. 따라서 토론과정에 적극적으로 참여하며 자신의 의사를 분명하게 전달하며, 갈등상황에서 자신의 의견만 내세울 것이 아니라 다른 지원자의 의견을 경청하고 배려하는 모습도 중요하다. 갈등상황을 일목요연하게 정리하여 조정하는 등의 의사소통능력을 발휘하는 것도 좋은 전략이 될 수 있다.

④ 상황면접

㉠ 면접 방식 및 판단기준

- 면접 방식 : 상황면접은 직무 수행 시 접할 수 있는 상황들을 제시하고, 그러한 상황에서 어떻게 행동할 것인지를 이야기하는 방식으로 진행된다.
- 판단기준 : 해당 상황에 적절한 역량의 구현과 구체적 행동지표

㉡ 특징 : 실제 직무 수행 시 접할 수 있는 상황들을 제시하므로 입사 이후 지원자의 업무수행능력을 평가하는 데 적절한 면접 방식이다. 또한 지원자의 가치관, 태도, 사고방식 등의 요소를 통합적으로 평가하는 데 용이하다.

ⓒ 예시 문항 및 준비전략

• 예시 문항

> 당신은 생산관리팀의 팀원으로, 생산팀이 기한에 맞춰 효율적으로 제품을 생산할 수 있도록 관리하는 역할을 맡고 있습니다. 3개월 뒤에 제품A를 정상적으로 출시하기 위해 생산팀의 생산 계획을 수립한 상황입니다. 그러나 원가가 곧 실적으로 이어지는 구매팀에서는 최대한 원가를 줄여 전반적 단가를 낮추려고 원가절감을 위한 제안을 하였으나, 연구개발팀에서는 구매팀이 제안한 방식으로 제품을 생산할 경우 대부분이 구매팀의 실적으로 산정될 것이므로 제대로 확인도 해보지 않은 채 적합하지 않은 방식이라고 판단하고 있습니다. 당신은 어떻게 하겠습니까?

• 준비전략 : 상황면접은 먼저 주어진 상황에서 핵심이 되는 문제가 무엇인지를 파악하는 것에서 시작한다. 주질문과 세부질문을 통하여 질문의 의도를 파악하였다면, 그에 대한 구체적인 행동이나 생각 등에 대해 응답할수록 높은 점수를 얻을 수 있다.

⑤ 역할면접

㉠ 면접 방식 및 판단기준

• 면접 방식 : 역할면접 또는 역할연기 면접은 기업 내 발생 가능한 상황에서 부딪히게 되는 문제와 역할을 가상적으로 설정하여 특정 역할을 맡은 사람과 상호작용하고 문제를 해결해 나가도록 하는 방식으로 진행된다. 역할연기 면접에서는 면접관이 직접 역할연기를 하면서 지원자를 관찰하기도 하지만, 역할연기 수행만 전문적으로 하는 사람을 투입할 수도 있다.

• 판단기준 : 대처능력, 대인관계능력, 의사소통능력 등

㉡ 특징 : 역할면접은 실제 상황과 유사한 가상 상황에서의 행동을 관찰함으로서 지원자의 성격이나 대처 행동 등을 관찰할 수 있다.

ⓒ 예시 문항 및 준비전략

• 예시 문항

> [금융권 역할면접의 예]
> 당신은 ㅇㅇ은행의 신입 텔러이다. 사람이 많은 월말 오전 한 할아버지(면접관 또는 역할담당자)께서 ㅇㅇ은행을 사칭한 보이스피싱으로 500만 원을 피해 보았다며 소란을 일으키고 있다. 실제 업무상황이라고 생각하고 상황에 대처해 보시오.

• 준비전략 : 역할연기 면접에서 측정하는 역량은 주로 갈등의 원인이 되는 문제를 해결 하고 제시된 해결방안을 상대방에게 설득하는 것이다. 따라서 갈등해결, 문제해결, 조정 · 통합, 설득력과 같은 역량이 중요시된다. 또한 갈등을 해결하기 위해서 상대방에 대한 이해도 필수적인 요소이므로 고객 지향을 염두에 두고 상황에 맞게 대처해야 한다.
역할면접에서는 변별력을 높이기 위해 면접관이 압박적인 분위기를 조성하는 경우가 많기 때문에 스트레스 상황에서 불안해하지 않고 유연하게 대처할 수 있도록 시간과 노력을 들여 충분히 연습하는 것이 좋다.

2 면접 이미지 메이킹

(1) 성공적인 이미지 메이킹 포인트

① 복장 및 스타일

㉠ 남성

- 양복 : 양복은 단색으로 하며 넥타이나 셔츠로 포인트를 주는 것이 효과적이다. 짙은 회색이나 감청색이 가장 단정하고 품위 있는 인상을 준다.
- 셔츠 : 흰색이 가장 선호되나 자신의 피부색에 맞추는 것이 좋다. 푸른색이나 베이지색은 산뜻한 느낌을 줄 수 있다. 양복과의 배색도 고려하도록 한다.
- 넥타이 : 의상에 포인트를 줄 수 있는 아이템이지만 너무 화려한 것은 피한다. 지원자의 피부색은 물론, 정장과 셔츠의 색을 고려하며, 체격에 따라 넥타이 폭을 조절하는 것이 좋다.
- 구두 & 양말 : 구두는 검정색이나 짙은 갈색이 어느 양복에나 무난하게 어울리며 깔끔하게 닦아 준비한다. 양말은 정장과 동일한 색상이나 검정색을 착용한다.
- 헤어스타일 : 머리스타일은 단정한 느낌을 주는 짧은 헤어스타일이 좋으며 앞머리가 있다면 이마나 눈썹을 가리지 않는 선에서 정리하는 것이 좋다.

㉡ 여성

- 의상 : 단정한 스커트 투피스 정장이나 슬랙스 슈트가 무난하다. 블랙이나 그레이, 네이비, 브라운 등 차분해 보이는 색상을 선택하는 것이 좋다.
- 소품 : 구두, 핸드백 등은 같은 계열로 코디하는 것이 좋으며 구두는 너무 화려한 디자인이나 굽이 높은 것을 피한다. 스타킹은 의상과 구두에 맞춰 단정한 것으로 선택한다.
- 액세서리 : 액세서리는 너무 크거나 화려한 것은 좋지 않으며 과하게 많이 하는 것도 좋은 인상을 주지 못한다. 착용하지 않거나 작고 깔끔한 디자인으로 포인트를 주는 정도가 적당하다.
- 메이크업 : 화장은 자연스럽고 밝은 이미지를 표현하는 것이 좋으며 진한 색조는 인상이 강해 보일 수 있으므로 피한다.
- 헤어스타일 : 커트나 단발처럼 짧은 머리는 활동적이면서도 단정한 이미지를 줄 수 있도록 정리한다. 긴 머리의 경우 하나로 묶거나 단정한 머리망으로 정리하는 것이 좋으며, 짙은 염색이나 화려한 웨이브는 피한다.

② 인사

㉠ **인사의 의미** : 인사는 예의범절의 기본이며 상대방의 마음을 여는 기본적인 행동이라고 할 수 있다. 인사는 처음 만나는 면접관에게 호감을 살 수 있는 가장 쉬운 방법이 될 수 있기도 하지만 제대로 예의를 지키지 않으면 지원자의 인성 전반에 대한 평가로 이어질 수 있으므로 각별히 주의해야 한다.

㉡ **인사의 핵심 포인트**

- 인사말 : 인사말을 할 때에는 밝고 친근감 있는 목소리로 하며, 자신의 이름과 수험번호 등을 간략하게 소개한다.
- 시선 : 인사는 상대방의 눈을 보며 하는 것이 중요하며 너무 빤히 쳐다본다는 느낌이 들지 않도록 주의한다.
- 표정 : 인사는 마음에서 우러나오는 존경이나 반가움을 표현하고 예의를 차리는 것이므로 살짝 미소를 지으며 하는 것이 좋다.
- 자세 : 인사를 할 때에는 가볍게 목만 숙인다거나 흐트러진 상태에서 인사를 하지 않도록 주의하며 절도 있고 확실하게 하는 것이 좋다.

③ 시선처리와 표정, 목소리

㉠ **시선처리와 표정** : 표정은 면접에서 지원자의 첫인상을 결정하는 중요한 요소이다. 얼굴표정은 사람의 감정을 가장 잘 표현할 수 있는 의사소통 도구로 표정 하나로 상대방에게 호감을 주거나, 비호감을 사기도 한다. 호감이 가는 인상의 특징은 부드러운 눈썹, 자연스러운 미간, 적당히 볼록한 광대, 올라간 입 꼬리 등으로 가볍게 미소를 지을 때의 표정과 일치한다. 따라서 면접 중에는 밝은 표정으로 미소를 지어 호감을 형성할 수 있도록 한다. 시선은 면접관과 고르게 맞추되 생기 있는 눈빛을 띄도록 하며, 너무 빤히 쳐다본다는 인상을 주지 않도록 한다.

㉡ **목소리** : 면접은 주로 면접관과 지원자의 대화로 이루어지므로 목소리가 미치는 영향이 상당하다. 답변을 할 때에는 부드러우면서도 활기차고 생동감 있는 목소리로 하는 것이 면접관에게 호감을 줄 수 있으며 적당한 제스처가 더해진다면 상승효과를 얻을 수 있다. 그러나 적절한 답변을 하였음에도 불구하고 콧소리나 날카로운 목소리, 자신감 없는 작은 목소리는 답변의 신뢰성을 떨어뜨릴 수 있으므로 주의하도록 한다.

④ 자세

㉠ 걷는 자세

- 면접장에 입실할 때에는 상체를 곧게 유지하고 발끝은 평행이 되게 하며 무릎을 스치듯 11자로 걷는다.
- 시선은 정면을 향하고 턱은 가볍게 당기며 어깨나 엉덩이가 흔들리지 않도록 주의한다.
- 발바닥 전체가 닿는 느낌으로 안정감 있게 걸으며 발소리가 나지 않도록 주의한다.
- 보폭은 어깨넓이만큼이 적당하지만, 스커트를 착용했을 경우 보폭을 줄인다.
- 걸을 때도 미소를 유지한다.

㉡ 서있는 자세

- 몸 전체를 곧게 펴고 가슴을 자연스럽게 내민 후 등과 어깨에 힘을 주지 않는다.
- 정면을 바라본 상태에서 턱을 약간 당기고 아랫배에 힘을 주어 당기며 바르게 선다.
- 양 무릎과 발뒤꿈치는 붙이고 발끝은 11자 또는 V형을 취한다.
- 남성의 경우 팔을 자연스럽게 내리고 양손을 가볍게 쥐어 바지 옆선에 붙이고, 여성의 경우 공수 자세를 유지한다.

㉢ 앉은 자세

- 남성

- 의자 깊숙이 앉고 등받이와 등 사이에 주먹 1개 정도의 간격을 두며 기대듯 앉지 않도록 주의한다. (남녀 공통 사항)
- 무릎 사이에 주먹 2개 정도의 간격을 유지하고 발끝은 11자를 취한다.
- 시선은 정면을 바라보며 턱은 가볍게 당기고 미소를 짓는다. (남녀 공통 사항)
- 양손은 가볍게 주먹을 쥐고 무릎 위에 올려놓는다.
- 앉고 일어날 때에는 자세가 흐트러지지 않도록 주의한다. (남녀 공통 사항)

- 여성

- 스커트를 입었을 경우 왼손으로 뒤쪽 스커트 자락을 누르고 오른손으로 앞쪽 자락을 누르며 의자에 앉는다.
- 무릎은 붙이고 발끝을 가지런히 하며, 다리를 왼쪽으로 비스듬히 기울인다.
- 양손을 모아 무릎 위에 모아 놓으며 스커트를 입었을 경우 스커트 위를 가볍게 누르듯이 올려놓는다.

(2) 면접 예절

① 행동 관련 예절

㉠ **지각은 절대금물** : 시간을 지키는 것은 예절의 기본이다. 지각을 할 경우 면접에 응시할 수 없거나, 면접 기회가 주어지더라도 불이익을 받을 가능성이 높아진다. 따라서 면접장소가 결정되면 교통편과 소요시간을 확인하고 가능하다면 사전에 미리 방문해 보는 것도 좋다. 면접 당일에는 서둘러 출발하여 면접 시간 20~30분 전에 도착하여 회사를 둘러보고 환경에 익숙해지는 것도 성공적인 면접을 위한 요령이 될 수 있다.

㉡ **면접 대기 시간** : 지원자들은 대부분 면접장에서의 행동과 답변 등으로만 평가를 받는다고 생각하지만 그렇지 않다. 면접관이 아닌 면접진행자 역시 대부분 인사실무자이며 면접관이 면접 후 지원자에 대한 평가에 있어 확신을 위해 면접진행자의 의견을 구한다면 면접진행자의 의견이 당락에 영향을 줄 수 있다. 따라서 면접 대기 시간에도 행동과 말을 조심해야 하며, 면접을 마치고 돌아가는 순간까지도 긴장을 늦춰서는 안 된다. 면접 중 압박적인 질문에 답변을 잘 했지만, 면접장을 나와 흐트러진 모습을 보이거나 욕설을 한다면 면접 탈락의 요인이 될 수 있으므로 주의해야 한다.

㉢ **입실 후 태도** : 본인의 차례가 되어 호명되면 또렷하게 대답하고 들어간다. 만약 면접장 문이 닫혀 있다면 상대에게 소리가 들릴 수 있을 정도로 노크를 두세 번 한 후 대답을 듣고 나서 들어가야 한다. 문을 여닫을 때에는 소리가 나지 않게 조용히 하며 공손한 자세로 인사한 후 성명과 수험번호를 말하고 면접관의 지시에 따라 자리에 앉는다. 이 경우 착석하라는 말이 없는데 먼저 의자에 앉으면 무례한 사람으로 보일 수 있으므로 주의한다. 의자에 앉을 때에는 끝에 앉지 말고 무릎 위에 양손을 가지런히 얹는 것이 예절이라고 할 수 있다.

㉣ **옷매무새를 자주 고치지 마라.** : 일부 지원자의 경우 옷매무새 또는 헤어스타일을 자주 고치거나 확인하기도 하는데 이러한 모습은 과도하게 긴장한 것 같아 보이거나 면접에 집중하지 못하는 것으로 보일 수 있다. 남성 지원자의 경우 넥타이를 자꾸 고쳐 맨다거나 정장 상의 끝을 너무 자주 만지작거리지 않는다. 여성 지원자는 머리를 계속 쓸어 올리지 않고, 특히 짧은 치마를 입고서 신경이 쓰여 치마를 끌어 내리는 행동은 좋지 않다.

㉤ **다리를 떨거나 산만한 시선은 면접 탈락의 지름길** : 자신도 모르게 다리를 떨거나 손가락을 만지는 등의 행동을 하는 지원자가 있는데, 이는 면접관의 주의를 끌 뿐만 아니라 불안하고 산만한 사람이라는 느낌을 주게 된다. 따라서 가능한 한 바른 자세로 앉아 있는 것이 좋다. 또한 면접관과 시선을 맞추지 못하고 여기저기 둘러보는 듯한 산만한 시선은 지원자가 거짓말을 하고 있다고 여겨지거나 신뢰할 수 없는 사람이라고 생각될 수 있다.

② 답변 관련 예절

㉠ **면접관이나 다른 지원자와 가치 논쟁을 하지 않는다.** : 질문을 받고 답변하는 과정에서 면접관 또는 다른 지원자의 의견과 다른 의견이 있을 수 있다. 특히 평소 지원자가 관심이 많은 문제이거나 잘 알고 있는 문제인 경우 자신과 다른 의견에 대해 이의가 있을 수 있다. 하지만 주의할 것은 면접에서 면접관이나 다른 지원자와 가치 논쟁을 할 필요는 없다는 것이며 오히려 불이익을 당할 수도 있다. 정답이 정해져 있지 않은 경우에는 가치관이나 성장배경에 따라 문제를 받아들이는 태도에서 답변까지 충분히 차이가 있을 수 있으므로 굳이 면접관이나 다른 지원자의 가치관을 지적하고 고치려 드는 것은 좋지 않다.

㉡ **답변은 항상 정직해야 한다.** : 면접이라는 것이 아무리 지원자의 장점을 부각시키고 단점을 축소시키는 것이라고 해도 절대로 거짓말을 해서는 안 된다. 거짓말을 하게 되면 지원자는 불안하거나 꺼림칙한 마음이 들게 되어 면접에 집중을 하지 못하게 되고 수많은 지원자를 상대하는 면접관은 그것을 놓치지 않는다. 거짓말은 그 지원자에 대한 신뢰성을 떨어뜨리며 이로 인해 다른 스펙이 아무리 훌륭하다고 해도 채용에서 탈락하게 될 수 있음을 명심하도록 한다.

㉢ **경력직을 경우 전 직장에 대해 험담하지 않는다.** : 지원자가 전 직장에서 무슨 업무를 담당했고 어떤 성과를 올렸는지는 면접관이 관심을 둘 사항일 수 있지만, 이전 직장의 기업문화나 상사들이 어땠는지는 그다지 궁금해 하는 사항이 아니다. 전 직장에 대해 험담을 늘어놓는다든가, 동료와 상사에 대한 악담을 하게 된다면 오히려 지원자에 대한 부정적인 이미지만 심어

줄 수 있다. 만약 전 직장에 대한 말을 해야 할 경우가 생긴다면 가능한 한 객관적으로 이야기하는 것이 좋다.

㉣ **자기 자신이나 배경에 대해 자랑하지 않는다.** : 자신의 성취나 부모 형제 등 집안사람들이 사회·경제적으로 어떠한 위치에 있는지에 대한 자랑은 면접관으로 하여금 지원자에 대해 오만한 사람이거나 배경에 의존하려는 나약한 사람이라는 이미지를 갖게 할 수 있다. 따라서 자기 자신이나 배경에 대해 자랑하지 않도록 하고, 자신이 한 일에 대해서 너무 자세하게 얘기하지 않도록 주의해야 한다.

3 면접 질문 및 답변 포인트

(1) 가족 및 대인관계에 관한 질문

① 당신의 가정은 어떤 가정입니까?

면접관들은 지원자의 가정환경과 성장과정을 통해 지원자의 성향을 알고 싶어 이와 같은 질문을 한다. 비록 가정 일과 사회의 일이 완전히 일치하는 것은 아니지만 '가화만사성'이라는 말이 있듯이 가정이 화목해야 사회에서도 화목하게 지낼 수 있기 때문이다. 그러므로 답변 시에는 가족사항을 정확하게 설명하고 집안의 분위기와 특징에 대해 이야기하는 것이 좋다.

② 친구 관계에 대해 말해 보십시오.

지원자의 인간성을 판단하는 질문으로 교우관계를 통해 답변자의 성격과 대인관계능력을 파악할 수 있다. 새로운 환경에 적응을 잘하여 새로운 친구들이 많은 것도 좋지만, 깊고 오래 지속되어온 인간관계를 말하는 것이 더욱 바람직하다.

(2) 성격 및 가치관에 관한 질문

① 당신의 PR포인트를 말해 주십시오.

PR포인트를 말할 때에는 지나치게 겸손한 태도는 좋지 않으며 적극적으로 자기를 주장하는 것이 좋다. 앞으로 입사 후 하게 될 업무와 관련된 자기의 특성을 구체적인 일화를 더하여 이야기하도록 한다.

② 당신의 장·단점을 말해 보십시오.

지원자의 구체적인 장·단점을 알고자 하기 보다는 지원자가 자기 자신에 대해 얼마나 알고 있으며 어느 정도의 객관적인 분석을 하고 있나, 그리고 개선의 노력 등을 시도하는지를 파악하고자 하는 것이다. 따라서 장점을 말할 때는 업무와 관련된 장점을 뒷받침할 수 있는 근거와 함께 제시하며, 단점을 이야기할 때에는 극복을 위한 노력을 반드시 포함해야 한다.

③ 가장 존경하는 사람은 누구입니까?

존경하는 사람을 말하기 위해서는 우선 그 인물에 대해 알아야 한다. 잘 모르는 인물에 대해 존경한다고 말하는 것은 면접관에게 바로 지적당할 수 있으므로, 추상적이라도 좋으니 평소에 존경스럽다고 생각했던 사람에 대해 그 사람의 어떤 점이 좋고 존경스러운지 대답하도록 한다. 또한 자신에게 어떤 영향을 미쳤는지도 언급하면 좋다.

(3) 학교생활에 관한 질문

① 지금까지의 학교생활 중 가장 기억에 남는 일은 무엇입니까?

가급적 직장생활에 도움이 되는 경험을 이야기하는 것이 좋다. 또한 경험만을 간단하게 말하지 말고 그 경험을 통해서 얻을 수 있었던 교훈 등을 예시와 함께 이야기하는 것이 좋으나 너무 상투적인 답변이 되지 않도록 주의해야 한다.

② 성적은 좋은 편이었습니까?

면접관은 이미 서류심사를 통해 지원자의 성적을 알고 있다. 그럼에도 불구하고 이 질문을 하는 것은 지원자가 성적에 대해서 어떻게 인식하느냐를 알고자 하는 것이다. 성적이 나빴던 이유에 대해서 변명하려 하지 말고 담백하게 받아드리고 그것에 대한 개선노력을 했음을 밝히는 것이 적절하다.

③ 학창시절에 시위나 집회 등에 참여한 경험이 있습니까?

기업에서는 노사분규를 기업의 사활이 걸린 중대한 문제로 인식하고 거시적인 차원에서 접근한다. 이러한 기업문화를 제대로 인식하지 못하여 학창시절의 시위나 집회 참여 경험을 자랑스럽게 답변할 경우 감점요인이 되거나 심지어는 탈락할 수 있다는 사실에 주의한다. 시위나 집회에 참가한 경험을 말할 때에는 타당성과 정도에 유의하여 답변해야 한다.

(4) 지원동기 및 직업의식에 관한 질문

① 왜 우리 회사를 지원했습니까?

이 질문은 어느 회사나 가장 먼저 물어보고 싶은 것으로 지원자들은 기업의 이념, 대표의 경영능력, 재무구조, 복리후생 등 외적인 부분을 설명하는 경우가 많다. 이러한 답변도 적절하지만 지원 회사의 주력 상품에 관한 소비자의 인지도, 경쟁사 제품과의 시장점유율을 비교하면서 입사동기를 설명한다면 상당히 주목 받을 수 있을 것이다.

② 만약 이번 채용에 불합격하면 어떻게 하겠습니까?

불합격할 것을 가정하고 회사에 응시하는 지원자는 거의 없을 것이다. 이는 지원자를 궁지로 몰아넣고 어떻게 대응하는지를 살펴보며 입사 의지를 알아보려고 하는 것이다. 이 질문은 너무 깊이 들어가지 말고 침착하게 답변하는 것이 좋다.

③ 당신이 생각하는 바람직한 사원상은 무엇입니까?

직장인으로서 또는 조직의 일원으로서의 자세를 묻는 질문으로 지원하는 회사에서 어떤 인재상을 요구하는 가를 알아두는 것이 좋으며, 평소에 자신의 생각을 미리 정리해 두어 당황하지 않도록 한다.

④ 직무상의 적성과 보수의 많음 중 어느 것을 택하겠습니까?

이런 질문에서 회사 측에서 원하는 답변은 당연히 직무상의 적성에 비중을 둔다는 것이다. 그러나 적성만을 너무 강조하다 보면 오히려 솔직하지 못하다는 인상을 줄 수 있으므로 어느 한 쪽을 너무 강조하거나 경시하는 태도는 바람직하지 못하다.

⑤ 상사와 의견이 다를 때 어떻게 하겠습니까?

과거와 다르게 최근에는 상사의 명령에 무조건 따르겠다는 수동적인 자세는 바람직하지 않다. 회사에서는 때에 따라 자신이 판단하고 행동할 수 있는 직원을 원하기 때문이다. 그러나 지나치게 자신의 의견만을 고집한다면 이는 팀원 간의 불화를 야기할 수 있으며 팀 체제에 악영향을 미칠 수 있으므로 선호하지 않는다는 것에 유념하여 답해야 한다.

⑥ 근무지가 지방인데 근무가 가능합니까?

근무지가 지방 중에서도 특정 지역은 되고 다른 지역은 안 된다는 답변은 바람직하지 않다. 직장에서는 순환 근무라는 것이 있으므로 처음에 지방에서 근무를 시작했다고 해서 계속 지방에만 있는 것은 아님을 유의하고 답변하도록 한다.

(5) 여가 활용에 관한 질문

① 취미가 무엇입니까?

기초적인 질문이지만 특별한 취미가 없는 지원자의 경우 대답이 애매할 수밖에 없다. 그래서 가장 많이 대답하게 되는 것이 독서, 영화감상, 혹은 음악감상 등과 같은 흔한 취미를 말하게 되는데 이런 취미는 면접관의 주의를 끌기 어려우며 설사 정말 위와 같은 취미를 가지고 있다하더라도 제대로 답변하기는 힘든 것이 사실이다. 가능하면 독특한 취미를 말하는 것이 좋으며 이제 막 시작한 것이라도 열의를 가지고 있음을 설명할 수 있으면 그것을 취미로 답변하는 것도 좋다.

(6) 지원자를 당황하게 하는 질문

① 성적이 좋지 않은데 이 정도의 성적으로 우리 회사에 입사할 수 있다고 생각합니까?

비록 자신의 성적이 좋지 않더라도 이미 서류심사에 통과하여 면접에 참여하였다면 기업에서는 지원자의 성적보다 성적 이외의 요소, 즉 성격 · 열정 등을 높이 평가했다는 것이라고 할 수 있다. 그러나 이런 질문을 받게 되면 지원자는 당황할 수 있으나 주눅 들지 말고 침착하게 대처하는 면모를 보인다면 더 좋은 인상을 남길 수 있다.

② 우리 회사 회장님 함자를 알고 있습니까?

회장이나 사장의 이름을 조사하는 것은 면접일을 통고받았을 때 이미 사전 조사되었어야 하는 사항이다. 단답형으로 이름만 말하기보다는 그 기업에 입사를 희망하는 지원자의 입장에서 답변하는 것이 좋다.

③ 당신은 이 회사에 적합하지 않은 것 같군요.

이 질문은 지원자의 입장에서 상당히 곤혹스러울 수밖에 없다. 질문을 듣는 순간 그렇다면 면접은 왜 참가시킨 것인가 하는 생각이 들 수도 있다. 하지만 당황하거나 흥분하지 말고 침착하게 자신의 어떤 면이 회사에 적당하지 않는지 겸손하게 물어보고 지적당한 부분에 대해서 고치겠다는 의지를 보인다면 오히려 자신의 능력을 어필할 수 있는 기회로 사용할 수도 있다.

④ 다시 공부할 계획이 있습니까?

이 질문은 지원자가 합격하여 직장을 다니다가 공부를 더 하기 위해 회사를 그만 두거나 학습에 더 관심을 두어 일에 대한 능률이 저하될 것을 우려하여 묻는 것이다. 이때에는 당연히 학습보다는 일을 강조해야 하며, 업무 수행에 필요한 학습이라면 업무에 지장이 없는 범위에서 야간학교를 다니거나 회사에서 제공하는 연수 프로그램 등을 활용하겠다고 답변하는 것이 적당하다.

⑤ 지원한 분야가 전공한 분야와 다른데 여기 일을 할 수 있겠습니까?

수험생의 입장에서 본다면 지원한 분야와 전공이 다르지만 서류전형과 필기전형에 합격하여 면접을 보게 된 경우라고 할 수 있다. 이는 결국 해당 회사의 채용 방침상 전공에 크게 영향을 받지 않는다는 것이므로 무엇보다 자신이 전공하지는 않았지만 어떤 업무도 적극적으로 임할 수 있다는 자신감과 능동적인 자세를 보여주도록 노력하는 것이 좋다.

CHAPTER

02 면접기출

삼성그룹 면접 기출문제

(1) 삼성전자

- 우리나라 기업문화의 장·단점에 대해 서구의 기업과 비교해 설명해 보세요.
- 존경하는 인물에 대해 자세히 설명해 보세요. 실제로 만나본 적이 있습니까?
- 삼성의 단점이 무엇이라고 생각합니까?
- 친구들이 자신에게 '이런 것만은 고쳤으면 좋겠다'하는 것이 있다면 무엇이 있습니까?
- 회사에 입사한 후 팀원과의 의견충돌이 발생하는 경우 어떻게 대처하겠습니까?
- 다른 기업에 좋은 기술이 있습니다. 만약 직속상사가 그 기업에 위장 취업을 하여 신기술을 훔쳐오라고 하면 어떻게 하겠습니까?
- 삼성과 다른 기업에 동시에 합격한다면 어디로 취직을 할 것입니까?
- 외국에서의 비즈니스 업무도 가능합니까?
- 학창시절 따돌림을 받아본 적이 있습니까?
- 취미가 매우 일반적인데 실제로 어느 정도 취미생활을 합니까?
- 임원이 될 생각이 있습니까?
- 최근에 본 인문학 책은 무엇이 있습니까?
- (경영지원)삼성전자의 CEO가 누구인지 압니까? 그럼 CFO는 누구인지 아십니까? COO는 누구인지 아십니까?
- 설비기술 직무로 일하기 위해서는 무엇이 필요하다고 생각하는가?
- 현장 친화적, 체력이 필요한데 본인은 어떤 준비가 되어 있다고 생각하는가?
- 부를 취득하는 기업은 이를 어떻게 환원하는 것이 좋다고 생각하는가?
- 스트레스를 해소하는 방법이 있다면 말해보시오.
- 자신이 살면서 저지른 가장 큰 범법 행위가 있다면 무엇인가?
- 직무에 대하여 얼마나 알고 있는지 말해보시오.

- 우리 회사와 직무에 언제부터 관심을 갖게 되었는가?
- 첫 월급을 탈 경우 가장 먼저 무엇을 할 것인가?

(2) 삼성SDI

- 자기소개를 하세요.
- 트위터나 페이스북 같은 SNS를 잘 활용합니까?
- 트위터 같은 SNS에 이외수씨 같은 유명인이 정치 · 시사적인 부분에서 자신의 생각을 표현하는 것을 어떻게 생각합니까?
- 뭔가에 몰입한 경험이 있습니까? 있다면 구체적으로 설명해보세요.
- 종교 활동을 하고 있습니까?
- 일요일에 근무를 해야 한다면 어떻게 할 것입니까?
- SDI가 리튬 배터리 중대형 부문에서 1위하려면 얼마나 걸릴 것 같습니까?
- 취미와 특기는 무엇입니까?
- SDI에 왜 입사해야 하습니까?
- SDI가 무슨 회사입니까?

(3) 삼성전기

- 일을 하면서 어떤 강한 모습을 보이고 어떻게 성공시켰으며 그 과정에서 무엇을 배웠습니까?
- 창의적으로 한 일은 무엇입니까?
- 만약 회사에 합격한다면 우리가 왜 뽑았을 것이라고 생각합니까?
- 시민단체의 기업참여를 어떻게 보습니까? 당신은 덕장(德將), 지장(智將), 용장(勇將) 중에서 어떤 리더에 속하는 것 같습니까?
- 10년 뒤에 삼성전기에서 무엇을 하고 있을 것이라 생각합니까?
- 왜 꼭 삼성전기에 들어오고 싶습니까?
- 안 받으면 하는 질문이 있습니까?
- 힘들었던 경험에 대해서 말해보세요.
- 자신의 단점에 대해 말해보세요.
- 학점이 낮은 이유는 무엇입니까?

(4) 삼성중공업

- 본인의 전공이 지원한 직무에 어떻게 사용될 수 있습니까?
- 인턴을 통해 배웠던 점과 그 회사의 장 · 단점을 말해보세요.
- 팀 프로젝트를 하며 체력, 의사소통, 스케줄조정 등과 같은 문제점을 어떻게 극복했었는지 말해보세요.
- 마징가Z와 태권V의 차이점을 설명해보세요.
- 감명 깊게 본 영화나 책이 있다면 설명해보세요.
- 존경하는 선생님을 한 분 뽑고 그 이유를 설명하세요.

(5) 삼성디스플레이

- 왜 삼성에 들어오고 싶습니까? 단순히 대기업이기 때문입니까?
- 장점과 단점을 말해보고 단점을 어떻게 극복했습니까?
- 다른 사람들과 협력하여 좋은 결과를 이루어 낸 적이 있습니까?
- 어느 분야에서 일하고 싶습니까?
- 1박 2일 멤버 중에서 좋아하는 사람과 이유는 무엇입니까?
- 휴대폰에 저장된 연락처의 개수는 몇 개입니까?
- 지원한 동기 및 장점에 대해 말해보시오.

(6) 삼성엔지니어링

- 성적이 굉장히 좋은데 대학 진학을 생각한 것입니까? 너무 공부만 한 것은 아닙니까?
- 자신이 노력형 인재라고 생각합니까? 아니면 타고난 천재형 인재라고 생각합니까?
- 삼성엔지니어링 수처리 사업에 대해 얼마나 알고 있습니까?
- 전공과 관련 없는 엔지니어링에 지원한 이유는 무엇입니까? 본인이 채용자라면 어떤 사람을 뽑겠습니까?
- 기업의 내부고발자를 어떻게 생각하습니까?
- 본인은 성과 주의적 인간입니까, 원칙 주의적 인간입니까? 중소기업이 경쟁에서 살아남는 방법에는 무엇이 있습니까? 회사가 부조리한 일을 한다거나 당신의 가치관과 회사의 가치관이 부딪친다면 어떻게 할 생각입니까?

(7) 삼성화재

- 애플은 존경받는 기업인데 삼성은 그렇지 못한 이유는 무엇이라고 생각합니까?
- 삼성을 포함한 기업들의 사회적 책임은 무엇이라고 생각합니까?
- 대기업과 중소기업의 관계는 어떻게 설정하는 것이 좋다고 생각합니까?
- 출구전략이 무엇인가?
- 삼성의 기업이미지는 어떤가?
- 전날 주식 종가
- 영업직에서 가장 힘들 것 같은 점은 무엇이라 생각하는가?
- 아직까지 살아오면서 가장 힘들었던 시기는 언제이며 어떻게 극복했는가?
- 특별히 좋아하는 운동이 있는가?
- 취업을 준비할 때 누구와 가장 많은 상의를 하는가?

PART

06

실전 모의고사

제1회 실전 모의고사

☞ 정답 및 해설 p.306

01 수리능력

40문항 15분

❙01~10❙ 다음 식을 계산하여 알맞은 답을 고르시오.

01

$$3253 \times 10^{-3}$$

① 325.3
② 0.3253
③ 3.253
④ 32.53

02

$$0.5 + 21 - 0.75$$

① 15.05
② 15.5
③ 20.75
④ 21.5

03

$$0.98 - 0.23$$

① 0.75
② 0.65
③ 0.85
④ 0.77

04

$$8400 \times 30\%$$

① 0.2520 ② 2,520

③ 2,420 ④ 252

05

$$\frac{4}{9} - \frac{7}{3}$$

① $-\frac{14}{9}$ ② $-\frac{16}{9}$

③ $-\frac{15}{8}$ ④ $-\frac{17}{9}$

06

$$2^3 \times 3^4 \times 4$$

① 864 ② 1296

③ 2592 ④ 3456

07

$$\sqrt{16}+\sqrt{144}-\sqrt{169}$$

① 3
② 4
③ 5
④ 6

08

$$-6\times(-2)^3\div\frac{1}{2}$$

① 48
② −48
③ −96
④ 96

09

$$\frac{5}{8}\times 7\div\frac{7}{2}$$

① $\frac{5}{3}$
② $\frac{5}{4}$
③ $\frac{7}{4}$
④ 2

10

$$\frac{8}{7}\times\frac{3}{5}\div 14$$

① $\frac{24}{5}$ ② $\frac{2}{34}$

③ $\frac{23}{52}$ ④ $\frac{12}{245}$

| 11~17 | **다음 계산식의 빈칸에 들어갈 알맞은 수 또는 연산기호를 고르시오.**

11

$$72 \times 25 \div (\quad) = 60$$

① 25 ② 30

③ 35 ④ 40

12

$$79 \times 24 \div (\quad) = 237$$

① 8 ② 9

③ 5 ④ 7

13

$$(\quad) - 36 \div 2 = 40$$

① 52
② 54
③ 56
④ 58

14

$$135 \div (\quad) + 5 = 50$$

① 3
② 5
③ 7
④ 9

15

$$15 \times (\quad) - 30 = 90$$

① 4
② 5
③ 8
④ 9

16

$$23 \times 7 (\quad) 61 = 100$$

① +
② −
③ ×
④ ÷

17

$$2\times(\quad) - 1978 = 4578$$

① 4321
② 3263
③ 3522
④ 3278

| 18~25 | 다음에 주어진 A와 B값의 대소 관계를 바르게 비교한 것을 고르시오.

18

• A : 0.569 • B : 0.0569

① A > B
② A < B
③ A = B
④ 비교할 수 없다.

19

• A : 6m/s • B : 22km/h

① A > B
② A < B
③ A = B
④ 비교할 수 없다.

20

• A : 정십이면체 꼭짓점의 수	• B : 정팔면체 모서리의 수

① A $>$ B　　② A $<$ B
③ A $=$ B　　④ 비교할 수 없다.

21

$2a < 3b+7$일 때,

• A: $a+b+7$　　• B: $4b-a$

① A $>$ B　　② A $<$ B
③ A $=$ B　　④ 비교할 수 없다.

22

• A : $4\frac{3}{5}$　　• B : $3\frac{5}{4}$

① A $>$ B　　② A $<$ B
③ A $=$ B　　④ 비교할 수 없다.

23

• A : $\frac{6}{15}$	• B : 0.4

① A > B ② A < B

③ A = B ④ 비교할 수 없다.

24

• A : $(-2)^2$	• B : $4^{\frac{1}{2}}$

① A > B ② A < B

③ A = B ④ 비교할 수 없다.

25

• A : 480과 360의 최대공약수	• B : 48과 64의 최소공배수

① A > B ② A < B

③ A = B ④ 비교할 수 없다.

26 정육면체 A의 밑면의 세로길이가 21cm, 밑면의 가로길이가 4cm이고, 정육면체 B의 밑면의 넓이가 22㎠, 부피가 110㎤이다. 두 정육면체의 높이가 같을 때, 정육면체 A의 부피는 얼마인가?

① 400㎤　　② 420㎤

③ 440㎤　　④ 460㎤

27 부피가 125인 정육면체의 한 변의 길이를 A, 겉넓이를 B 라고 할 때, $\frac{A}{B}$는 얼마인가?

① $\frac{1}{15}$　　② $\frac{1}{30}$

③ $\frac{1}{50}$　　④ $\frac{1}{150}$

28 행사를 위해 500m 길 양측에 3종류의 나무를 심으려고 한다. A나무는 7m마다, B나무는 9m마다 심었을 때, C나무는 몇 m마다 심었는가? (단, 새로 심은 나무는 총 342그루이고, 처음과 끝에는 심지 않았다.)

① 8m　　② 9m

③ 10m　　④ 11m

29 박스 안에 무작위로 섞인 흰 종이 6장과 검은 종이 3장 중 연속하여 2장을 꺼낼 때, 첫 번째 종이가 흰색이고 두 번째 종이가 검은색일 확률은? (단, 꺼낸 종이는 다시 넣지 않는다.)

① $\frac{1}{3}$　　② $\frac{1}{6}$

③ $\frac{1}{4}$　　④ $\frac{1}{8}$

30 응시자가 모두 30명인 시험에서 20명이 합격했다. 이 시험의 커트라인은 전체 응시자의 평균보다 5점이 낮고, 합격자의 평균보다는 30점이 낮았으며, 또한 불합격자 평균 점수의 2배보다는 2점이 낮았다. 이 시험의 커트라인은 얼마인가?

① 90점　　② 92점

③ 94점　　④ 95점

31 연속한 세 자연수 중, 가장 작은 숫자에 2를 곱한 후에 세 수를 합해보니 51이 나왔다. 연속한 세 숫자 중 가장 큰 수는 얼마인가?

① 12　　② 13

③ 14　　④ 15

32 영수가 편의점에서 반 친구들에게 나눠 줄 핫도그와 햄버거를 구매하려고 할 때 핫도그는 1,500원이고 햄버거는 3,000원이다. 핫도그 수는 햄버거 수의 3배이고 모두 30,000원을 지불했다면 구입한 햄버거는 몇 개인가?

① 1개　　② 2개
③ 3개　　④ 4개

33 가로가 600cm, 세로가 500cm인 거실의 넓이는 몇 m^2인가?

① $10m^2$　　② $20m^2$
③ $30m^2$　　④ $40m^2$

34 집에서 공원까지 시속 4km로 걸어서 가는 것과 시속 20km로 전기 자전거를 타고 가는 것과는 1시간의 차이가 난다고 한다. 이 때 집과 공원 사이의 거리로 옳은 것은?

① 5km　　② 6km
③ 7km　　④ 8km

35 지훈, 영훈, 영호, 성민, 민수 5명 중에서 청소를 해야 할 친구 2명을 순서를 고려하지 않고 뽑을 경우 방법의 수는?

① 8가지　　② 10가지
③ 12가지　　④ 14가지

36 J전자는 올해 10,000대의 TV를 판매하였다. TV 한 대를 판매할 때마다 복권 한 장씩 고객에게 주었는데, 연말에 추첨하여 다음과 같은 상금을 주려고 한다. 이 쿠폰 한 장의 기댓값은 얼마인지 고르면?

상금	쿠폰의 수
10,000,000	1
5,000,000	2
1,000,000	10
100,000	100
10,000	1,000

① 5,000원
② 15,000원
③ 27,000원
④ 55,000원

37 다음은 민주가 야간에 본 사람의 성별을 구분하는 능력에 대한 실험 결과표이다. 민주가 야간에 본 사람의 성별을 정확하게 구분할 확률은 얼마인가?

실제성별 \ 민주의 판정	여자	남자	계
여자	34	15	49
남자	16	35	51
계	50	50	100

① 68%
② 69%
③ 70%
④ 71%

Ⅰ38~39Ⅰ 다음은 A역~I역 임시 급행열차와 Q역 셔틀 운행시간 변경표이다. 물음에 답하시오.

〈A역 → I역 임시 급행열차 변경 운행시간〉

열차번호	A역	B역	C역	D역	E역	F역	G역	H역	I역
가1970	06:25	06:33	06:38	06:42	06:46	06:52	06:57	07:05	07:15
가1972	07:13	07:22	07:27	07:31	07:35	07:41	07:46	07:54	08:06

〈Q역 셔틀 변경 운행시간〉

구분	열차번호	변경 전			변경 후		
상행	가7006	Q역 08:35	→	H역 08:54	Q역 08:06	→	H역 08:25
	가7012	Q역 11:05	→	H역 11:24	Q역 11:17	→	H역 11:36
	가7016	Q역 13:00	→	H역 13:19	Q역 12:51	→	H역 13:10
	가7024	Q역 16:36	→	H역 16:55	Q역 16:30	→	H역 16:49
하행	가7003	H역 06:23	→	Q역 06:42	H역 06:15	→	Q역 06:34
	가7009	H역 09:16	→	Q역 09:35	H역 09:10	→	Q역 09:29
	가7027	H역 17:13	→	Q역 17:32	H역 17:14	→	Q역 17:33

38 수정이는 오전 7시 43분에 G역에 도착했다. 수정이는 임시 급행열차를 G역에서 탑승해서 H역에서 내린 후, H역에서 최대한 빠른 하행 Q역 셔틀을 탈 예정이다. 수정이가 H역에서 가장 빨리 탈 수 있는 Q역 셔틀의 열차번호와 출발시간은? (Q역 셔틀 운행 시간은 변경 후를 적용한다.)

① 가7003, 오전 6시 15분
② 가7012, 오전 11시 17분
③ 가7009, 오전 9시 10분
④ 가7027, 오후 5시 14분

39 상행 Q역 셔틀 중에서 출발시간의 변경 증감이 가장 큰 셔틀은 어느 것인가?

① 가7016
② 가7012
③ 가7024
④ 가7006

40 P회사 홍보부에서 근무하고 있는 Y씨는 선배들의 커피 심부름을 부탁받아 카페에 갔다 오려고 한다. Y씨는 자주 가는 카페에서 자신의 회원카드를 제시하려고 하며, 현재의 적립금은 2,050원으로 적립금을 최대한 사용할 예정이다. 다음 조건에 따라 계산할 경우 최종적으로 지불해야 하는 금액은 얼마인가?

〈선배들의 취향〉

- 김부장님 : 아메리카노 L
- 유과장님 : 휘핑크림 추가한 녹차라떼 R
- 신대리님 : 카페라떼 R
- 정대리님 : 카라멜 마끼야또 L
- Y씨 : 핫초코

〈메뉴〉

	R 사이즈(원)	L 사이즈(원)
아메리카노	2,500	2,800
카페라떼	3,500	3,800
카라멜 마끼야또	3,800	4,200
녹차라떼	3,000	3,500
핫초코	3,500	3,800

※ 휘핑크림 추가 : 800원

※ 오늘의 차 : 핫초코 균일가 3,000원

※ 카페 2주년 기념행사 : 총 금액 20,000원 초과 시 5% 할인

〈회원특전〉

- 10,000원 이상 결제 시 회원카드를 제시하면 총 결제 금액에서 1,000원 할인
- 적립금이 2,000점 이상인 경우, 현금처럼 사용가능(1점당 1원, 100원 단위로만 사용가능하며, 타 할인 혜택 적용 후 최종금액의 10%까지만 사용가능)
- 할인혜택은 중복적용 가능

① 14,300원 ② 14,700원

③ 15,300원 ④ 15,700원

02 추리능력

40문항 20분

| 01~10 | 다음의 제시된 숫자의 배열을 보고 규칙을 적용하여 빈칸에 들어갈 수를 고르시오.

01

7 8 10 13 17 22 ( )

① 28
② 29
③ 30
④ 31

02

369 213 135 96 ( )

① 77
② 76.5
③ 76
④ 75.5

03

$\frac{5}{6}$ $\frac{13}{8}$ $\frac{15}{16}$ $\frac{23}{18}$ ( ) $\frac{33}{28}$

① $\frac{31}{26}$
② $\frac{29}{26}$
③ $\frac{25}{26}$
④ $\frac{27}{26}$

04

$$\frac{2}{3} \quad \frac{5}{2} \quad (\quad) \quad \frac{12}{7} \quad \frac{19}{12}$$

① $\frac{7}{5}$

② $\frac{11}{5}$

③ $\frac{10}{7}$

④ $\frac{11}{7}$

05

3 7 15 37 53 ( )

① 14

② 23

③ 55

④ 73

06

$$\frac{5}{12} \quad \frac{12}{17} \quad (\quad) \quad \frac{29}{46} \quad \frac{46}{75}$$

① $\frac{14}{25}$

② $\frac{16}{27}$

③ $\frac{17}{29}$

④ $\frac{18}{31}$

07

$$\frac{1}{2} \quad \frac{2}{3} \quad \frac{6}{5} \quad (\quad) \quad \frac{330}{41}$$

① $\frac{24}{7}$

② $\frac{31}{9}$

③ $\frac{37}{9}$

④ $\frac{30}{11}$

08

$$\frac{3}{4} \quad \frac{15}{2} \quad \frac{13}{14} \quad \frac{25}{12} \quad (\quad) \quad \frac{35}{22}$$

① $\frac{15}{16}$

② $\frac{23}{24}$

③ $\frac{25}{24}$

④ $\frac{19}{27}$

09

$$\frac{2}{3} \quad \frac{1}{6} \quad \frac{5}{6} \quad (\quad) \quad \frac{29}{30}$$

① $\frac{7}{15}$

② $\frac{1}{30}$

③ $\frac{11}{30}$

④ $\frac{5}{41}$

10

$$\frac{3}{5} \quad \frac{9}{8} \quad \frac{18}{17} \quad (\quad) \quad \frac{72}{71}$$

① $\frac{36}{35}$ ② $\frac{37}{36}$

③ $\frac{34}{35}$ ④ $\frac{35}{36}$

┃11～15┃ 다음은 일정한 규칙으로 나열된 문자이다. 빈칸에 들어갈 알맞은 문자를 고르시오.

11

ㄴ－ㄹ－ㅂ－ㅇ－( )－ㅌ

① ㅊ ② ㅎ

③ ㅈ ④ ㅋ

12

ㄱ－ㄷ－ㄹ－ㅇ－ㅅ－ㅍ－( )

① ㅈ ② ㅊ

③ ㅋ ④ ㅌ

13

ㄹ − D − ㅇ − H − ( ) − L

① ㅊ　② ㅌ
③ ㅋ　④ ㅅ

14

$\frac{A}{B}$ $\frac{C}{E}$ $\frac{E}{H}$ ( ) $\frac{I}{N}$ $\frac{K}{Q}$

① $\frac{G}{K}$　② $\frac{C}{N}$
③ $\frac{L}{Q}$　④ $\frac{S}{T}$

15

$\frac{N}{ㄷ}$ $\frac{ㅍ}{D}$ $\frac{L}{ㅁ}$ ( ) $\frac{J}{ㅅ}$ $\frac{ㅈ}{H}$

① $\frac{K}{ㅂ}$　② $\frac{S}{ㅅ}$
③ $\frac{ㅈ}{Q}$　④ $\frac{ㅋ}{F}$

▌16~20▌ 다음의 밑줄 친 수들의 규칙을 파악하여 빈칸에 알맞은 수를 고르시오.

16

<u>4 3 10</u> <u>7 9 25</u> <u>5 8 21</u> <u>13 24 ( )</u>

① 45 ② 59
③ 61 ④ 68

17

<u>2 4 11</u> <u>5 6 33</u> <u>7 9 ( )</u>

① 49 ② 57
③ 74 ④ 66

18

<u>7 5 14</u> <u>8 2 42</u> <u>9 6 21</u> <u>10 6 ( )</u>

① 23 ② 28
③ 15 ④ 46

19

2 3 7　　3 4 80　　4 2 ( )

① 3　　② 9
③ 12　　④ 15

20

3 2 $\frac{5}{9}$　　4 3 $\frac{7}{64}$　　5 2 (　)

① $\frac{7}{25}$　　② $\frac{11}{27}$
③ $\frac{13}{29}$　　④ $\frac{5}{31}$

▌21～23▌ 다음에 주어진 연산기호의 규칙을 파악하여 빈칸에 들어갈 알맞은 수를 고르시오.

21

$9*5=\frac{5}{14}$　　$7*4=\frac{4}{11}$　　$5*2=(\ )$

① $\frac{3}{8}$　　② $\frac{4}{7}$
③ $\frac{3}{5}$　　④ $\frac{2}{7}$

22

7◇3 = 23　　8◇7 = 58　　9◇5 = ( )

① 43　　② 44
③ 45　　④ 47

23

23▲62 = 44　　32▲71 = 16　　42▲92 = ( )

① 7　　② 97
③ 85　　④ 26

| 24~25 | 다음 중 나머지 보기와 다른 하나를 고르시오.

24 ① ADCF　　② ㄱㄹㄷㅂ
③ 갑정병기　　④ 빨주노초

25 ① AFKP　　② BDFH
③ LNPR　　④ TVXZ

| 26~30 | 다음 도형들의 일정한 규칙을 찾아 빈칸에 들어갈 도형을 고르시오.

26

1	A	8
B	ㄱ	O
4	N	16

2	C	9
D	ㄹ	Q
5	P	17

3	E	10
F	ㅅ	S
6	R	18

?

5	I	12
J	ㅍ	W
8	V	20

①

4	G	11
H	ㅎ	V
9	T	18

②

4	G	11
H	ㅊ	U
7	T	19

③

4	G	11
H	ㅋ	U
6	T	18

④

6	G	11
H	ㅊ	U
7	T	20

27

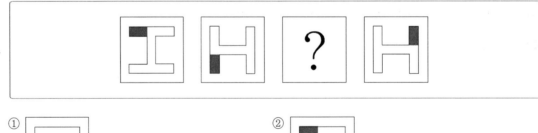

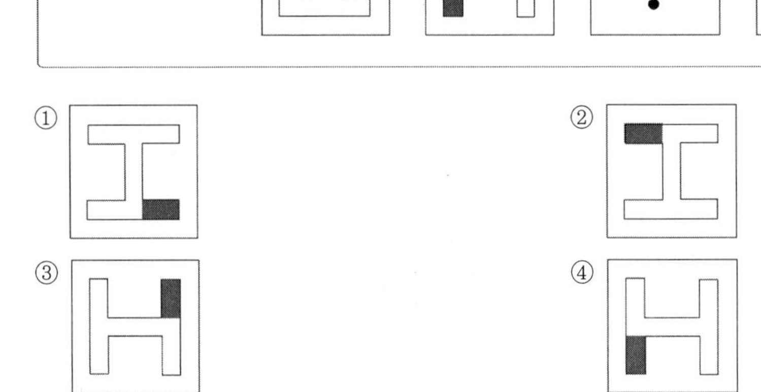

28

◆	◐	●
◇	☆	◎
◈	⊙	○

◐	●	◎
◆	☆	○
◇	◈	⊙

●	◎	○
◐	☆	⊙
◆	◇	◈

◎	○	⊙
●	☆	◈
◐	◆	◇

?

①

○	⊙	◈
◎	☆	◇
◐	●	◆

②

◎	⊙	◈
○	☆	◇
●	◐	◆

③

○	⊙	◈
◎	☆	◇
●	◐	◆

④

○	⊙	◈
◎	☆	◆
●	◐	◇

29

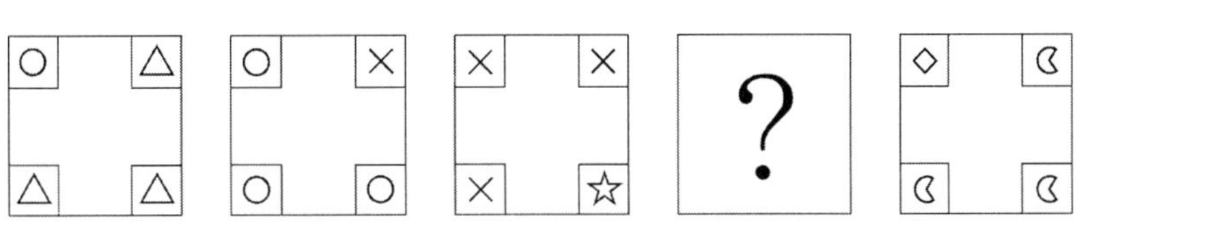

①

②

③

④

30

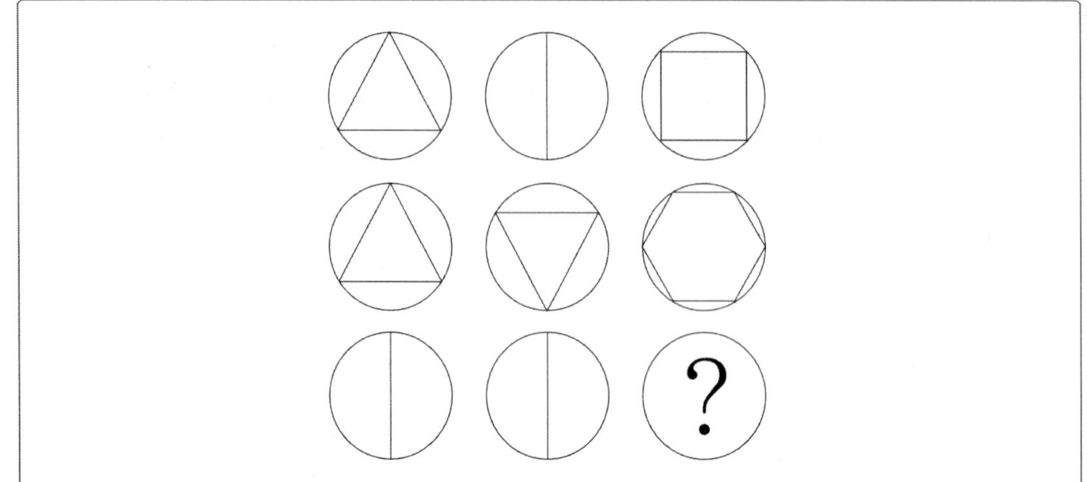

① 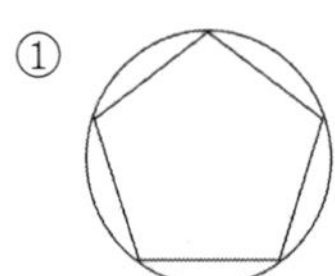

② 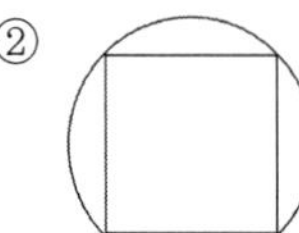

③ 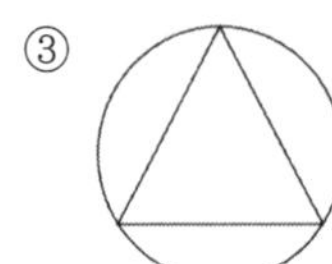

④ 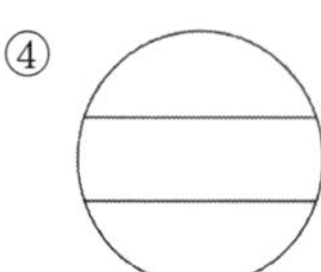

31 마찰이 없는 수평면 위에 정지해 있던 질량 10kg의 물체에 수평 방향으로 일정한 힘을 가했더니 $2m/s^2$의 가속도로 운동하였다. 가한 힘의 크기는?

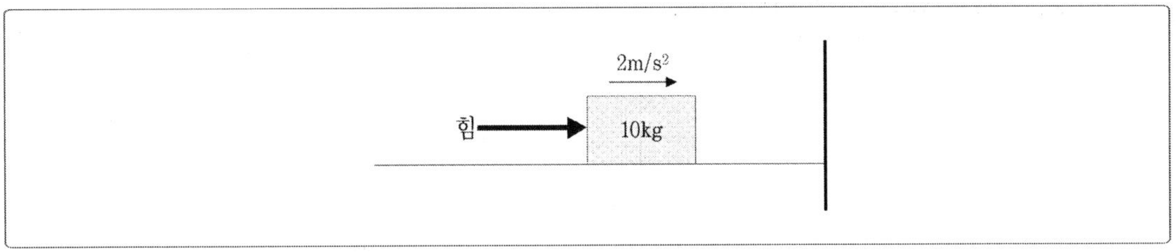

① 5N
② 10N
③ 20N
④ 40N

32 전류의 열작용을 이용한 전기 기구가 아닌 것은?

① 전기 밥솥
② 전기 다리미
③ 스팀 청소기
④ 휴대폰 충전기

33 그림은 지면 위에 있는 물체에 작용하는 힘들을 나타낸 것이다. '물체가 지구를 잡아당기는 힘'에 대한 반작용에 해당하는 힘은?

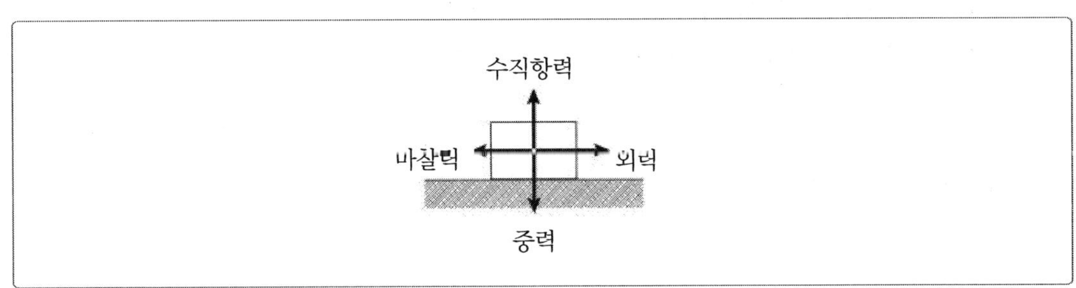

① 중력
② 외력
③ 마찰력
④ 수직항력

34 그림 (가), (나)와 같은 도르래를 사용하여 각각 무게가 80N인 물체를 천천히 2m 높이만큼 들어 올리려고 한다. 줄을 잡아당길 때 당기는 힘(F)과 당겨야 하는 줄의 길이(L) 한 일의 양(W)을 옳게 짝지은 것은? (단, 도르래의 무게와 마찰은 무시한다.)

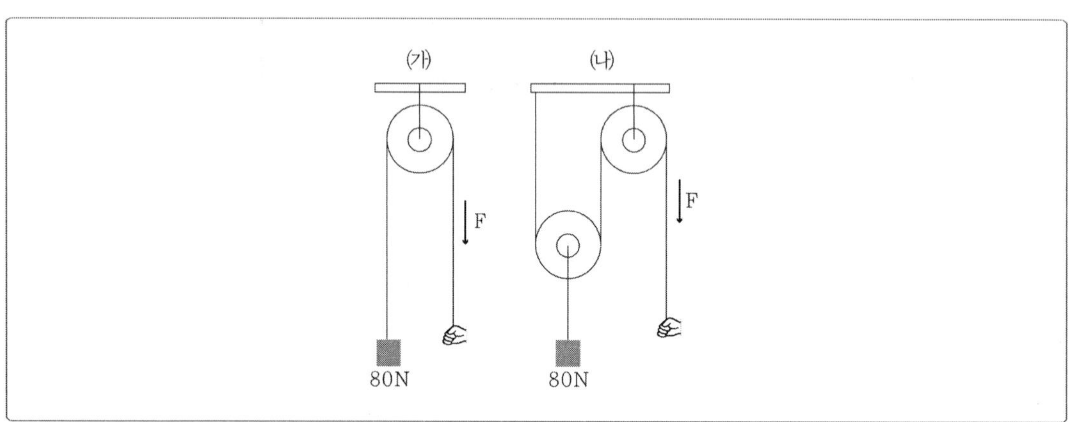

	힘(F)	줄의 길이(L)	일의 양(W)
① (가)	80N	2m	200J
② (가)	40N	2m	80J
③ (나)	80N	4m	320J
④ (나)	40N	4m	160J

35 다음은 형광등의 에너지 변환에 관한 설명이다. 전환된 빛 에너지가 40J이라면, 공급된 전기 에너지는 얼마인가?

- 에너지 전환 : 전기 에너지 → 빛 에너지 + 열 에너지
- 빛 에너지 전환 효율 : 20%

① 20J　② 40J
③ 100J　④ 200J

36 마찰이 없는 수평한 얼음판 위에서 질량 60kg인 만수와 질량 30kg인 기호가 한 줄의 양 끝을 잡고 수평으로 서로 잡아당겨 기호가 30N의 힘을 받았다. 만수는 몇 m/s^2의 가속도로 운동하겠는가?

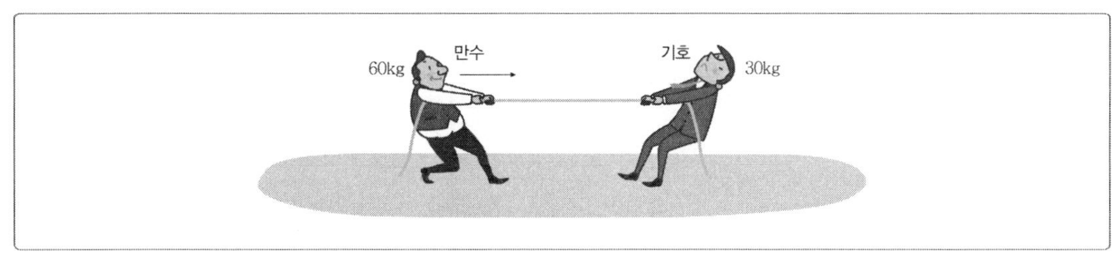

① $0.1m/s^2$　② $0.3m/s^2$
③ $0.5m/s^2$　④ $0.7m/s^2$

37 다음과 같이 전압 220V에 전구를 연결한 후 회로에 흐르는 전류를 측정했다. 이 회로를 흐르는 전류의 세기가 800mA일 때 전구의 저항은 몇 Ω인가?

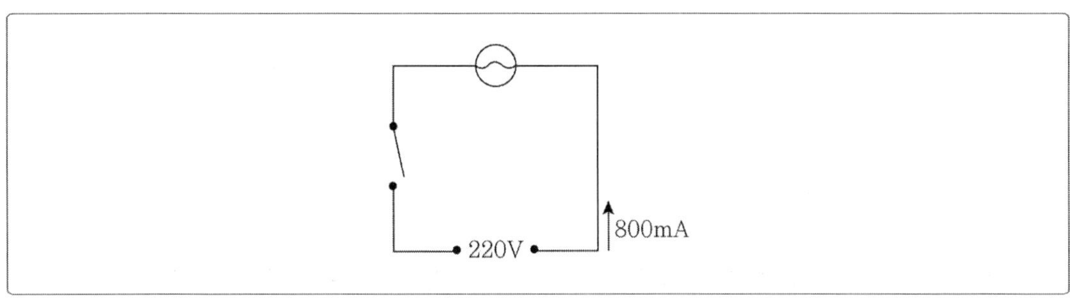

① 275Ω　② 280Ω
③ 285Ω　④ 290Ω

38 다음은 전압이 동일한 전지를 다양한 방법으로 연결한 회로이다. 전구의 밝기가 가장 밝은 회로(ㄱ)와 가장 오랫동안 켤 수 있는 회로(ㄴ)를 짝지은 것 중 옳은 것은?

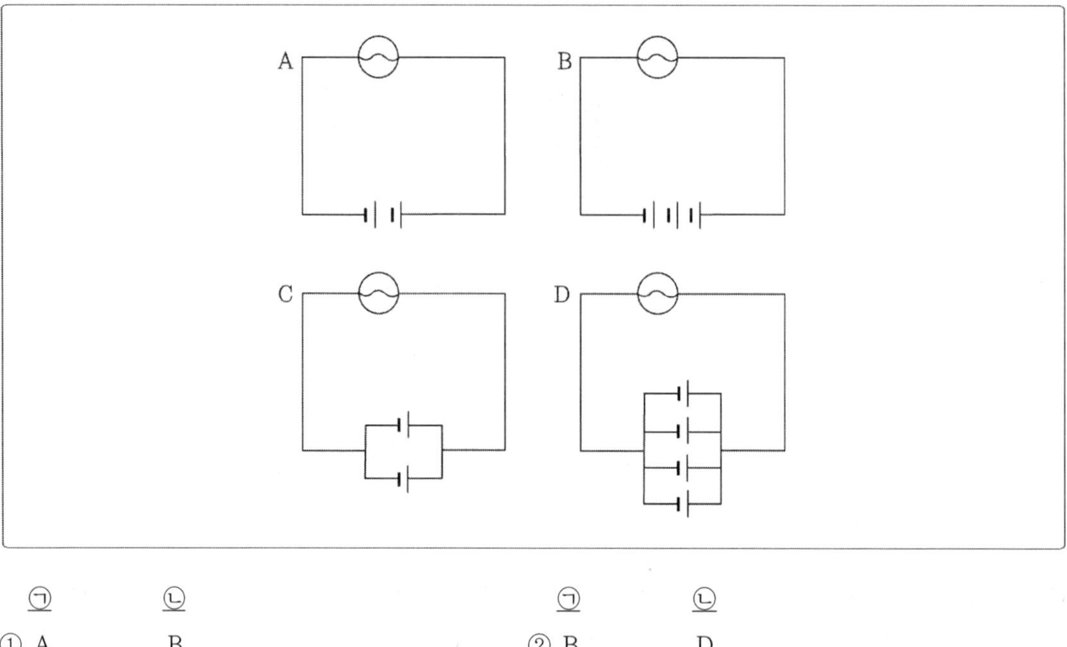

	㉠	㉡		㉠	㉡
①	A	B	②	B	D
③	C	D	④	A	D

39 저항이 40Ω인 전구에 흐르는 전류가 200mA일 때, 이 전구의 양쪽 끝에 걸리는 전압은?

① 2V ② 4V

③ 6V ④ 8V

40 전압 220V에 두 저항을 연결한 회로를 나타낸 것이다. 전체전류(I)는 몇 A인가?

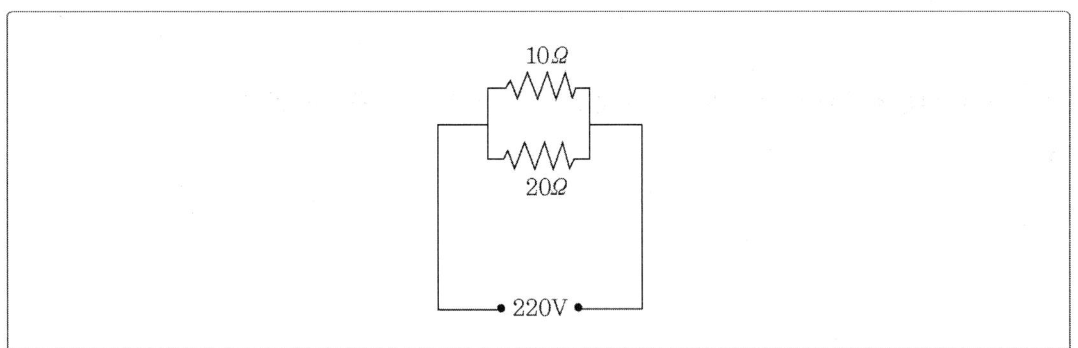

① 33A
② 34A
③ 35A
④ 36A

03 지각능력

40문항 10분

▌01~10▐ 다음에 주어진 문자의 좌우가 같으면 ①, 다르면 ②를 선택하시오.

01

946515679746	946515679746

① 같다 ② 다르다

02

家小都毛裸茶裸米邏冗冬	家小都毛裸茶裸米邏冗冬

① 같다 ② 다르다

03

3813920푸르뎅뎅4591	3813920푸르뎅뎅4591

① 같다 ② 다르다

04

WGHERHDVBFH	WGHERHRVBCH

① 같다　　② 다르다

05

REFRIGERATOR	REFRIGERATOR

① 같다　　② 다르다

06

あはほおけすいえ	あはがおけすいえ

① 같다　　② 다르다

07

ሀለሐመሠረሰቀ	ሀለሐመሠረሰቀ

① 같다　　② 다르다

08

●내코◎가◆석자▽다　　　　●내코◎가◆석자▽다

① 같다　　② 다르다

09

신책구천문묘산궁지리　　　　신책구천문묘산웅지리

① 같다　　② 다르다

10

전승공기고지족원운지　　　　전승공지고지족원군지

① 같다　　② 다르다

| 11~15 | 다음 주어진 두 문자에서 다른 곳의 개수를 고르시오.

11

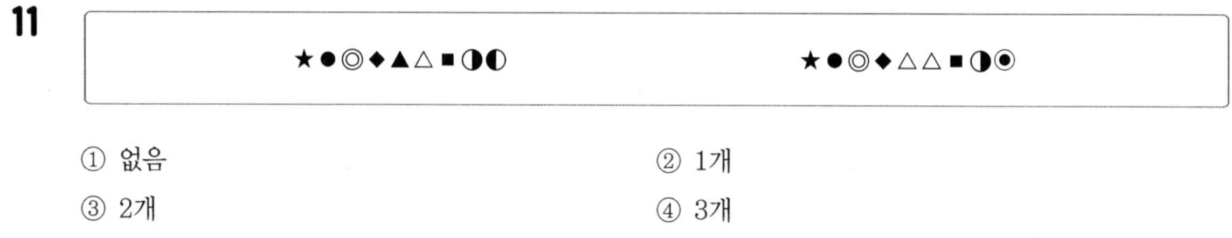

① 없음　　② 1개
③ 2개　　④ 3개

12

오☏늘도 좋♤은 하♪루 보내세요	오☏늘만 좋♤은 하♬루 보내셔요

① 없음 ② 1개
③ 2개 ④ 3개

13

Look back at your past	Look back at your pest

① 없음 ② 1개
③ 2개 ④ 3개

14

▧▤▩▣□■▥	▧▤▩▣□■▥

① 없음 ② 1개
③ 2개 ④ 3개

15

가☆재는✡게편✪이다✿	가☆재는✡게편✪이다✿

① 없음 ② 1개
③ 2개 ④ 3개

| 16~18 | 다음 중 제시된 보기와 다른 하나를 고르시오.

16

☰☷☴☳☵

① ☰☷☴☳☵
② ☰☷☴☳☵
③ ☰☷☴☳☰
④ ☰☷☴☳☵

17

≫≪≫≫≪≪≫≪

① ≫≪≫≫≪≪≫≪
② ≫≪≫≫≪≪≫≪
③ ≫≪≫≫≪≪≫≪
④ ≫≪≪≫≪≪≫≪

18

Turn in your paper

① Turn in your paper
② Turn in your paper
③ Turn in your paper
④ Turn in your papor

19 다음 짝지어진 문자 중에서 서로 같은 것을 고르시오.

① 9909909090900 − 9909999090909

② QTEGWERGWEG − QTEGWERGWEG

③ 갸쟈아다댜푸지야충투 − 갸쟈아다댜포지야충퉁

④ 家娜茶螺馬事牙自 − 家工茶螺馬事句自

20 다음 짝지어진 문자 중에서 서로 다른 것을 고르시오.

① 7707770707070 − 7707770707070

② 77777777077707 − 77777777077707

③ 700007770707 − 700007770707

④ 700000707070 − 700000777000

| 21～25 | 다음에 주어진 블록의 개수를 구하시오.

21

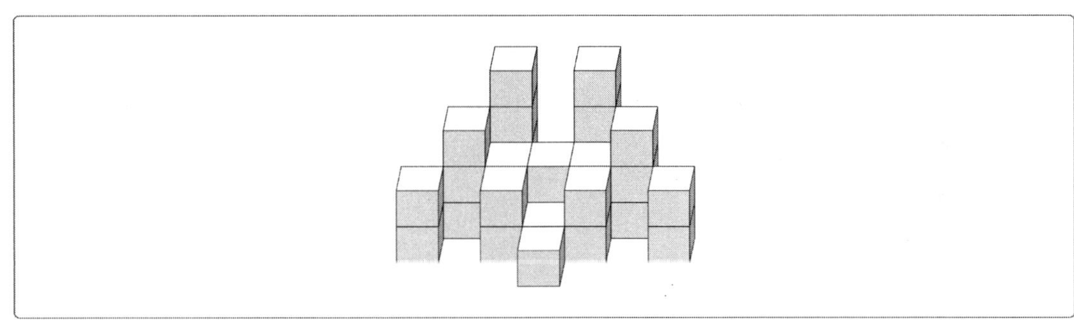

① 28 ② 29

③ 30 ④ 31

22

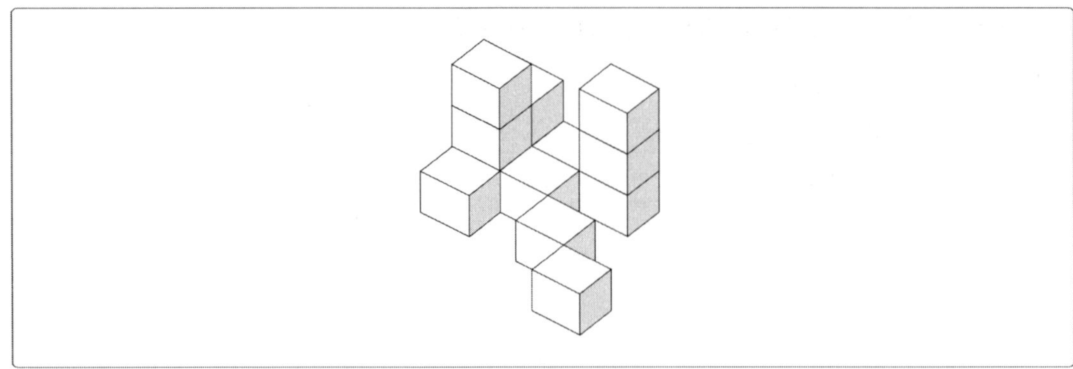

① 13개
② 14개
③ 15개
④ 16개

23

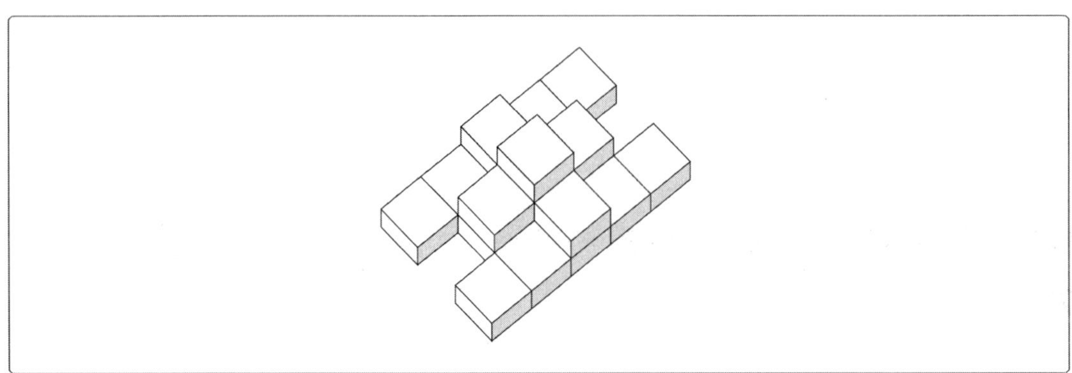

① 16개
② 17개
③ 18개
④ 19개

24

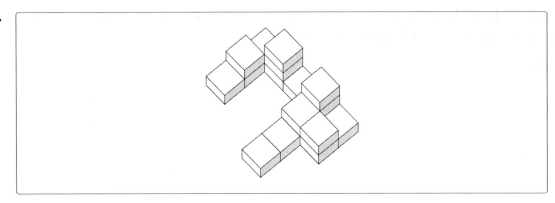

① 16개
② 17개
③ 18개
④ 19개

25

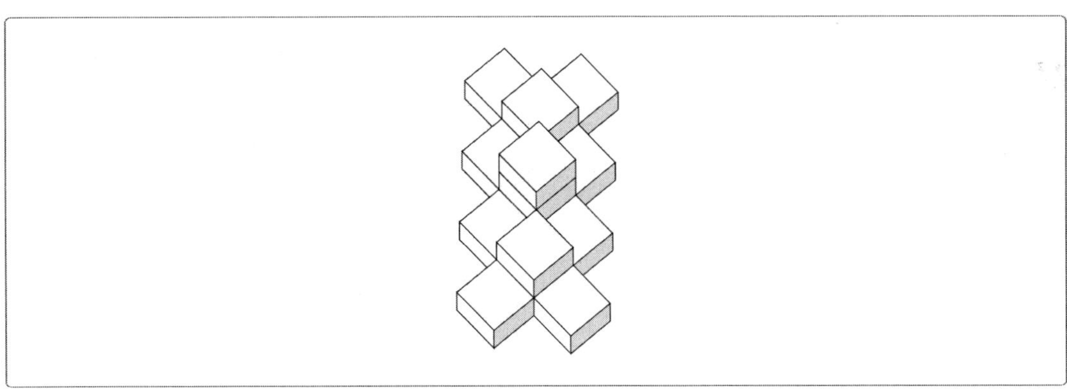

① 13개
② 14개
③ 15개
④ 16개

| 26~30 | 다음에 주어진 블록에 추가로 블록을 쌓아 정육면체를 만들려고 할 때, 몇 개의 블록이 더 필요한지 구하시오. (단, 모든 블록의 크기와 모양은 같다)

26

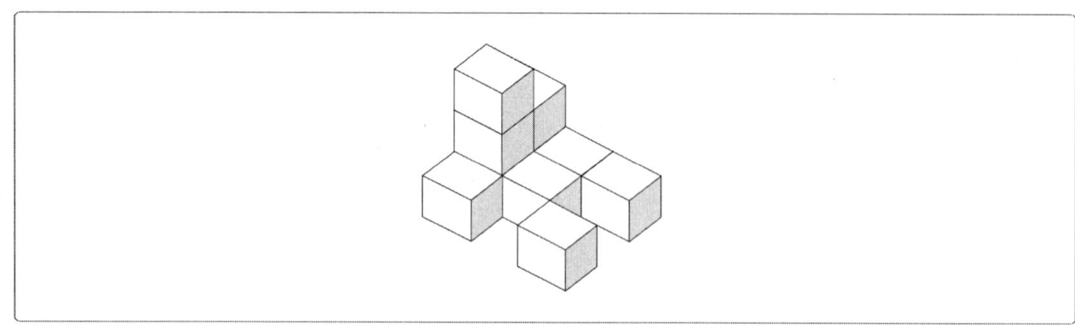

① 14개 ② 15개

③ 16개 ④ 17개

27

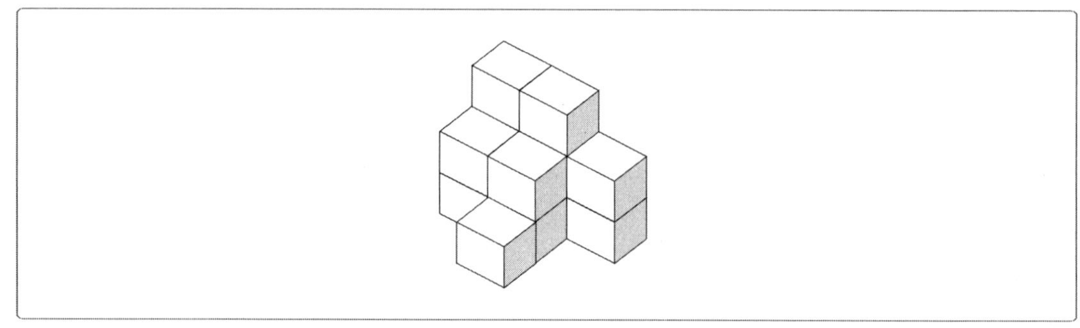

① 14개 ② 15개

③ 16개 ④ 17개

28

① 1개
② 2개
③ 3개
④ 4개

29

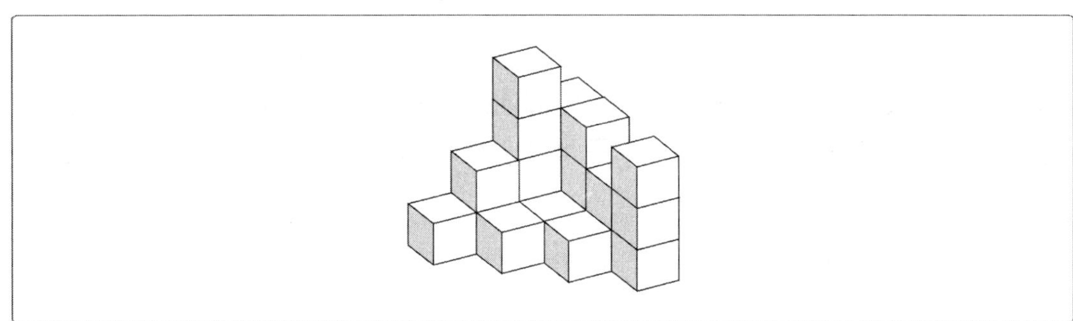

① 42개
② 43개
③ 44개
④ 45개

30

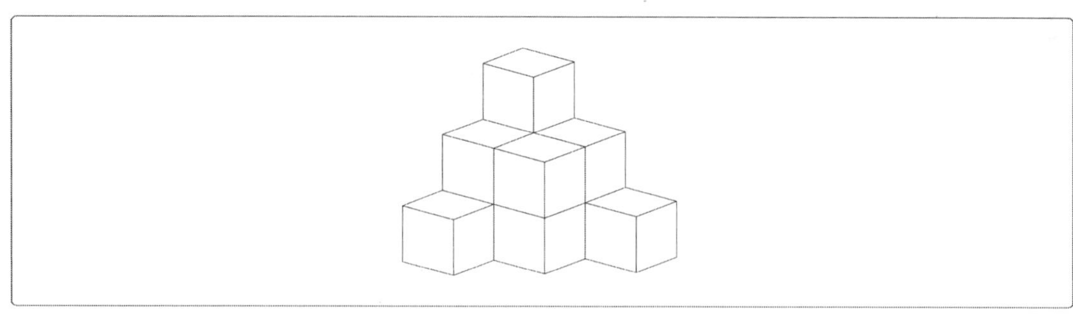

① 16개　　② 24개

③ 28개　　④ 34개

▌31～33▐ 다음과 같이 쌓인 블록의 바닥면을 제외하고 밖으로 노출된 모든 면에 페인트를 칠하려고 한다. 한 면에만 페인트칠이 되는 블록은 모두 몇 개인지 고르시오.

31

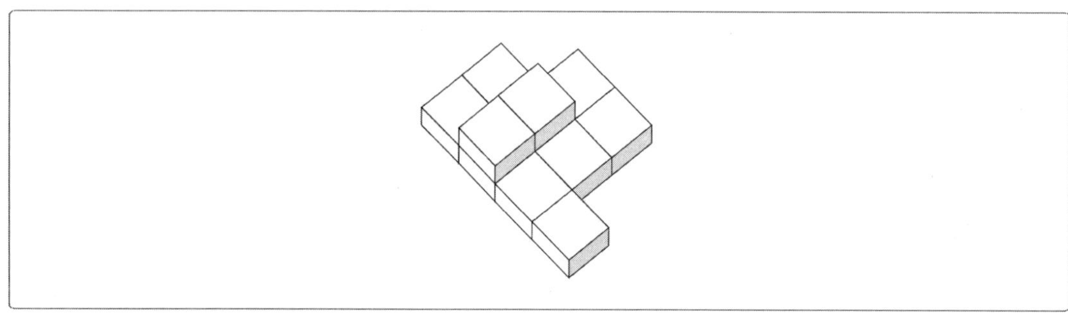

① 1개　　② 2개

③ 3개　　④ 4개

32

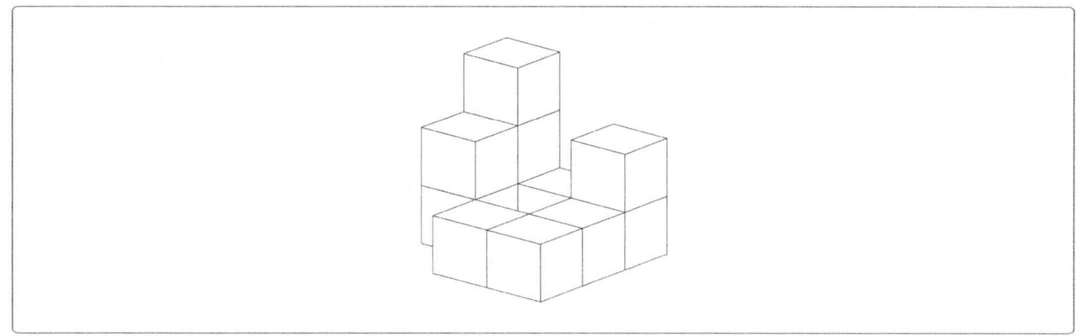

① 0개 ② 2개

③ 3개 ④ 5개

33

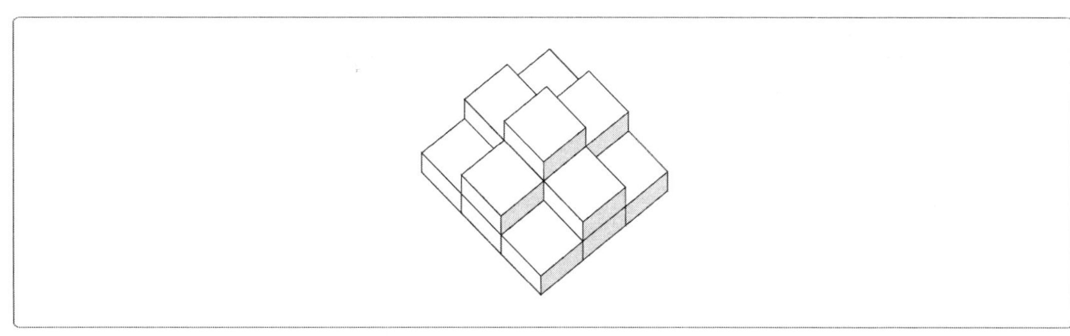

① 3개 ② 4개

③ 5개 ④ 6개

| 34~36 | 다음에 제시된 그림과 같은 그림을 고르시오.

34

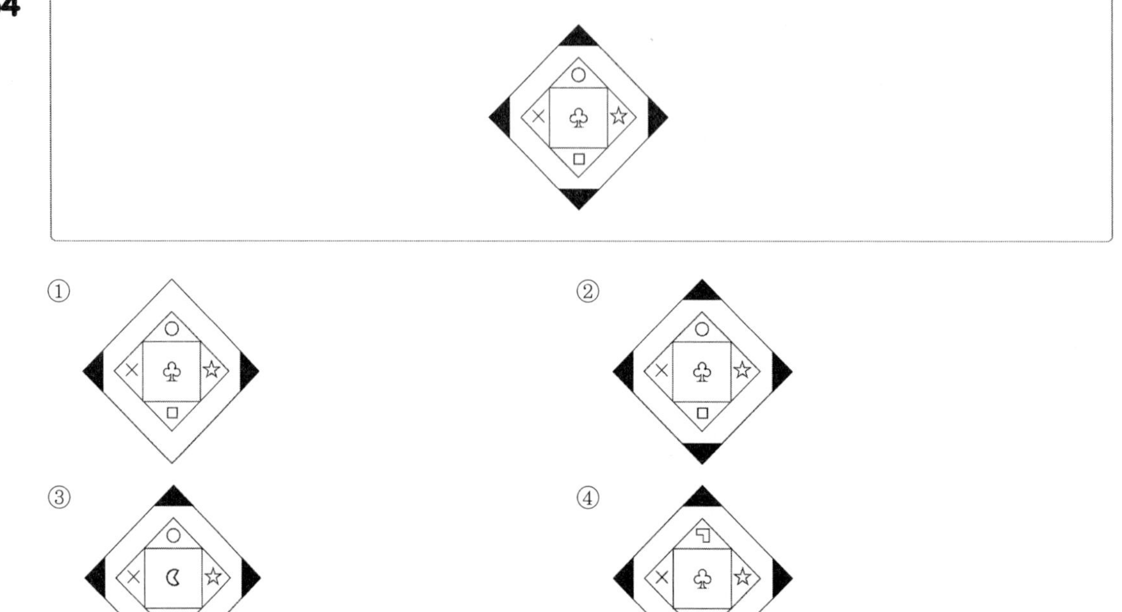

35

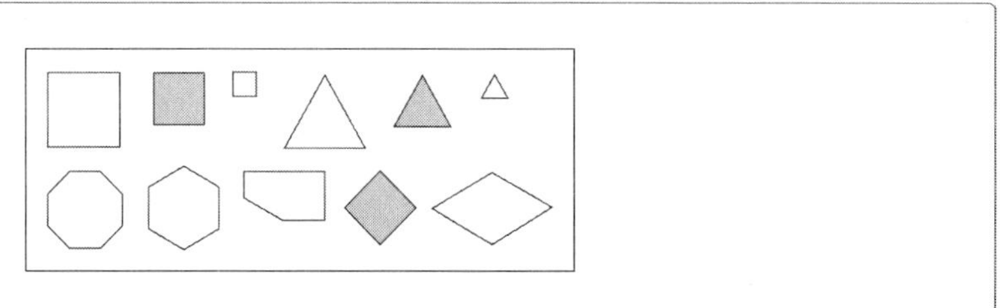

①

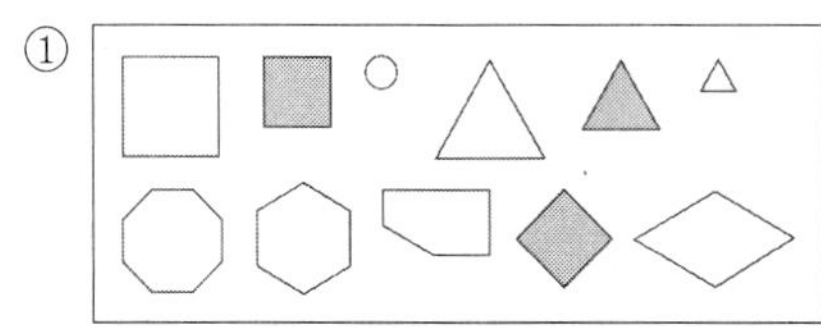

②

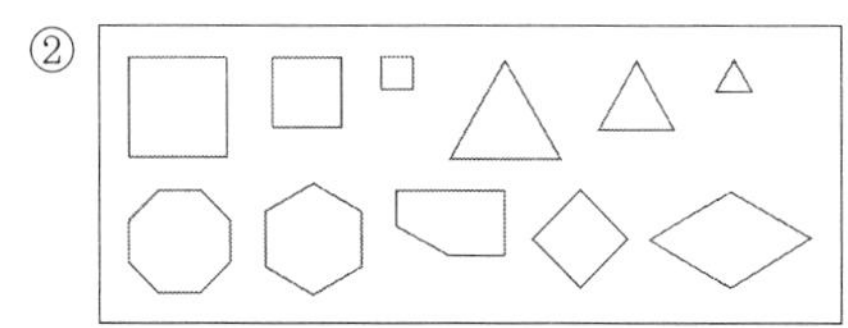

③

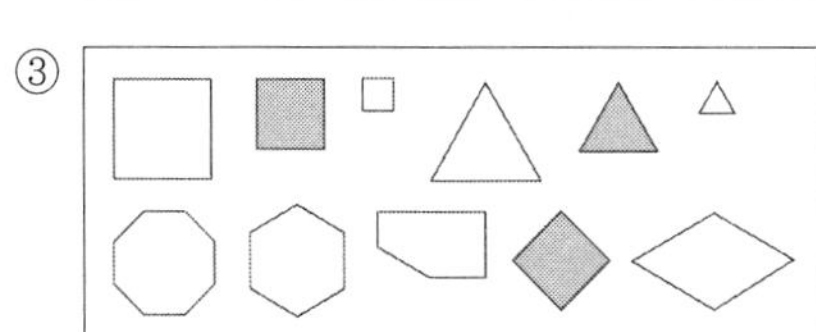

④

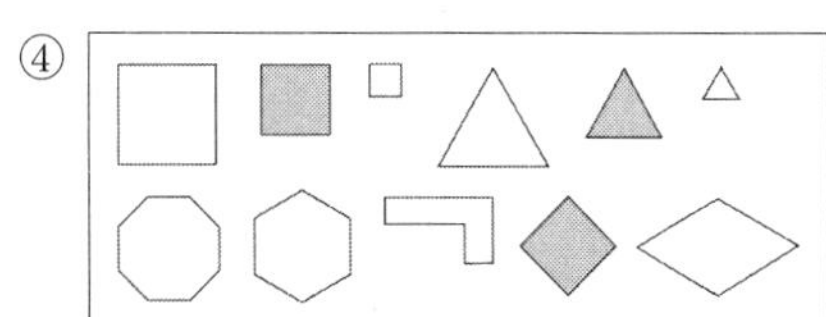

36

①

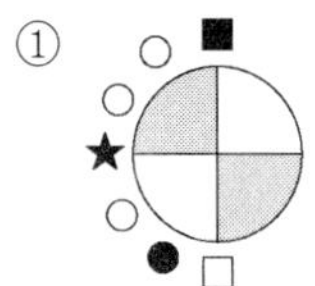

②

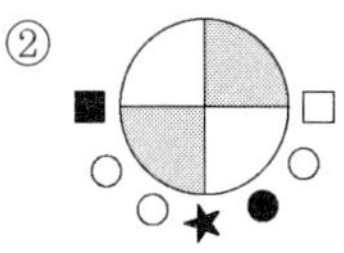

③

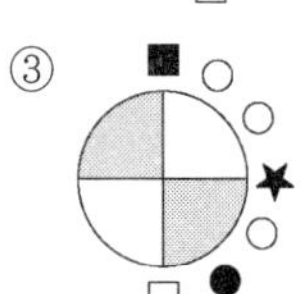

④

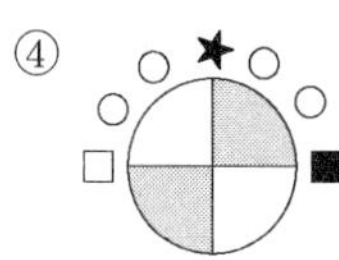

▌37~40▌ 다음에 분할된 그림을 하나의 완성된 그림으로 만들기 위해 순서대로 나열한 것을 고르시오.

37

㉠ ㉡ ㉢ ㉣

① ㉠ – ㉢ – ㉣ – ㉡
② ㉢ – ㉠ – ㉣ – ㉡
③ ㉣ – ㉡ – ㉠ – ㉢
④ ㉣ – ㉢ – ㉡ – ㉠

38

㉠ ㉡ ㉢ ㉣

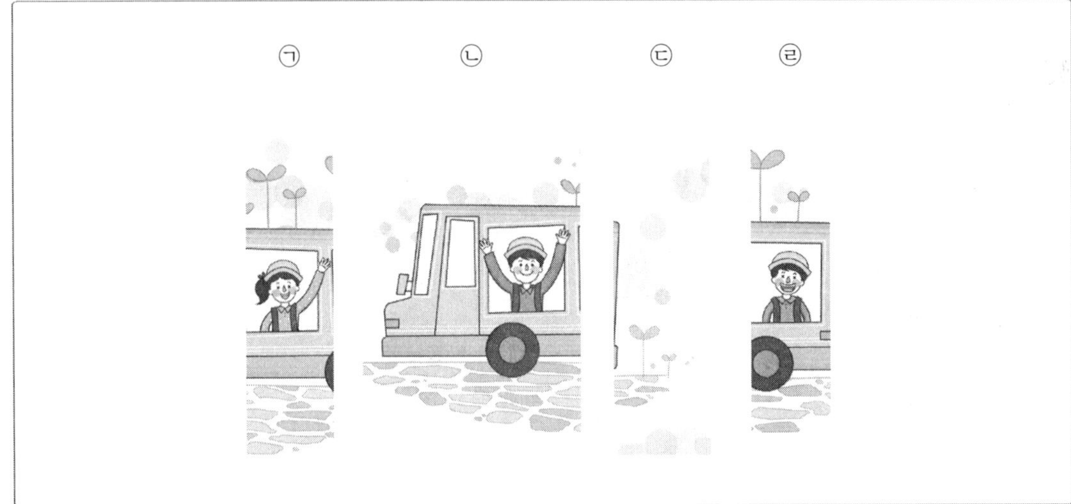

① ㉠ – ㉣ – ㉡ – ㉢
② ㉠ – ㉡– ㉣ – ㉢
③ ㉡ – ㉠ – ㉣ – ㉢
④ ㉡ – ㉣ – ㉠ – ㉢

39

㉠ ㉡ ㉢ ㉣

① ㉢ – ㉣ – ㉠ – ㉡
② ㉢ – ㉣ – ㉡ – ㉠
③ ㉠ – ㉣ – ㉡ – ㉢
④ ㉠ – ㉣ – ㉢ – ㉡

40

① ㉢ – ㉡ – ㉣ – ㉠
② ㉢ – ㉡ – ㉠ – ㉣
③ ㉠ – ㉡ – ㉢ – ㉣
④ ㉠ – ㉡ – ㉣ – ㉢

CHAPTER 02

제2회 실전 모의고사

☞ 정답 및 해설 p.319

01 수리능력

| 01~10 | 다음 식을 계산하여 알맞은 답을 고르시오.

01

$$498 + 78 - 60.1$$

① 513.7　② 514.8
③ 515.9　④ 516.4

02

$$0.63 \times 4.8 \times 7.88$$

① 23.82912　② 20.82913
③ 21.79462　④ 22.45162

03

$$\frac{\frac{1}{1+1}}{\frac{1}{1+2+3}}+2$$

① 3　② 5
③ 7　④ 9

04

$$8^3-6^2+3^4$$

① 546
② 557
③ 567
④ 579

05

$$\sqrt{8}\times\sqrt{6}\times\sqrt{7}$$

① $6\sqrt{19}$
② $5\sqrt{23}$
③ $3\sqrt{21}$
④ $4\sqrt{21}$

06

$$\frac{3}{8}\times\frac{4}{17}\times6$$

① $\frac{7}{19}$
② $\frac{9}{17}$
③ $\frac{5}{21}$
④ $\frac{3}{7}$

07

$$6.486 \div 1.2 \div 5$$

① 3.497
② 2.125
③ 1.081
④ 1.186

08

$$1581 \times 35 \times 22$$

① 1358181
② 1325483
③ 1270235
④ 1217370

09

$$77 + 888 + 9999$$

① 10964
② 11548
③ 12396
④ 13682

10

$$248 - 378 - 468$$

① −468
② −598
③ −682
④ −726

| 11~15 | 다음 계산식의 빈칸에 들어갈 알맞은 수 또는 연산기호를 고르시오.

11

36 × (　　) − 53 = 127

① 5　　② 6
③ 7　　④ 8

12

17 × 6 (　　) 35 = 67

① +　　② −
③ ×　　④ ÷

13

19 × (　　) + 16 = 624

① 26　　② 28
③ 30　　④ 32

14

$$26 \times 35 (\quad) 5 = 182$$

① $+$　　② $-$

③ $\times$　　④ $\div$

15

$$72 - (\quad) \times 2 + 3.5 = 25.5$$

① 11　　② 17

③ 25　　④ 36

Ⅰ16~25Ⅰ 다음에 주어진 A와 B값의 대소 관계를 바르게 비교한 것을 고르시오.

16

• A : $\frac{4}{7}$　　• B : 0.789

① $A > B$　　② $A < B$

③ $A = B$　　④ 비교할 수 없다.

17

- A : $\frac{3}{4}$
- B : $\frac{2}{5}$

① $A>B$
② $A<B$
③ $A=B$
④ 비교할 수 없다.

18

- A : $\frac{4}{11}$
- B : 0.347

① $A>B$
② $A<B$
③ $A=B$
④ 비교할 수 없다.

19

$a+2b=4$일 때,

- A : $4a+5b+5$
- B : $3a+3b+10$

① $A>B$
② $A<B$
③ $A=B$
④ 비교할 수 없다.

20

- A : $\sqrt{29}-1$
- B : $\sqrt[3]{60}$

① $A>B$ ② $A<B$
③ $A=B$ ④ 비교할 수 없다.

21

- A : 주사위를 네 번 던져서 합이 5가 나올 경우의 수
- B : 주사위를 네 번 던져서 합이 23이 나올 경우의 수

① $A>B$ ② $A<B$
③ $A=B$ ④ 비교할 수 없다.

22

- A : 585와 208의 최대공약수
- B : 154와 66의 최대공약수

① $A>B$ ② $A<B$
③ $A=B$ ④ 비교할 수 없다.

23

- A : $30m/s$
- B : $100km/h$

① $A > B$
② $A < B$
③ $A = B$
④ 비교할 수 없다.

24

- A : 정육면체 모서리 수 + 면의 수
- B : 15

① $A > B$
② $A < B$
③ $A = B$
④ 알 수 없다.

25

- A : 원 $(x-2)^2+(y-5)^2=36$의 넓이
- B : 구 $x^2+(y-4)^2+(z-1)^2=9$의 겉넓이

① $A > B$
② $A < B$
③ $A = B$
④ 알 수 없다.

26 K회사의 직원은 작년에 730명이었고, 올해는 작년보다 30명이 증가했다. 작년의 여자 직원은 500명이었고 올해에 3% 증가하였다면, 남자 직원은 작년에 비하여 몇 % 증감하였는가? (소수점 둘째 자리에서 반올림하시오.)

① 약 4.1% 감소하였다.

② 약 6.5% 증가하였다.

③ 약 11.4% 증가하였다.

④ 변화 없다.

27 매달 상수는 2,000원씩, 지숙이는 800원씩 저축을 할 예정이다. 상수가 지숙이의 예금액의 2배가 되는 것은 20개월 후라고 한다. 지숙이가 처음 5,000원을 예금을 했다면 상수가 처음 예금한 금액은 얼마인가?

① 1,000원 ② 1,500원

③ 2,000원 ④ 2,500원

28 9번의 사격을 해서 얻은 총 점수가 83.1이다. 평균 9.4를 받기 위해서는 10번째에 몇 점을 얻어야 하는가?

① 7점 ② 8.9점

③ 9.9점 ④ 10.9점

29 오후 1시 36분에 사무실을 나와 분속 70m의 일정한 속도로 서울역까지 걸어가서 20분간 내일 부산 출장을 위한 승차권 예매를 한 뒤, 다시 분속 50m의 일정한 속도로 걸어서 사무실에 돌아와 시계를 보니 2시 32분이었다. 이때 걸은 거리는 모두 얼마인가?

① 1,050m ② 1,500m
③ 1,900m ④ 2,100m

30 한 학년에 세 반이 있는 학교가 있다. 학생수가 A반은 20명, B반은 30명, C반은 50명이다. 수학 점수 평균이 A반은 70점, B반은 80점, C반은 60점일 때, 이 세 반의 평균은 얼마인가?

① 62점 ② 64점
③ 66점 ④ 68점

31 길이가 300m인 화물열차가 어느 다리를 건너는 데 60초가 걸리고, 길이가 150m인 새마을호는 이 다리를 화물열차의 2배의 속력으로 27초 안에 통과한다. 이 때, 다리의 길이는?

① 1km ② 1.2km
③ 1.4km ④ 1.5km

32 서울 사람 2명과 대전 사람 2명, 대구, 부산, 세종 사람 각 1명씩 모여 7개의 의자에 일렬로 앉았다. 양쪽 끝에 같은 지역의 사람이 앉아있을 확률은?

① $\frac{1}{21}$

② $\frac{2}{21}$

③ $\frac{4}{21}$

④ $\frac{5}{21}$

33 재민이는 동화책 한 권을 3일 동안 다 읽었다. 첫째 날에는 전체 쪽수의 $\frac{1}{3}$보다 10쪽을 더 읽었고, 둘째 날에는 나머지 쪽수의 $\frac{3}{5}$보다 18쪽을 더 읽고, 마지막 날은 30쪽을 읽었다. 이 동화책을 모두 몇 쪽인가?

① 420쪽

② 310쪽

③ 205쪽

④ 195쪽

34 56분이 1시간으로 되어 있는 시계가 있다. 12시에 일반시계와 같도록 맞춘 후 나중에 시간을 보니 6시 30분이었다. 실제 시간은?

① 6시

② 6시 4분

③ 6시 10분

④ 6시 14분

35 A반 40명의 학생 중에서 딸기를 좋아하는 학생은 30명, 사과를 좋아하는 학생은 25명이다. 딸기와 사과를 모두 좋아하는 학생이 20명이라고 할 때, A반에서 딸기와 사과 모두 좋아하지 않는 학생은 몇 명인지 구하면?

① 5명 ② 6명
③ 7명 ④ 8명

36 다음은 Y지역의 연도별 65세 기준 인구의 분포를 나타낸 자료이다. 이에 대한 올바른 해석은 어느 것인가?

구분	인구 수(명)		
	계	65세 미만	65세 이상
2015년	66,557	51,919	14,638
2016년	68,270	53,281	14,989
2017년	150,437	135,130	15,307
2018년	243,023	227,639	15,384
2019년	325,244	310,175	15,069
2020년	465,354	450,293	15,061
2021년	573,176	557,906	15,270
2022년	659,619	644,247	15,372

① 전체 인구수는 매년 지속적으로 증가하였다.
② 65세 이상 인구수는 매년 지속적으로 증가하였다.
③ 65세 이상 인구수는 매년 전체의 5% 이상이다.
④ 전년 대비 65세 이상 인구수가 가장 많이 변화한 3개 연도는 2016년, 2017년, 2021년이다.

37 다음은 A 극장의 입장객 분포를 조사한 것이다. 도표의 내용과 다른 것은?

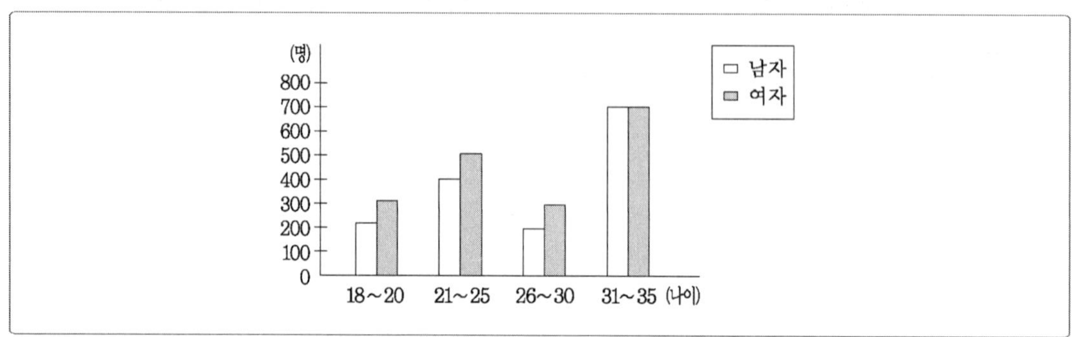

① 18~20세 사이의 전체 입장객은 500명이다.

② 18~20세 사이의 남자 200명은 극장에 갔다.

③ 여자보다 남자가 더 적게 극장에 갔다.

④ 31~35세 사이의 남성은 여성보다 더 많이 극장에 갔다.

38 다음은 도시 갑, 을, 병, 정의 공공시설 수에 대한 통계자료이다. A ~ D 도시를 바르게 연결한 것은?

(단위 : 개)

구분	2019			2020			2021		
	공공청사	문화시설	체육시설	공공청사	문화시설	체육시설	공공청사	문화시설	체육시설
A	472	54	36	479	57	40	479	60	42
B	239	14	22	238	15	22	247	16	23
C	94	5	9	96	5	10	100	6	10
D	96	14	10	98	13	12	98	13	12

※ 공공시설이란 공공청사, 문화시설, 체육시설만을 일컫는다고 가정한다.

㉠ 병의 모든 공공시설은 나머지 도시들의 공공시설보다 수가 적지만 2021년에 처음으로 공공청사의 수가 을보다 많아졌다.

㉡ 을을 제외하고 2020년 대비 2021년 공공시설 수의 증가율이 가장 작은 도시는 정이다.

㉢ 2020년 갑의 공공시설 수는 2019년과 동일하다.

	A	B	C	D
①	갑	을	병	정
②	을	갑	병	정
③	병	정	갑	을
④	정	갑	병	을

39 다음은 A지역출신 210명의 학력을 조사한 표이다. A지역 여성 중 중졸 이하 학력의 비율은 얼마인가?

학력 / 성별	초졸	중졸	고졸	대졸	합계
남성	10	35	45	30	120
여성	10	25	35	20	90
합계	20	60	80	50	210

① $\frac{11}{24}$　　② $\frac{7}{18}$

③ $\frac{8}{9}$　　④ $\frac{5}{8}$

40 다음은 성인 직장인을 대상으로 소속감에 대하여 조사한 결과를 정리한 표이다. 조사 결과를 사회 집단 개념을 사용하여 분석한 내용으로 옳은 것은?

(단위 : %)

구분		가정	직장	동창회	친목 단체	합계
성별	남성	53.1	21.9	16.1	8.9	100.0
	여성	68.7	13.2	9.8	8.3	100.0
학력	중졸 이하	71.5	8.2	10.6	9.7	100.0
	고졸	62.5	17.7	11.8	8.0	100.0
	대졸 이상	54.0	22.5	16.0	7.5	100.0

① 학력이 높을수록 공동 사회라고 응답한 비율이 높다.

② 이익 사회라고 응답한 비율은 남성이 여성보다 높다.

③ 성별과 상관없이 자발적 결사체라고 응답한 비율이 가장 높다.

④ 과업 지향적인 집단이라고 응답한 비율은 여성이 남성보다 높다.

02 추리능력

40문항 20분

❙ 01~10 ❙ 다음의 제시된 숫자의 배열을 보고 규칙을 적용하여 "?"에 들어갈 숫자를 고르시오.

01

$\frac{2}{7}$ $\frac{14}{5}$ $\frac{10}{17}$ $\frac{?}{13}$

① 36
② 35
③ 34
④ 37

02

$\frac{3}{16}$ $\frac{4}{15}$ $\frac{5}{14}$ $\frac{?}{13}$

① 6
② 7
③ 8
④ 9

03

$\frac{6}{13}$ $\frac{16}{7}$ $\frac{10}{17}$ $\frac{?}{11}$

① 15
② 14
③ 19
④ 20

04

$$\frac{3}{4} \quad \frac{8}{9} \quad \frac{13}{24} \quad \frac{?}{39}$$

① 25
② 28
③ 37
④ 23

05

$$\frac{1}{2} \quad \frac{3}{2} \quad \frac{5}{6} \quad \frac{?}{30}$$

① 17
② 13
③ 11
④ 19

06

$$\frac{5}{2} \quad \frac{7}{5} \quad \frac{12}{7} \quad \frac{?}{12}$$

① 18
② 19
③ 20
④ 21

07

$$\frac{4}{3} \quad \frac{7}{5} \quad \frac{12}{10} \quad \frac{?}{20}$$

① 18 ② 20
③ 22 ④ 24

08

$$\frac{5}{7} \quad \frac{16}{6} \quad \frac{27}{5} \quad \frac{?}{4}$$

① 68 ② 58
③ 48 ④ 38

09

$$\frac{1}{5} \quad \frac{4}{5} \quad \frac{1}{20} \quad \frac{?}{20}$$

① 19 ② 20
③ 21 ④ 22

10

$$\frac{7}{22} \quad \frac{15}{29} \quad \frac{14}{44} \quad \frac{?}{58}$$

① 20
② 30
③ 40
④ 50

Ⅰ11～15Ⅰ 다음은 일정한 규칙으로 나열된 문자이다. 빈칸에 들어갈 알맞은 문자를 고르시오.

11

D − H − L − P − T − ?

① O
② U
③ X
④ N

12

C − D − F − I − M − ?

① P
② R
③ Q
④ V

13

C − D − G − L − (   )

① C
② P
③ R
④ S

14

ㄱ − ㄱ − ㄴ − ㄷ − (   ) − ㅈ − ㅇ

① ㄹ
② ㅁ
③ ㅂ
④ ㅅ

15

ㄱ − ㅋ − ㄷ − ㅈ − ㅁ − ㅅ − ?

① ㅁ
② ㅅ
③ ㅊ
④ ㅋ

❙16~18❙ 다음의 밑줄 친 수들의 규칙을 파악하여 빈칸에 들어갈 알맞은 수를 고르시오.

16

<u>7 6 40</u>　　<u>8 9 70</u>　　<u>11 6 (　)</u>

① 65　　② 64

③ 66　　④ 67

17

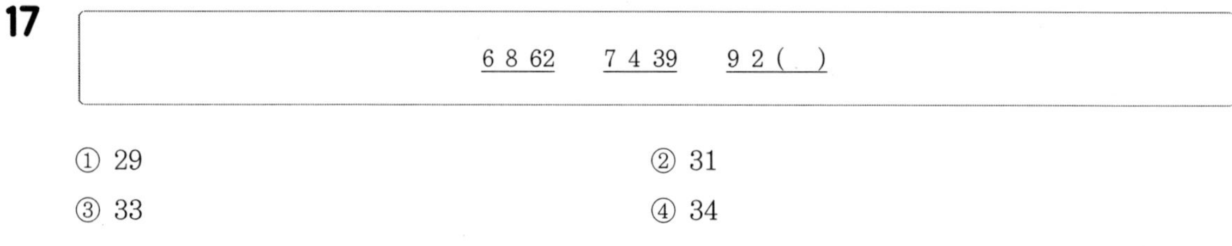

<u>6 8 62</u>　　<u>7 4 39</u>　　<u>9 2 (　)</u>

① 29　　② 31

③ 33　　④ 34

18

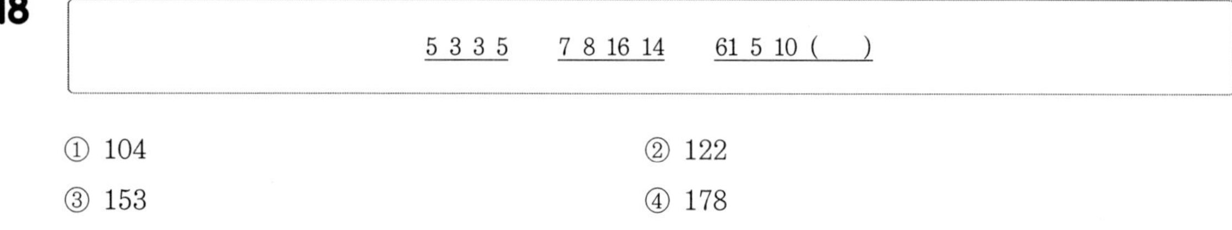

<u>5 3 3 5</u>　　<u>7 8 16 14</u>　　<u>61 5 10 (　)</u>

① 104　　② 122

③ 153　　④ 178

Ⅰ19~20Ⅰ 다음에 주어진 연산기호의 규칙을 파악하여 빈칸에 들어갈 알맞은 수를 고르시오.

19

$$2 ⨸ 4 = 2 \quad 8 ⨸ 3 = 13 \quad 6 ⨸ 7 = 29 \quad 2 ⨸ (3 ⨸ 9) = (\quad)$$

① 10
② 13
③ 15
④ 19

20

$$4 \otimes 3 = 17 \qquad 7 \otimes 2 = 59 \qquad 9 \otimes 3 = 612 \qquad 8 \otimes 6 = (\quad)$$

① 48
② 96
③ 142
④ 214

Ⅰ21~25Ⅰ 다음 중 나머지 보기와 다른 하나를 고르시오.

21
① 갈낟단락
② 맘밥삿앙
③ 잘착캊탙
④ 캉탉팔학

22
① 곰돗롱숙
② 눕붗충뭊
③ 삭납앞밫
④ 멋넙업젎

23 ① GHIJ ② ㅇㅈㅊㅋ

③ 미신유술 ④ ⅧⅨⅩⅪ

24 ① 가까가카 ② 다따다타

③ 자짜자차 ④ 파빠파바

25 ① ABDH ② ㅁㅂㅇㅋ

③ 3469 ④ ㅅㅇㅊㅍ

| 26~30 | 다음 도형들의 일정한 규칙을 찾아 빈칸에 들어갈 도형을 고르시오.

26

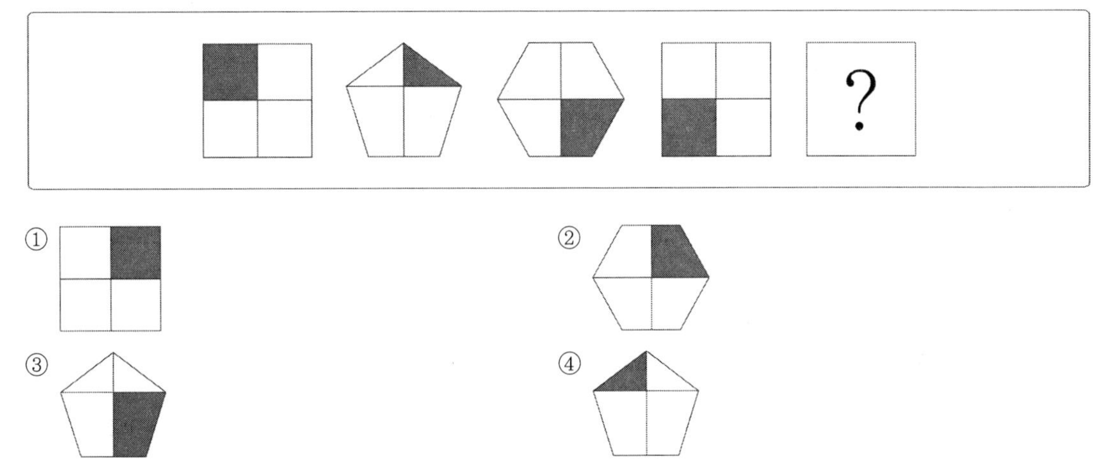

27

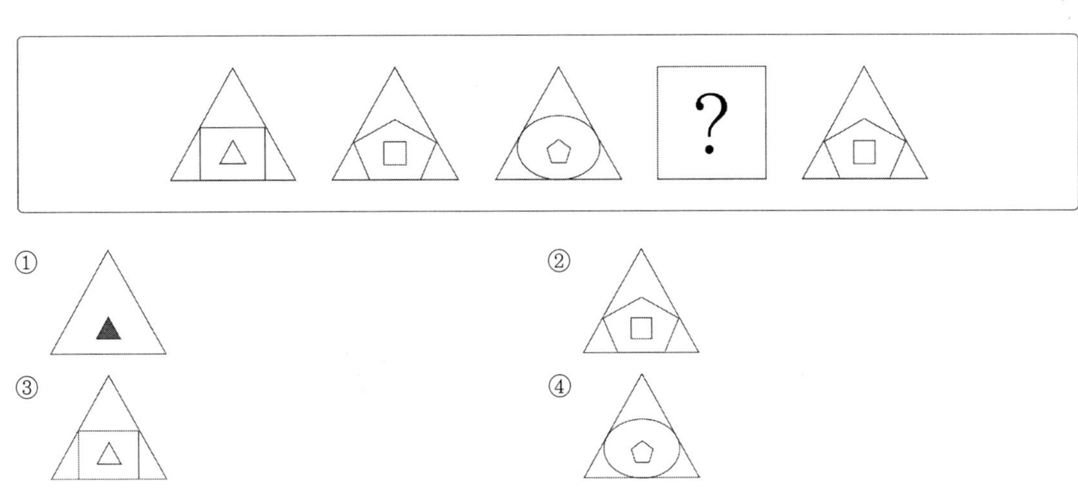

28

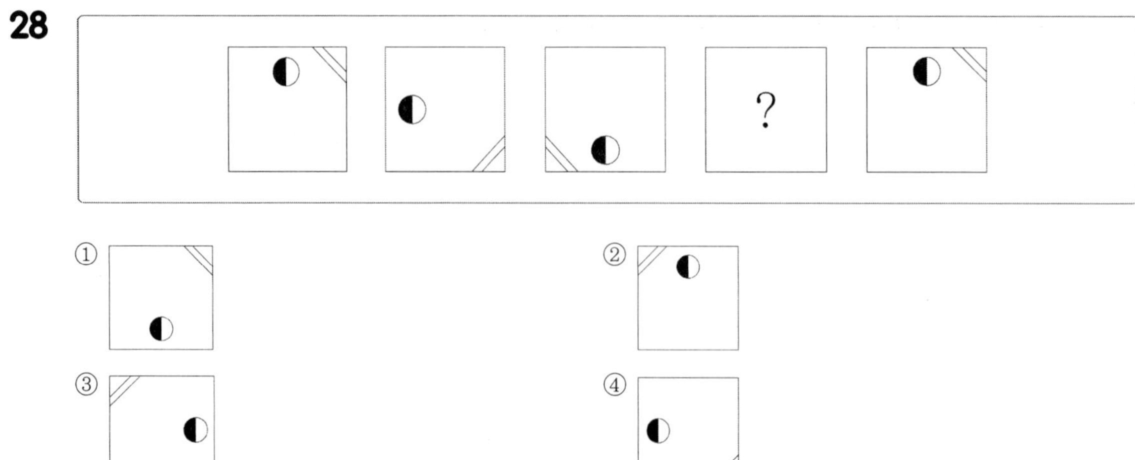

29

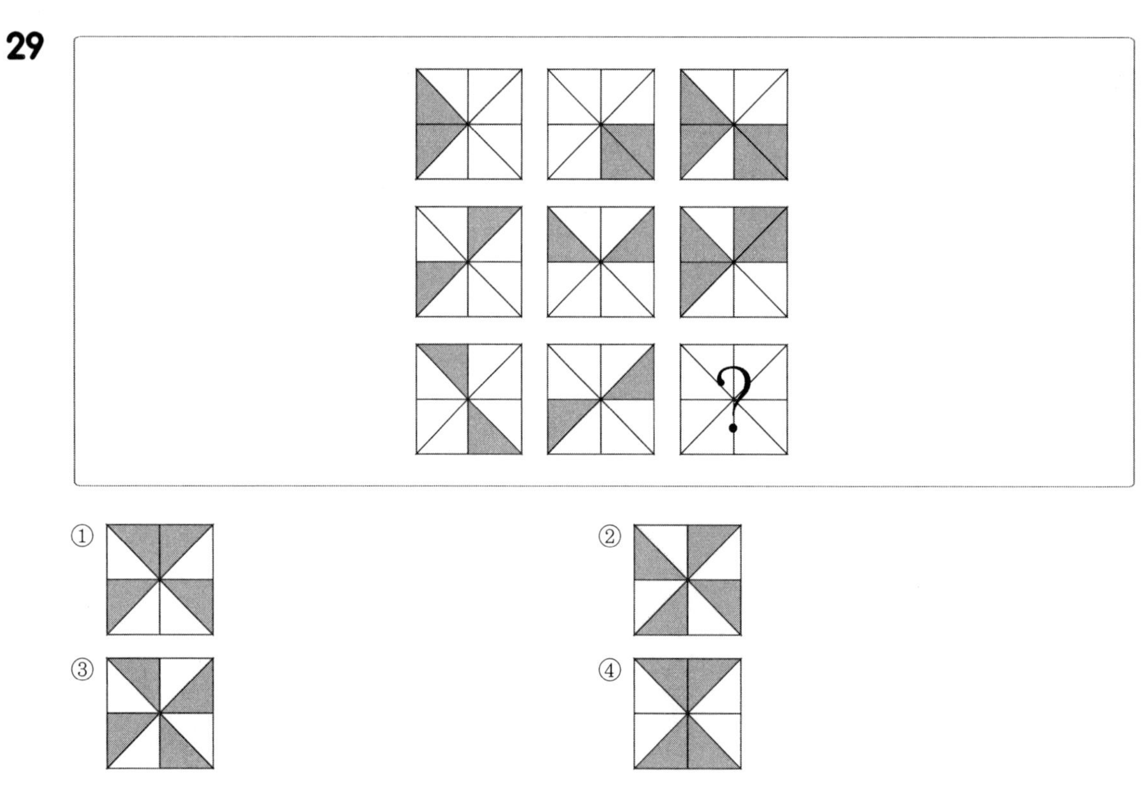

30

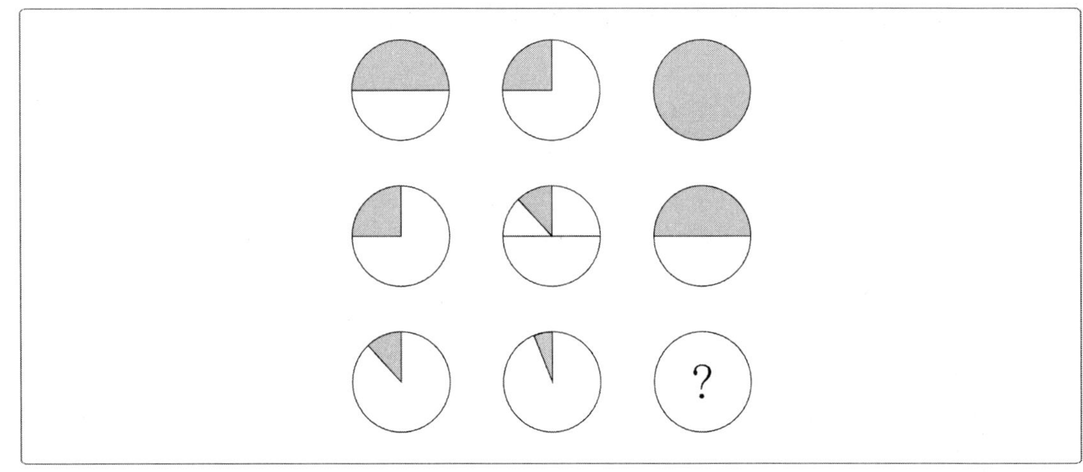

① 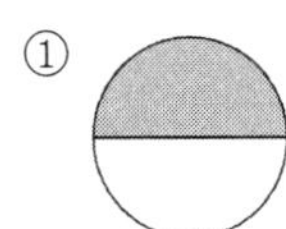

② 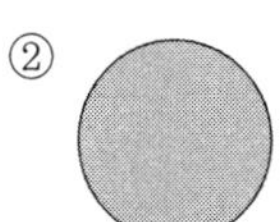

③ 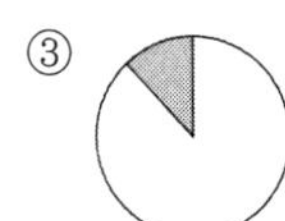

④ 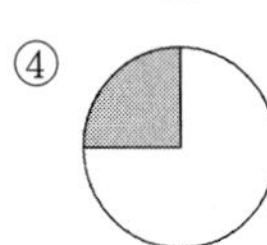

31 **수평 방향으로 물체에 10N의 힘을 가했더니 물체가 10m/s^2의 가속도로 운동하였다. 물체의 질량은?(단, 마찰은 무시한다)**

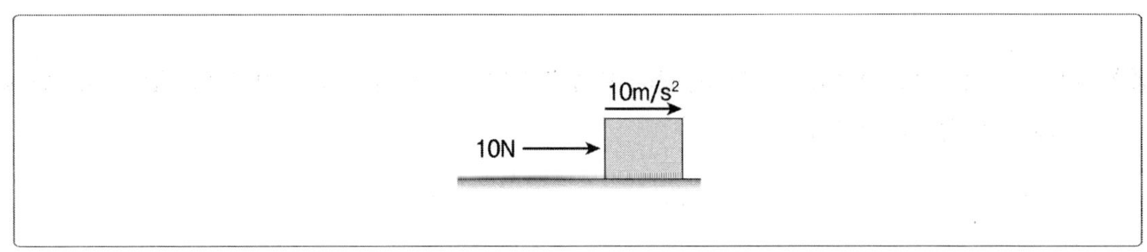

① 1kg

② 2kg

③ 3kg

④ 4kg

32 그림과 같이 날고 있는 연에 작용하는 중력에 대한 반작용은?

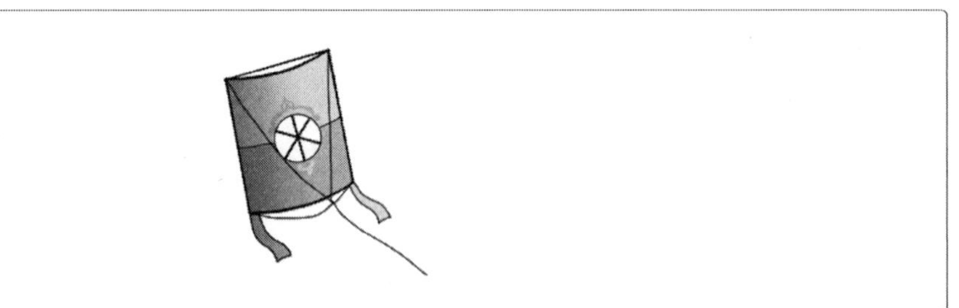

① 지구가 연을 밀어내는 힘
② 연이 바람을 밀어내는 힘
③ 연이 지구를 끌어당기는 힘
④ 바람이 연을 끌어당기는 힘

33 220V – 20W인 전기기구를 220V인 전원에 연결하여 30분 동안 사용하였다면 소비한 전력량은?

① 1Wh　　② 2Wh
③ 5Wh　　④ 10Wh

34 마찰이 없는 수평면 위에서 2kg의 수레를 밀었더니 가속도가 10m/s^2이었다. 같은 힘으로 4kg의 수레를 밀었을 때 가속도는?

① 5m/s^2　　② 10m/s^2
③ 20m/s^2　　④ 40m/s^2

35 질량이 2kg인 물체를 지표면으로부터 40m 지점에서 떨어뜨렸다. 지표면에 닿기 직전에 물체의 속도는 얼마인가?(단, $g = 9.8m/s^2$이다.)

① $14m/s$
② $21m/s$
③ $28m/s$
④ $35m/s$

36 질량이 0.5kg인 공을 20m 높이에서 가만히 놓아서 바닥으로 떨어뜨렸더니 바닥에 충돌 한 직후 10m/s의 속도로 튀어 올랐다. 이것에 대한 옳은 설명을 〈보기〉에서 있는 대로 고른 것은? (단, 중력 가속도는 $10m/s^2$이며, 공기 저항은 무시한다.)

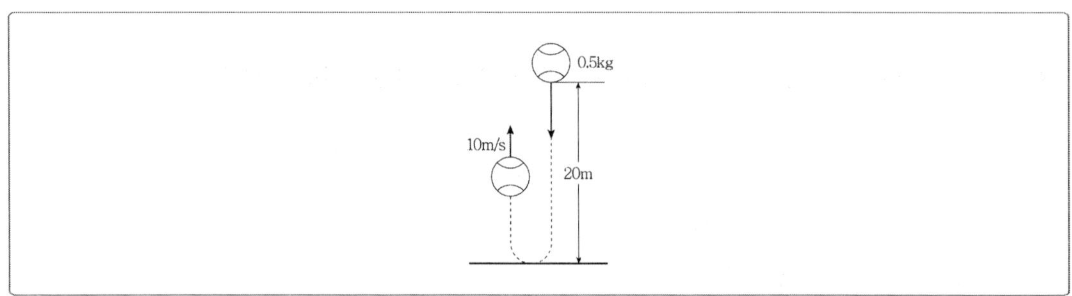

〈보기〉

㉠ 바닥에 닿기 직전 공의 속도는 20m/s이다.
㉡ 공이 바닥에 충돌하기 직전과 직후에 공의 운동량의 변화량의 크기는 5kg · m/s이다.
㉢ 공이 바닥에 충돌하면서 바닥으로부터 받은 충격량의 크기는 15N · s이다.

① ㉠
② ㉠㉡
③ ㉠㉢
④ ㉡㉢

37 소리의 세기는 10dB 증가할 때마다 10배씩 증가한다. 0dB보다 100배 증가된 소리의 세기는?

① 10dB
② 20dB
③ 100dB
④ 200dB

38 반응 속도에 영향을 미치는 요인 중 다음 내용과 가장 관련이 깊은 것은?

> • 통나무보다 톱밥이 더 잘 탄다.
> • 빠른 흡수를 위해 알약을 가루로 만들어 복용한다.

① 온도
② 압력
③ 촉매
④ 표면적

39 빗방울이 떨어질 때 지표면에 가까워지면서 일정한 속도가 되는 이유로 옳은 것은?

① 빗방울에 작용하는 중력이 같기 때문이다.
② 빗방울에 작용하는 중력을 무시하기 때문이다.
③ 공기에 의한 저항력이 중력과 평형하기 때문이다.
④ 빗방울이 모두 같은 높이에서 떨어지기 때문이다.

40 중력 가속도 g와 같은 크기의 가속도로 하강하는 승강기가 있다. 그 속에 탄 사람이 고무공을 위로 던졌을 때 승강기 안의 사람이 관측한 공의 운동으로 옳은 것은?

① 손에서 떨어질 때 그 자리에 정지해 있다.
② 승강기 천정에 올라가 그 자리에 정지해 있다.
③ 위로는 조금도 올라가지 않고 바닥으로 떨어진다.
④ 위로 올라가 천정에 부딪힌 다음 일정한 속도로 바닥으로 떨어진다.

03 지각능력

40문항 10분

| 01~20 | 다음에 주어진 문자의 좌우가 서로 같으면 ①, 다르면 ②를 고르시오.

01

걷기는건강증진에효과적	걷기는건강증진에효과적

① 같다　　② 다르다

02

복숭아사과자전거가방자동차부릉	복숭아사과자전거공방자동차부릉

① 같다　　② 다르다

03

◁◀♤♠◐▣◑♡♥▷▶♧♣	◁◀♤♠◐▣◑♡♥▷▶♧♧

① 같다　　② 다르다

04

신호등을잘보고건너가시오	신호등을잘보고건너가시오

① 같다 ② 다르다

05

다음보기에서옳지않은것을고르시오	다음보기애서옳지않은것을구르시오

① 같다 ② 다르다

06

EFFBDSDVCWTGH	EFFBDSDVCWTGH

① 같다 ② 다르다

07

22022020202022222	22022000202022202

① 같다 ② 다르다

08

ㄱㄴㄷㅊㅇㅈㄱㄷㅍㄷ　　　　ㄱㄴㄷㅊㅇㅈㄱㄷㅍㄷ

① 같다　　② 다르다

09

★☆◎연휴는가족과함께※◆◇☎　　　　★☆◎연휴는가족과함께※◆◇☏

① 같다　　② 다르다

10

㉮명㉯목...

① 같다　　② 다르다

11

better late than never　　　　better late then never

① 같다　　② 다르다

12

sdafsdfdfstgr	sdafadfgfstgr

① 같다　　② 다르다

13

♬♬♪. 𝅗𝅥. 𝅘𝅥𝅰 ♩. 𝅗𝅥 𝅗𝅥. ♪. ♬	♬♬♪. 𝅗𝅥. 𝅘𝅥𝅰 ♩. 𝅗𝅥 𝅗𝅥. ♪.

① 같다　　② 다르다

14

武丙午卯更申乙米	武丙午卯申更乙米

① 같다　　② 다르다

15

111121121122111	111121112122111

① 같다　　② 다르다

16

얄리얄리얄라셩 얄라리얄라	얄리얄리얄라셩 얄라라얄라

① 같다 ② 다르다

| 17~18 | 다음 주어진 두 문자에서 다른 곳의 개수를 고르시오.

17

110101010101112	010101010101111

① 1개 ② 2개
③ 3개 ④ 4개

18

하늘에서내리는일억개의별	하늘애서리는내십억의개별

① 5개 ② 6개
③ 7개 ④ 8개

| 19~20 | 다음 주어진 두 문자에서 같은 곳의 개수를 고르시오.

19

푸NI가싫Aso난ES허관밤	후NI기싫Aso허관밤난ES

① 5개 ② 6개
③ 7개 ④ 8개

20

아노호시니미레바보쿠와호시	이누호사니미리바부구와호시

① 6개
② 7개
③ 8개
④ 9개

| 21~25 | 다음에 주어진 블록의 개수를 구하시오.

21

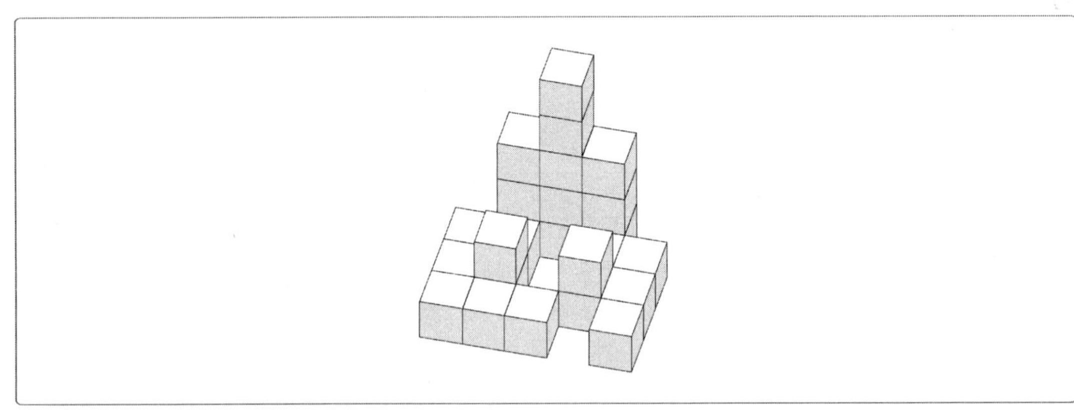

① 24
② 25
③ 26
④ 27

22

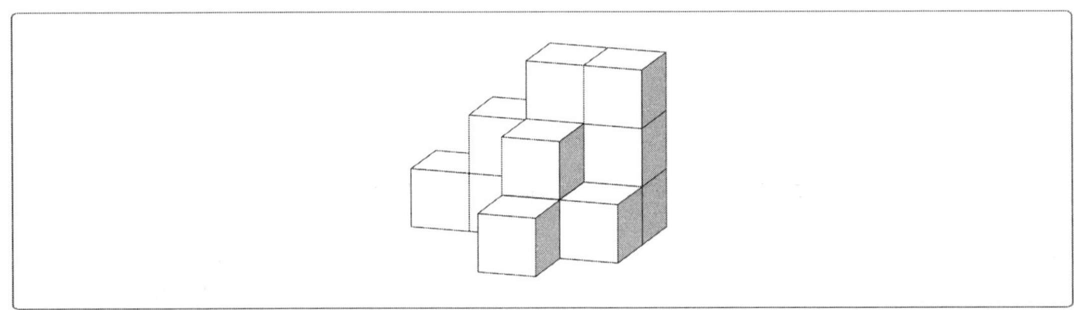

① 12개
② 13개
③ 14개
④ 15개

23

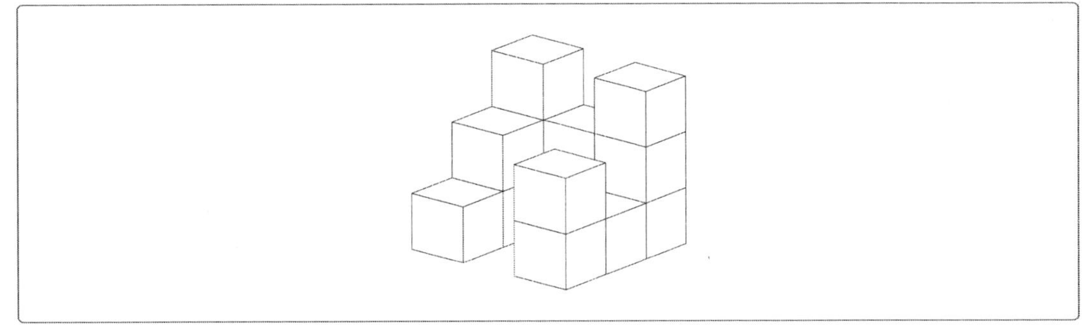

① 12개 ② 13개
③ 14개 ④ 15개

24

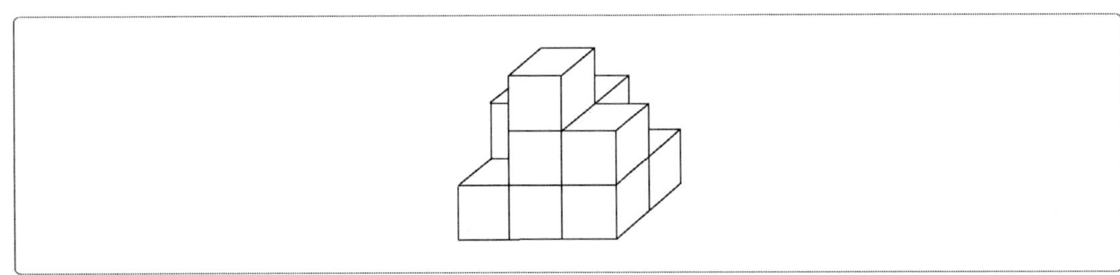

① 10개 ② 11개
③ 12개 ④ 13개

25

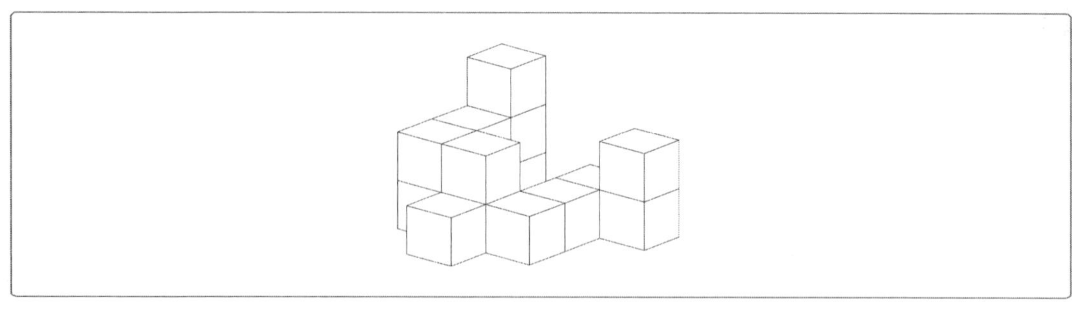

① 12개 ② 13개
③ 14개 ④ 15개

❙ 26~30 ❙ 주어진 블록의 모양은 그대로 두고 최소한의 블록을 더 추가해서 정육면체로 만들려고 한다. 몇 개의 블록이 더 필요한지 고르시오. (단, 모든 블록의 크기와 모양은 같다)

26

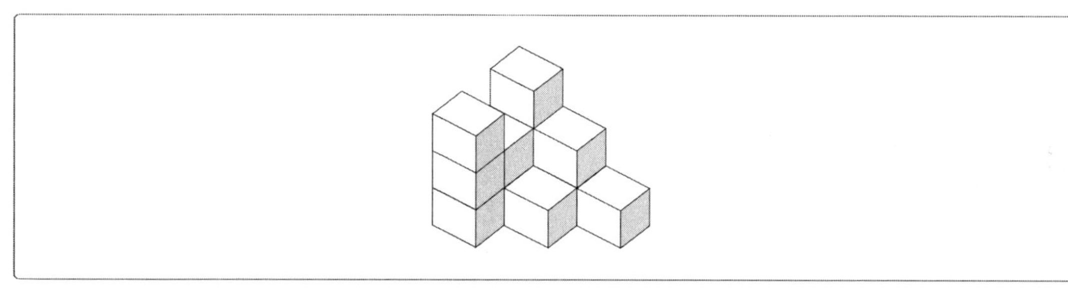

① 12개 ② 13개
③ 14개 ④ 15개

27

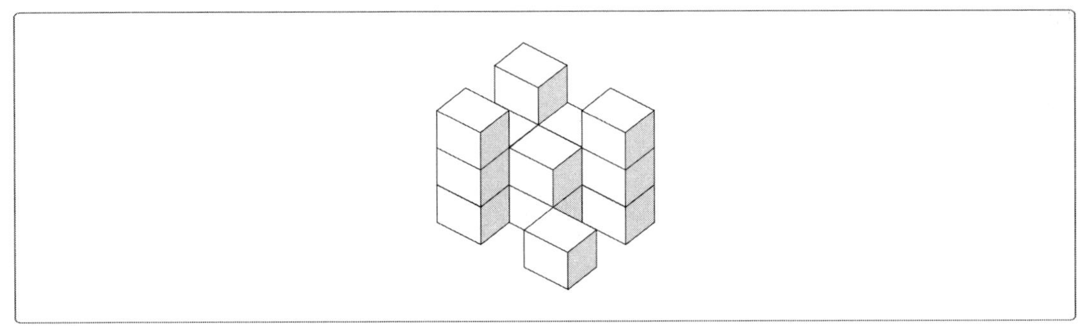

① 9개　　② 10개

③ 11개　　④ 12개

28

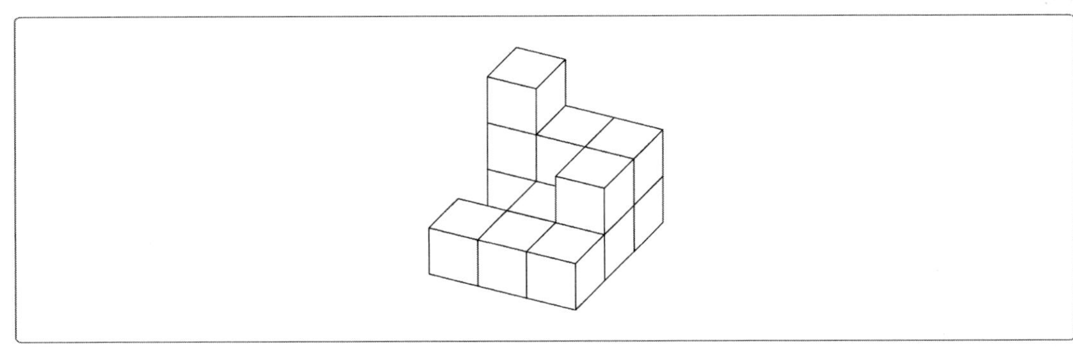

① 12개　　② 13개

③ 14개　　④ 15개

29

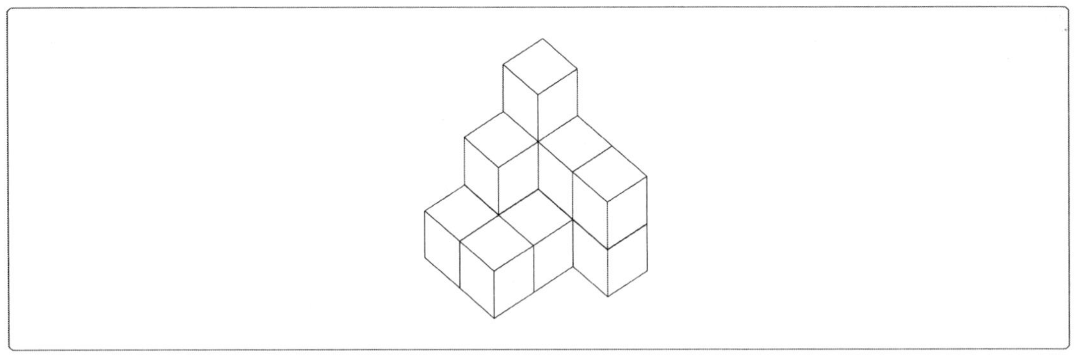

① 12개 ② 13개
③ 14개 ④ 15개

30

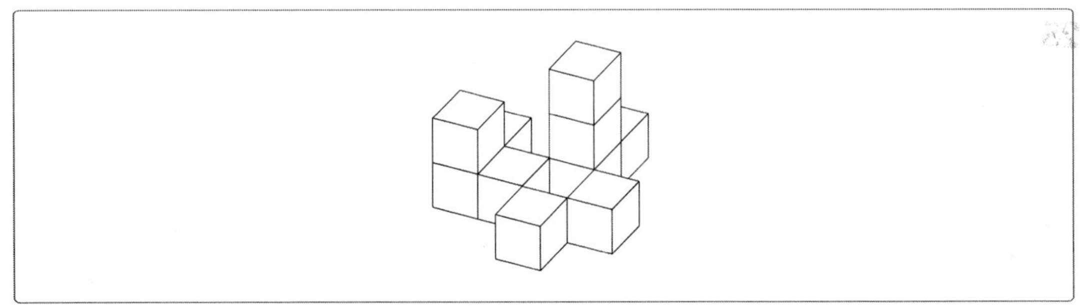

① 52개 ② 54개
③ 56개 ④ 58개

❙ 31~35 ❙ 다음과 같이 쌓인 블록의 바닥면을 제외하고 밖으로 노출된 모든 면에 페인트를 칠하려고 한다. 한 면에만 페인트칠이 되는 블록은 모두 몇 개인지 고르시오.

31

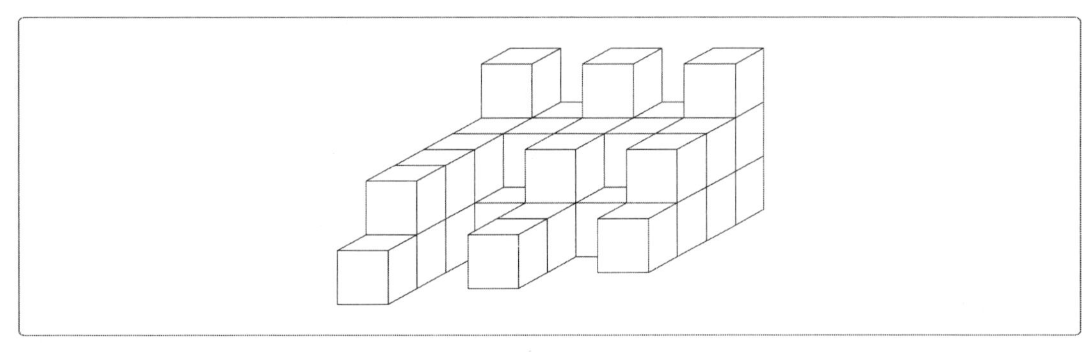

① 7개 ② 8개

③ 9개 ④ 10개

32

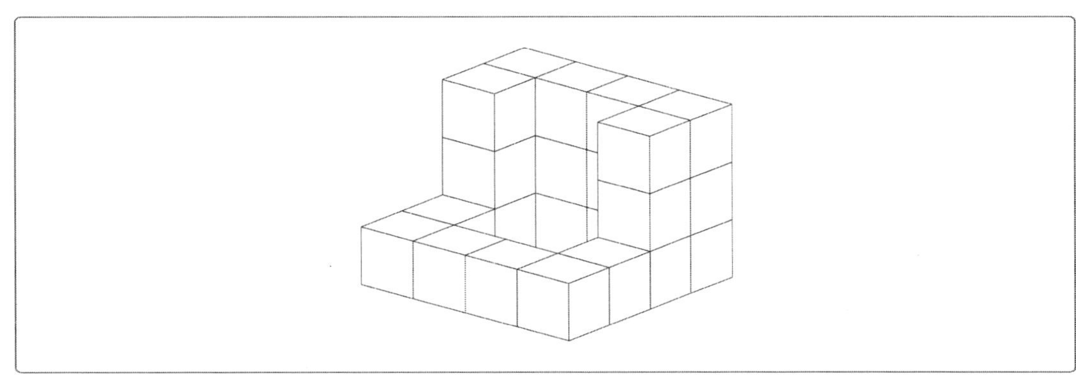

① 0개 ② 3개

③ 5개 ④ 9개

33

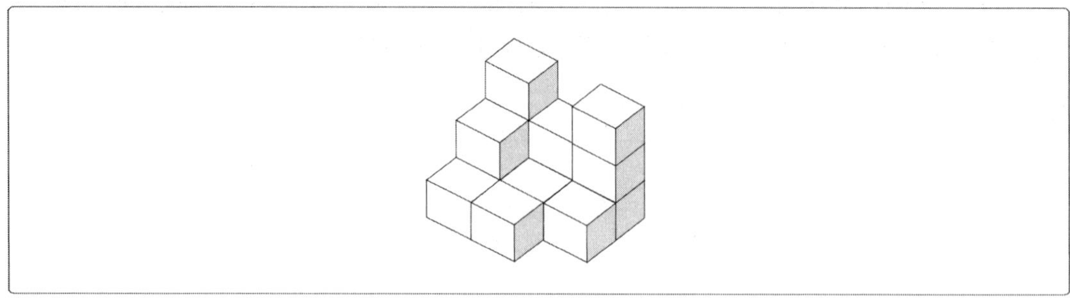

① 0개 ② 1개

③ 2개 ④ 3개

34

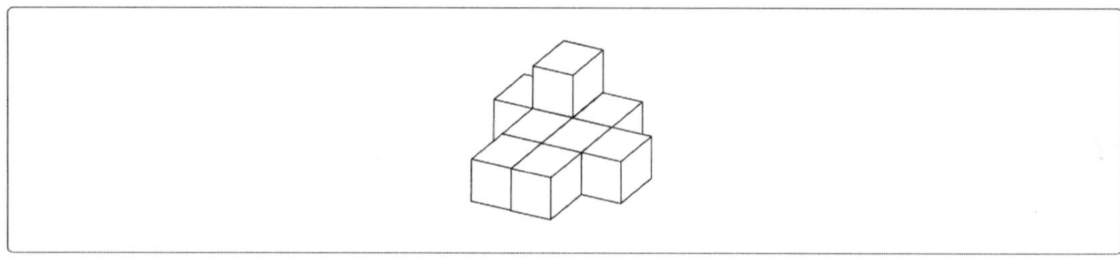

① 0개 ② 1개

③ 2개 ④ 3개

35

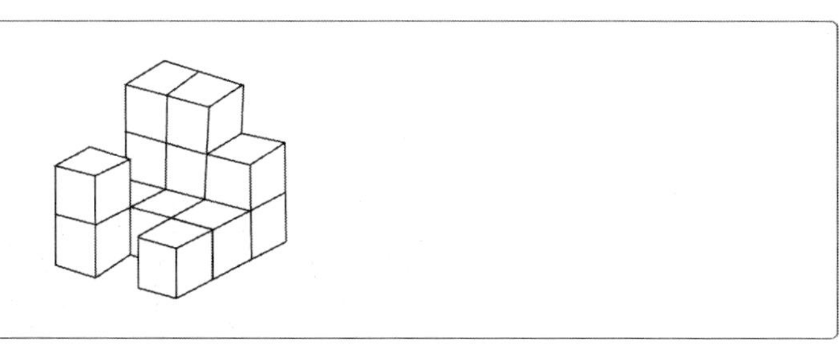

① 0개　　② 1개

③ 2개　　④ 3개

Ⅰ36~40Ⅰ 다음 제시된 그림을 순서대로 연결하시오.

36

① ㉠ － ㉢ － ㉣ － ㉡　　② ㉡ － ㉣ － ㉢ － ㉠

③ ㉡ － ㉠ － ㉣ － ㉢　　④ ㉢ － ㉠ － ㉣ － ㉡

37

㉠ ㉡ ㉢ ㉣

① ㉠ – ㉣ – ㉡ – ㉢　　② ㉡ – ㉢ – ㉠ – ㉣

③ ㉢ – ㉠ – ㉡ – ㉣　　④ ㉣ – ㉠ – ㉡ – ㉢

38

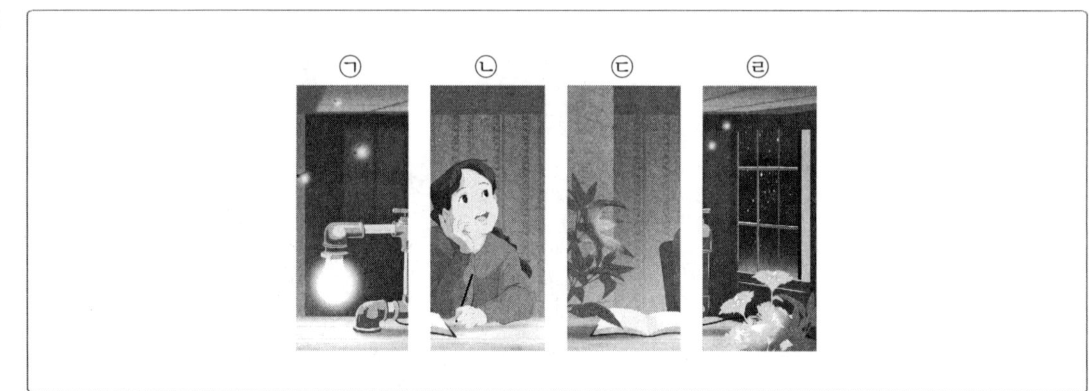

① ㉠ – ㉣ – ㉢ – ㉡　　② ㉡ – ㉠ – ㉢ – ㉣

③ ㉢ – ㉡ – ㉠ – ㉣　　④ ㉣ – ㉠ – ㉡ – ㉢

39

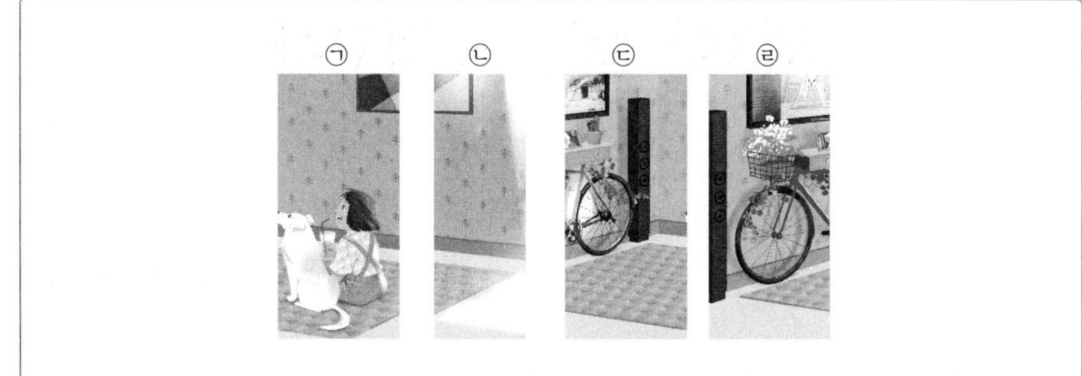

① ㉠ - ㉡ - ㉣ - ㉢　　② ㉣ - ㉢ - ㉡ - ㉠
③ ㉠ - ㉢ - ㉡ - ㉣　　④ ㉣ - ㉢ - ㉠ - ㉡

40

① ㉠ - ㉢ - ㉡ - ㉣　　② ㉡ - ㉢ - ㉣ - ㉠
③ ㉢ - ㉠ - ㉣ - ㉡　　④ ㉣ - ㉠ - ㉢ - ㉡

제3회 실전 모의고사

☞ 정답 및 해설 p.332

01 수리능력

40문항 15분

┃01~10┃ 다음 식을 계산하여 알맞은 답을 고르시오.

01

$$1323 + 23 + 49$$

① 1389　② 1596
③ 1395　④ 1453

02

$$4851 - 496 - 52$$

① 4303　② 4251
③ 4163　④ 4369

03

$$\frac{100^2}{51^2-49^2}\times 50$$

① 2500　② 250
③ 25　④ 25000

04

$$793 + 465 \div 5$$

① 846　② 886
③ 835　④ 879

05

$$\frac{5}{6}+\frac{23}{6}+\frac{8}{6}$$

① 4　② 5
③ 6　④ 7

06

$$\sqrt{6}\times\sqrt{8}\times\sqrt{15}$$

① $9\sqrt{5}$　② $11\sqrt{5}$
③ $12\sqrt{5}$　④ $13\sqrt{5}$

07

$$5^3 \times 2^3 \times 3^3$$

① 21000 ② 25000

③ 34000 ④ 27000

08

$$10_{(2)} + 100_{(2)} + 1000_{(2)}$$

① 11 ② 12

③ 13 ④ 14

09

$$10^3 \times 10^{-1} \times 10^{-2}$$

① 1 ② 10

③ 100 ④ 1000

10

$$65.18 \times 56.14 - 54.84$$

① 1984.5138　② 2654.4868
③ 3604.3652　④ 4238.5485

Ⅰ11～15Ⅰ 다음 계산식의 빈칸에 들어갈 알맞은 수 또는 연산기호를 고르시오.

11

$$32 \times 3 (\quad) 2 - 99 = 93$$

① +　② −
③ ×　④ ÷

12

$$64 \div (\ \ ) - 7 = 1$$

① 2　② 4
③ 6　④ 8

13

$$37{,}850 - (\quad) \times 32 = 33{,}722$$

① 98　② 103
③ 116　④ 129

14

$$15 + 21\,(\quad)\,7 = 18$$

① +　② −
③ ×　④ ÷

15

$$\frac{7}{4} \div (\quad) \times 4.8 = 1.2$$

① 1　② 2
③ 6　④ 7

┃ 16~25 ┃ 다음에 주어진 A와 B값의 대소 관계를 바르게 비교한 것을 고르시오.

16

- A : $\frac{13}{15}$
- B : 0.83

① $A > B$
② $A < B$
③ $A = B$
④ 비교할 수 없다.

17

- A : 144와 256의 최대공약수
- B : 8과 28의 최소공배수

① $A > B$
② $A < B$
③ $A = B$
④ 비교할 수 없다.

18

- A : 초속 11m
- B : 시속 4km

① $A > B$
② $A < B$
③ $A = B$
④ 비교할 수 없다.

19

- A : 오각기둥의 모서리 수
- B : 정육면체의 꼭지점 수와 면 수의 합

① $A > B$　　② $A < B$

③ $A = B$　　④ 비교할 수 없다.

20

- A :$(-2)^2$　　• B : -2^3

① $A > B$　　② $A < B$

③ $A = B$　　④ 비교할 수 없다.

21

- A : $1m/s$　　• B : 3.6㎞$/h$

① $A > B$　　② $A < B$

③ $A = B$　　④ 비교할 수 없다.

22

$a+21=4b$일 때,

- A : $5a-7b-2$
- B : $4a-3b+8$

① $A>B$
② $A<B$
③ $A=B$
④ 비교할 수 없다.

23

- A : 43%
- B : $\frac{13}{30}$

① $A>B$
② $A<B$
③ $A=B$
④ 비교할 수 없다.

24

- A : 5할2푼
- B : $\frac{3}{5}$

① $A>B$
② $A<B$
③ $A=B$
④ 알 수 없다.

25

> a가 양수, b가 음수일 때,
>
> • A : a^2+b^2 • B : $(a+b)^2$

① $A>B$ ② $A<B$

③ $A=B$ ④ 비교할 수 없다.

26 둘레가 6km인 공원을 영수와 성수가 같은 장소에서 동시에 출발하여 같은 방향으로 돌면 1시간 후에 만나고, 반대 방향으로 돌면 30분 후에 처음으로 만난다고 한다. 영수가 성수보다 걷는 속도가 빠르다고 할 때, 영수가 걷는 속도는?

① 6km/h ② 7km/h

③ 8km/h ④ 9km/h

27 어떤 모임에서 참가자에게 귤을 나누어 주는데 1명에게 5개씩 나누어 주면 3개가 남고, 6개씩 나누어주면 1명만 4개보다 적게 받게 된다. 참가자는 적어도 몇 명인가?

① 2인 ② 6인

③ 9인 ④ 10인

28 사무실의 적정 습도를 맞추는데, A가습기는 16분, B가습기는 20분 걸린다. A가습기를 10분 동안만 틀고, B가습기로 적정 습도를 맞춘다면 B가습기 작동시간은?

① 6분 30초
② 7분
③ 7분 15초
④ 7분 30초

29 어떤 물건을 정가에서 20% 할인하여 팔아도, 원가에 대해서는 8%의 이익을 얻고자 한다. 처음 원가에 몇 %의 이익을 붙여서 정가를 매겨야 하는가?

① 15%
② 25%
③ 35%
④ 45%

30 페인트 한 통과 벽지 5묶음으로 51㎡의 넓이를 도배할 수 있고, 페인트 한 통과 벽지 3묶음으로는 39㎡를 도배할 수 있다고 한다. 이때, 페인트 2통과 벽지 2묶음으로 도배할 수 있는 넓이는?

① 45㎡
② 48㎡
③ 51㎡
④ 54㎡

31 서원이의 올해 연봉은 작년에 비해 20% 인상되고 500만 원의 성과급을 받았는데 이 금액은 60%의 연봉을 인상한 것과 같다면 올해 연봉은 얼마인가?

① 1,400만 원
② 1,500만 원
③ 1,600만 원
④ 1,700만 원

32 지호는 600m 트랙을 10바퀴 도는 운동을 하는 데 처음에는 4km/h로 돌고, 두 바퀴를 돌 때마다 2km/h 씩 속력을 높여 돈다. 6바퀴를 돈 후 10분 동안 휴식했다면 지호가 운동한 시간은 얼마인가?

① 52분 12초
② 1시간 2분 2초
③ 1시간 2분 12초
④ 1시간 12분 2초

33 정육면체의 겉넓이가 54cm^2이다. 이 정육면체의 부피는?

① $6\sqrt{6}cm^3$
② $27cm^3$
③ $54cm^3$
④ $64cm^3$

34 357m의 길 양측에 같은 간격으로 나무를 심으려 한다. 7m 간격으로 심을 때 나무는 몇 그루가 필요한가?

① 51그루
② 52그루
③ 102그루
④ 104그루

35 바구니에 4개의 당첨제비를 포함한 10개의 제비가 들어있다. 이 중에서 갑이 먼저 한 개를 뽑고, 다음에 을이 한 개의 제비를 뽑는다고 할 때, 을이 당첨제비를 뽑을 확률은? (단, 한 번 뽑은 제비는 바구니에 다시 넣지 않는다.)

① 0.2
② 0.3
③ 0.4
④ 0.5

36 다음은 2012년부터 2019년까지 초, 중, 고등학생의 사교육 참여율 및 참여시간에 관한 자료이다. 이에 대한 설명으로 옳은 것은?

(단위 : %, 시간)

	계		초등학교		중학교		고등학교	
	참여율	참여시간	참여율	참여시간	참여율	참여시간	참여율	참여시간
2012	69.4	6.0	80.9	7.0	70.6	6.6	50.7	3.9
2013	68.8	5.9	81.8	6.9	69.5	6.5	49.2	3.8
2014	68.6	5.8	81.1	6.6	69.1	6.5	49.5	4.0
2015	68.8	5.7	80.7	6.4	69.4	6.4	50.2	4.1
2016	67.8	6.0	80.0	6.8	63.8	6.2	52.4	4.6
2017	71.2	6.1	82.7	6.7	67.4	6.4	55.9	4.9
2018	72.8	6.2	82.5	6.5	69.6	6.5	58.5	5.3
2019	74.8	6.5	83.5	6.8	71.4	6.8	61.0	5.7

① 2013년과 2015년의 전체 사교육 참여율 및 참여시간이 같다.
② 2016년부터 2018년까지 초등학생의 사교육 참여시간은 늘어나고 있다.
③ 2013년과 2014년 중학생의 사교육 참여율은 같지만 참여시간은 다르다.
④ 2013년부터 고등학생의 사교육 참여율 및 참여시간이 지속적으로 증가하고 있다.

37 아래의 표는 생산 가능한 제품 E, F, G에 관한 정보를 나타낸 것이다. 총 생산시간이 140시간이라고 할 때, 최대한 많은 이익을 얻을 수 있는 제품의 생산량은 얼마인가?

	E	F	G
1제품 당 이익	5만 원	6만 원	4만 원
1제품 생산시간	2시간	4시간	2시간
총 판매가능 상품	20개	40개	30개

① 130만원
② 170만원
③ 200만원
④ 280만원

| 38~39 | 다음은 연도별 최저임금 현황을 나타낸 표이다. 물음에 답하시오.

(단위 : 원, %, 천 명)

구분	2014년	2015년	2016년	2017년	2018년	2019년	2020년
시간급 최저임금	3,770	4,000	4,110	4,320	4,580	4,860	5,210
전년대비 인상률(%)	8.30	6.10	2.75	5.10	6.00	6.10	7.20
영향률(%)	13.8	13.1	15.9	14.2	13.7	14.7	x
적용대상 근로자수	15,351	15,882	16,103	16,479	17,048	17,510	17,734
수혜 근로자수	2,124	2,085	2,566	2,336	2,343	y	2,565

* 영향률 = 수혜 근로자수 / 적용대상 근로자수 × 100

38 2020년 영향률은 몇 %인가?

① 13.5%
② 13.9%
③ 14.2%
④ 14.5%

39 2019년 수혜 근로자수는 몇 명인가?

① 약 234만 3천 명
② 약 256만 5천 명
③ 약 257만 4천 명
④ 약 258만 2천 명

40 다음은 여성의 취업에 대한 설문 조사 결과를 정리한 표이다. 이에 대한 옳은 설명만을 있는 대로 고른 것은?

(단위 : %)

구분		2020년	2025년		
			전체	여성	남성
찬성		85.5	83.8	86.6	80.8
	혼인 전까지만	8.7	4.8	4.0	5.8
	자녀 성장 후	43.2	41.7	40.2	43.3
	가사 일에 관계없이	48.1	53.5	55.8	50.9
	소계	100.0	100.0	100.0	100.0
반대		8.7	9.3	8.0	10.7
모름/무응답		5.8	6.9	5.4	8.5
합계		100.0	100.0	100.0	100.0

㉠ 2020년의 경우 혼인 전까지만 여성의 취업을 찬성하는 응답자와 여성 취업을 반대하는 응답자 수는 같다.

㉡ 2025년의 경우 자녀 성장 후 맞벌이를 희망하는 응답자 비율은 남성이 여성보다 많다.

㉢ 2025년의 경우 가사 일에 관계없이 여성 취업을 찬성하는 남성 응답자 수는 전체 남성 응답자의 절반을 넘지 못한다.

㉣ 2020년에 비해 2025년에는 여성 취업을 찬성하는 응답자 중에서 혼인이나 자녀 양육을 고려하는 응답자의 비율은 감소하였다.

① ㉠㉡ ② ㉡㉢

③ ㉢㉣ ④ ㉠㉡㉣

02 추리능력

40문항 20분

| 01~10 | 다음의 제시된 숫자의 배열을 보고 규칙을 적용하여 "?"에 들어갈 숫자를 고르시오.

01

$$\frac{3}{7} \quad \frac{6}{21} \quad \frac{9}{63} \quad \frac{?}{189}$$

① 19 ② 13
③ 12 ④ 14

02

$$\frac{2}{5} \quad \frac{9}{4} \quad \frac{8}{18} \quad \frac{?}{16}$$

① 22 ② 23
③ 24 ④ 25

03

$$\frac{5}{8} \quad \frac{21}{5} \quad \frac{18}{21} \quad \frac{?}{18}$$

① 32 ② 34
③ 35 ④ 37

04

$$\frac{17}{6} \quad \frac{23}{17} \quad \frac{40}{23} \quad \frac{?}{40}$$

① 57 ② 59

③ 61 ④ 63

05

$$\frac{4}{7} \quad \frac{3}{11} \quad \frac{8}{14} \quad \frac{?}{22}$$

① 11 ② 7

③ 6 ④ 15

06

$$\frac{3}{2} \quad \frac{6}{5} \quad \frac{30}{11} \quad \frac{?}{41}$$

① 330 ② 301

③ 347 ④ 311

07

$$\frac{6}{11} \quad \frac{11}{17} \quad \frac{17}{28} \quad \frac{?}{45}$$

① 19
② 22
③ 26
④ 28

08

$$\frac{1}{4} \quad \frac{4}{5} \quad \frac{5}{9} \quad \frac{9}{?}$$

① 11
② 12
③ 13
④ 14

09

$$\frac{4}{3} \quad \frac{7}{4} \quad \frac{11}{7} \quad \frac{18}{?}$$

① 11
② 12
③ 13
④ 14

10

$$\frac{1}{4} \quad \frac{7}{3} \quad \frac{12}{8} \quad \frac{22}{?}$$

① 16 ② 18
③ 20 ④ 22

| 11~15 | 다음은 일정한 규칙으로 나열된 문자이다. 빈칸에 들어갈 알맞은 문자를 고르시오.

11

A − K − G − Q − M − ?

① R ② S
③ U ④ W

12

C − C − F − I − O − ?

① W ② X
③ Y ④ Z

13

B－G－K－N－P－?

① T
② S
③ R
④ Q

14

ㄱ－ㄷ－ㅂ－ㅇ－ㅋ－?

① ㅋ
② ㅌ
③ ㅍ
④ ㅎ

15

ㄱ－ㄱ－ㄴ－ㄷ－ㅁ－ㅇ－?

① ㅊ
② ㅋ
③ ㅌ
④ ㅍ

❙ 16~18 ❙ 다음의 밑줄 친 수들의 규칙을 파악하여 빈칸에 들어갈 알맞은 수를 고르시오.

16

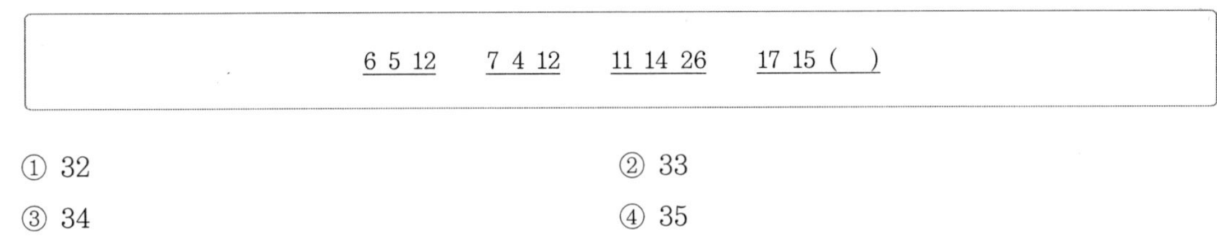

6 5 12　　7 4 12　　11 14 26　　17 15 (　)

① 32　　② 33

③ 34　　④ 35

17

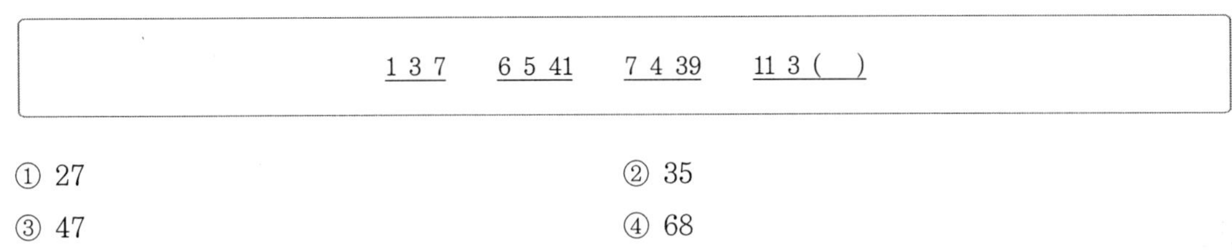

1 3 7　　6 5 41　　7 4 39　　11 3 (　)

① 27　　② 35

③ 47　　④ 68

18

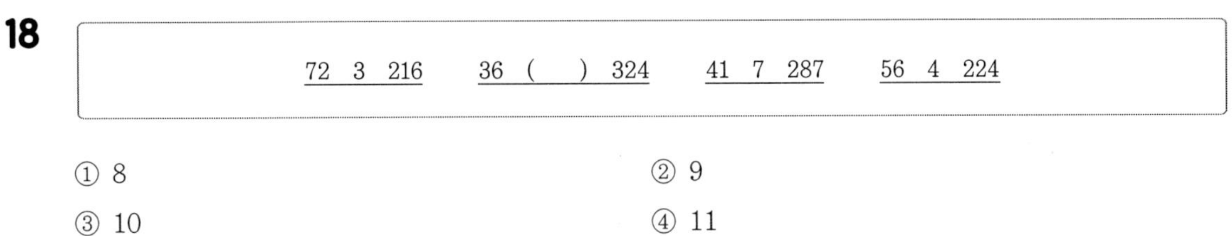

72 3 216　　36 (　) 324　　41 7 287　　56 4 224

① 8　　② 9

③ 10　　④ 11

▌19~20▐ 다음에 주어진 연산기호의 규칙을 파악하여 빈칸에 들어갈 알맞은 수를 고르시오.

19

> 23⊕8＝3　　11⊕14＝1　　4⊕30＝2　　25⊕7＝(　　)

① 0　　② 1

③ 2　　④ 3

20

> 5◍9＝22　11◍2＝17　21◍4＝79　(8◍6)◍2＝(　　)

① 50　　② 64

③ 79　　④ 81

| 21~25 | 다음 중 나머지 보기와 다른 하나를 고르시오.

21 ① 조쭈조쭈 ② 도투도투
③ 보푸보푸 ④ 고쿠고쿠

22 ① 1379 ② 가다사자
③ 라바차타 ④ HJNQ

23 ① ⅣⅦⅨⅫ ② 0369
③ ILOR ④ ㄹㅅㅊㅍ

24 ① 2468 ② filo
③ MPSV ④ ㄷㅂㅈㅌ

25 ① 37BF ② DHLP
③ hjmq ④ ㄱㅁㅈㅍ

| 26~30 | 다음 도형들의 일정한 규칙을 찾아 빈칸에 들어갈 도형을 고르시오.

26

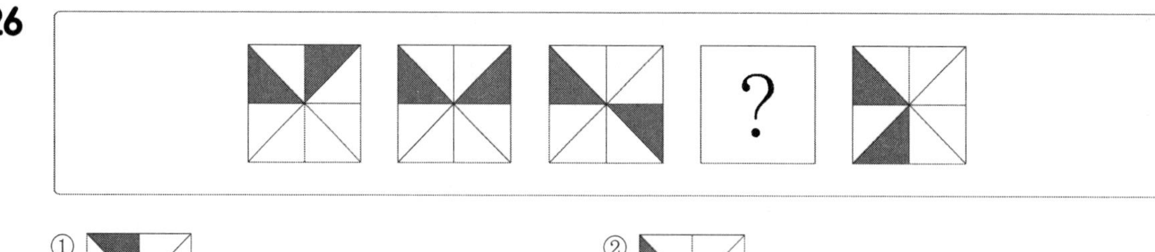

① ②

③ ④

27

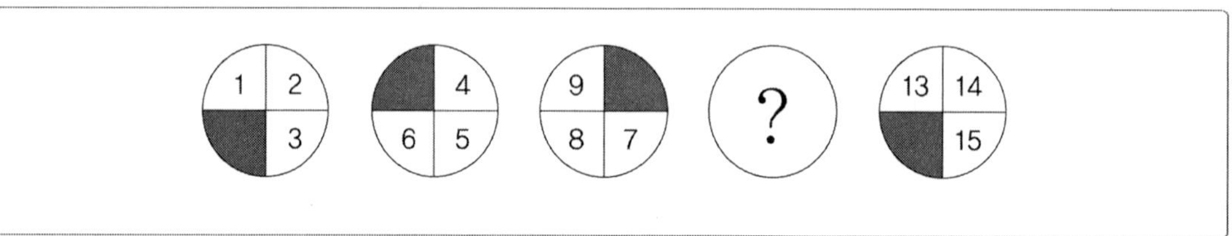

① 1 2 4

② 16 17 18

③ 6 4 1

④ 11 12 10

28

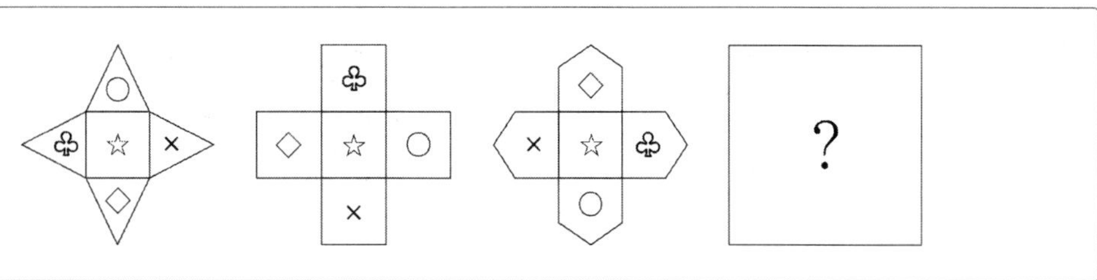

①

② 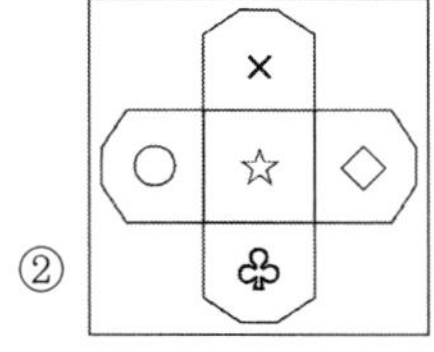

③ 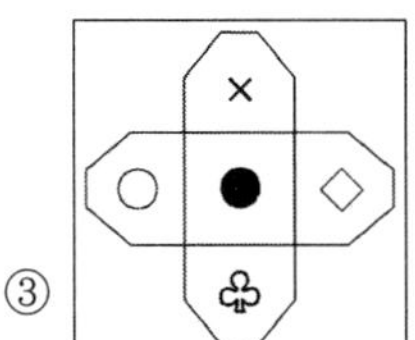

④ 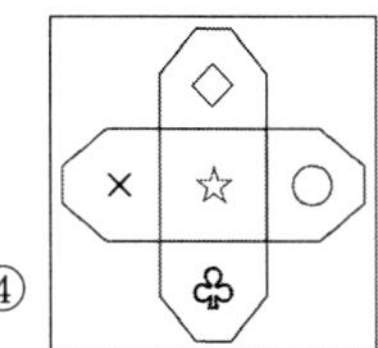

29

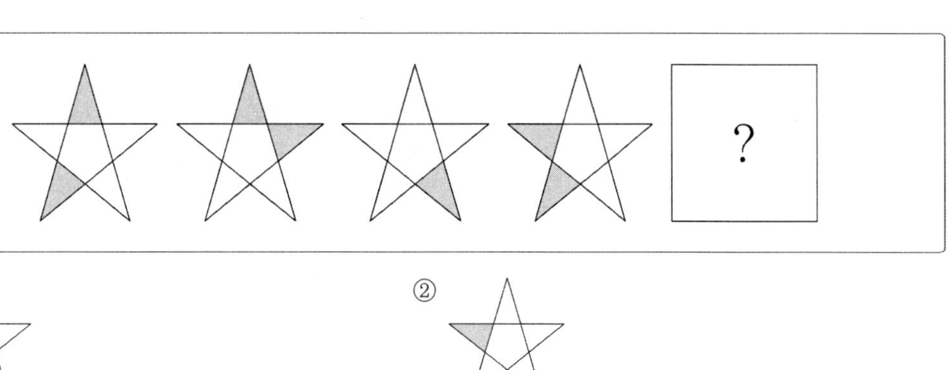

① 

② 

③ 

④ 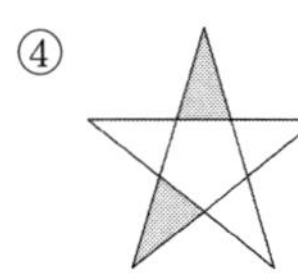

30

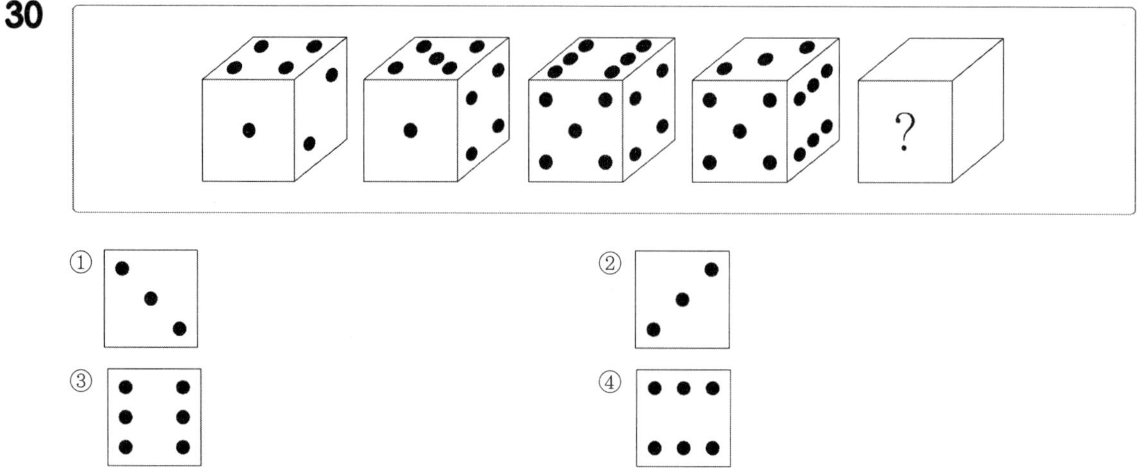

31 그림과 같이 마찰이 없는 수평면상의 물체에 수평 방향으로 힘 F가 작용할 때 물체의 가속도는 a이다. 이 물체에 2F의 힘이 수평 방향으로 작용할 때 물체의 가속도는?

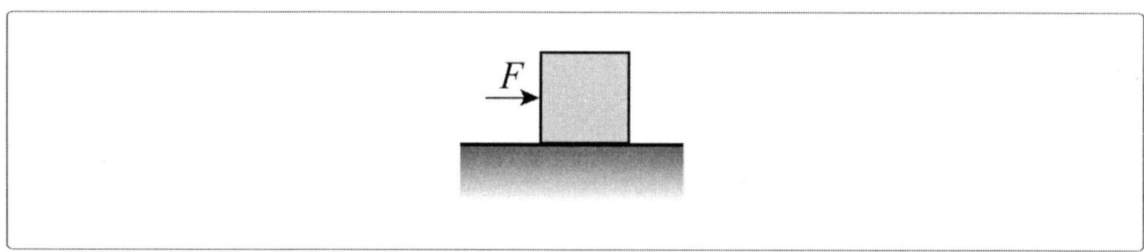

① $\frac{1}{2}a$　　② a

③ $2a$　　④ $4a$

32 어떤 전기 기구를 220V에서 1시간 사용했을 때 소비 전력량은 100Wh이다. 이 전기 기구를 4시간 사용했을 때 소비 전력량은?

① 25Wh ② 50Wh
③ 200Wh ④ 400Wh

33 다음에서 파동의 에너지가 전달되어 일어나는 현상을 모두 고른 것은?

> ㉠ 전자레인지로 음식을 데운다.
> ㉡ 낙숫물이 처마 밑 콘크리트에 홈을 만든다.
> ㉢ 오디오를 크게 틀면 창문이 흔들리며 진동한다.
> ㉣ 태권도 선수가 두꺼운 벽돌을 주먹으로 쳐서 깬다.

① ㉠㉡ ② ㉠㉢
③ ㉡㉣ ④ ㉢㉣

34 그림은 전압 V의 전원에 전기 저항 2Ω, 3Ω의 전구 A, B를 직렬로 연결한 회로를 나타낸 것이다. 전구 A, B의 소비 전력의 비는?

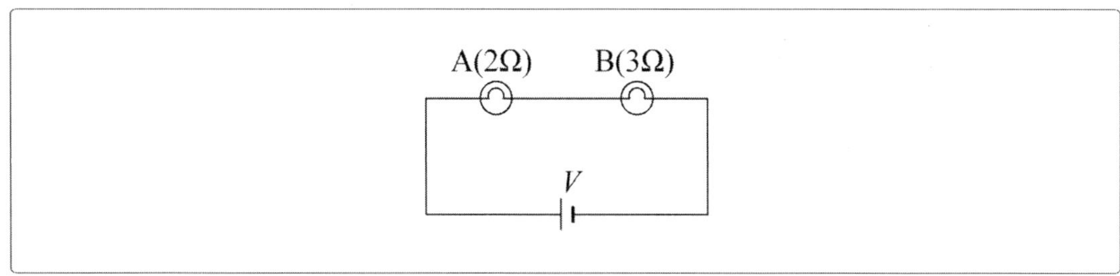

① 1 : 1 ② 1 : 2
③ 2 : 1 ④ 2 : 3

35 저항 5Ω에 10V의 전압이 걸릴 경우 회로에 흐르는 전류의 세기는?

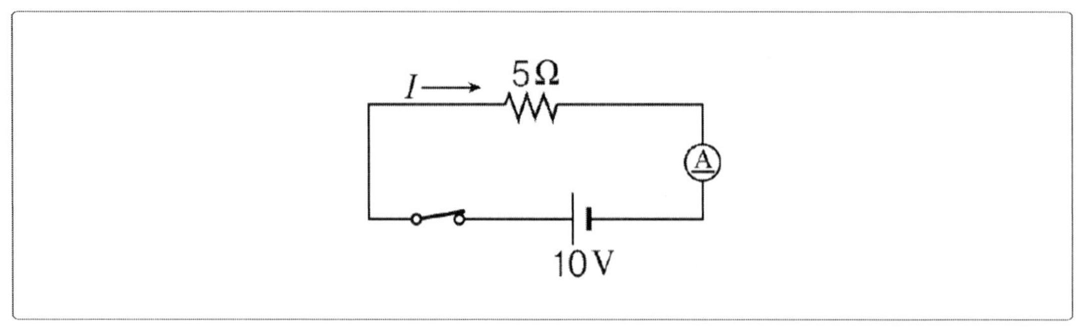

① 2A
② 5A
③ 10A
④ 50A

36 질량이 1kg, 2kg, 3kg인 물체 A~C가 같은 높이 h에 있을 때, 각각의 물체에 작용하는 중력의 크기가 가장 큰 것은?

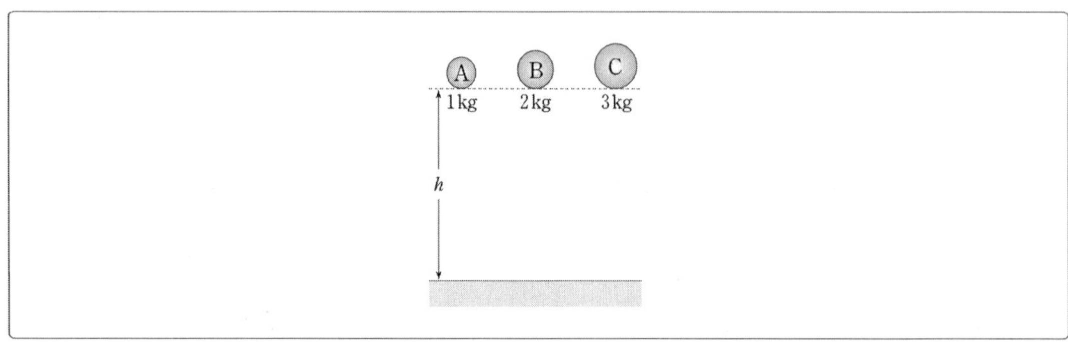

① A
② B
③ C
④ 모두 같다

37 다음 중 볼록렌즈에 의한 빛의 굴절을 바르게 그린 것을 고르면?

①
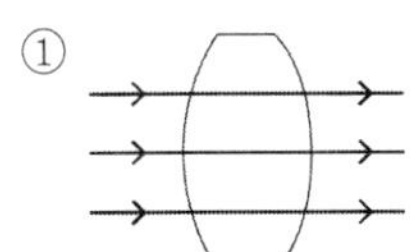

②
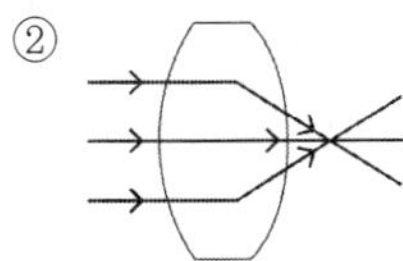

③
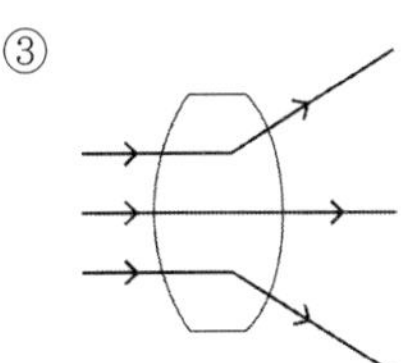

④
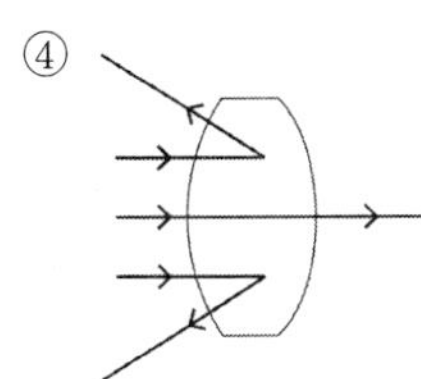

38 다음의 〈보기〉에서 과학적으로 정의한 일이 0이 아닌 것을 있는 대로 고른 것은?

> 〈보기〉
> ㉠ 영희가 움직이지 않는 벽에 힘을 주어 민다.
> ㉡ 철수가 물체를 들고 수평 방향으로 이동시킨다.
> ㉢ 민수가 물체를 연직 방향으로 들어올린다.

① ㉠
② ㉡
③ ㉢
④ ㉠㉡

39 **사과, 미적분, 광학이론의 세 단어에서 유추할 수 있는 과학자의 이론과 관련된 것이 아닌 것은?**

① 로켓을 발사할 때 뒤로 연료를 분사하면서 날아간다.

② 사과가 빨간 이유는 안토시안이라는 색소를 가지고 있기 때문이다.

③ 이불의 먼지를 두르려 턴다.

④ 태양광을 프리즘을 통해 단색광으로 분해하였다가 다시 합침으로써 태양광은 여러 종류의 단색광이 합쳐져 있음을 증명하였다.

40 **다음 두 가지 힘의 공통점으로 적절한 것은?**

- 전기를 띤 물체 사이에 작용하는 힘
- 자석과 자석 또는 자석과 금속 사이에 작용하는 힘

① 지구와 달에서 힘의 크기가 다르다.

② 두 물체가 멀어질수록 힘이 약해진다.

③ 서로 접촉할 때만 작용한다.

④ 외부의 힘에 반대방향으로 작용한다.

03 **지각능력**

440문항 10분

▌01~20▐ 다음에 주어진 문자의 좌우가 서로 같으면 ①, 다르면 ②를 고르시오.

01

눈이올때는서행을합시다	눈이올때는서행을합시다

① 같다 ② 다르다

02

servameservabote	servameservavote

① 같다 ② 다르다

03

스트레칭은혈액순환에도움을줍니다	스트레칭은혈액순한에도음을줍니다

① 같다 ② 다르다

04

교통이혼잡하니대중교통을이용	교통이혼잡하니대중교통을이용

① 같다　　② 다르다

05

홈페이지에서확인하시기바랍니다	홈페이지에소확인하시기버랍니다

① 같다　　② 다르다

06

VEGWEGQWERCGH	VEGWEGQWERCGH

① 같다　　② 다르다

07

1616111116666161616	1616111616666161611

① 같다　　② 다르다

08

☏★●□℃←→↔▼▽▲△※	☏★●□℃←→↔▼▽▲△※

① 같다 ② 다르다

09

신념을가지고도전하는사람	신념을각지고도전하는바람

① 같다 ② 다르다

10

☺☹☺😐☹😐☹☹☺😐	☺☹☺😐☹😐☹☹☺😐

① 같다 ② 다르다

11

Look what I've found!	Book that I've found!

① 같다 ② 다르다

12

지현우이민기고수강동원원빈	지현우이만기고수방동원원빈

① 같다 ② 다르다

13

AFdjgEgblWfgnwH	AFdjgEgblWfgnwH

① 같다 ② 다르다

14

높고푸른하늘시원한바람	높고푸른하늘시원한바람

① 같다 ② 다르다

15

STEFRTYEEAH	STEFRTYEEAH

① 같다 ② 다르다

16

325453365757547	325453265757447

① 같다　　② 다르다

| 17~18 | 다음 주어진 두 문자에서 같은 곳의 개수를 고르시오.

17

あなたにいねわなに	あなたのゆめはなに

① 3개　　② 4개
③ 5개　　④ 6개

18

1247ㄱㄴㄷㄹㅁㄷㅎㄷㅈ	1356ㄱㄴㄷㄹㅁㄷㅇㄴㅈ

① 5개　　② 6개
③ 7개　　④ 8개

| 19~20 | 다음 중 제시된 보기와 같은 것을 고르시오.

19

구밀복검(口蜜腹劍)

① 구밀복검(口蜜腹儉)　　② 구밀복검(九蜜腹劍)
③ 고밀복검(口蜜腹劍)　　④ 구밀복검(口蜜腹劍)

20

■스□무▽함★라◇미◆개▶인

① ■스□무▽함★라◇민◆개▶인
② ■스■무▽함★라◇미◆개▶인
③ ■스□무▽함★라◇미◆개▶인
④ ■스□무▽함★랑◇미◆개▶인

| 21~25 | 다음에 주어진 블록의 개수를 구하시오.

21

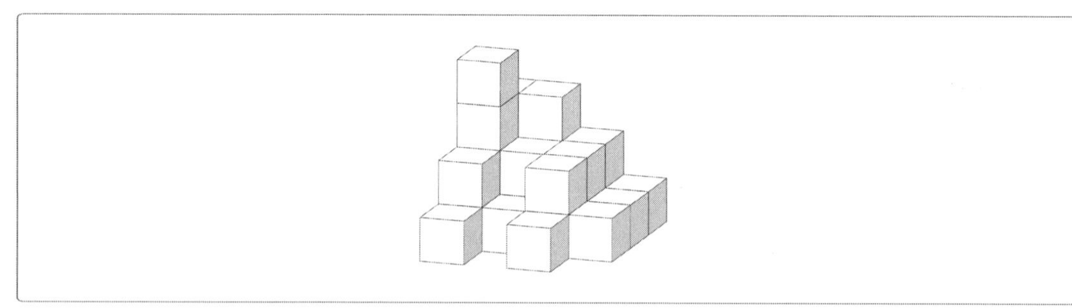

① 24개
② 25개
③ 26개
④ 27개

22

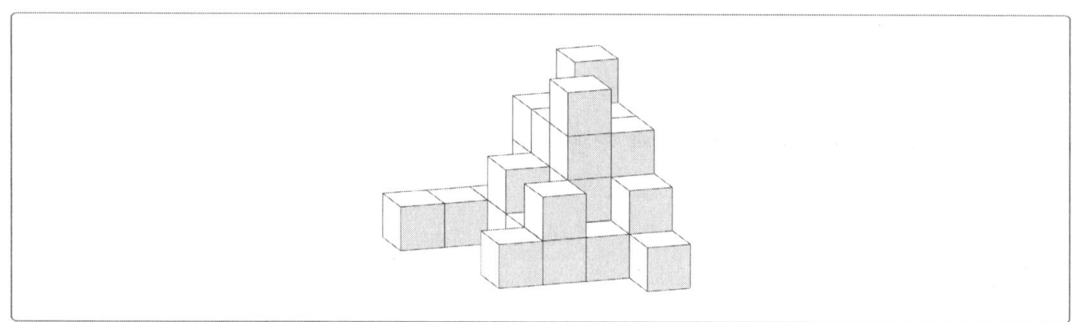

① 30개
② 31개
③ 32개
④ 33개

23

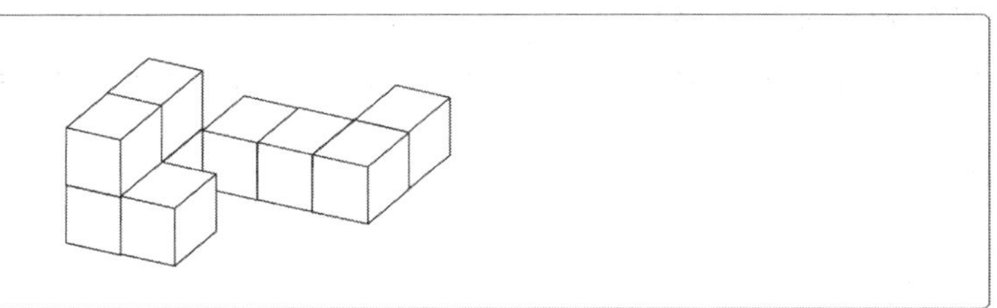

① 7개
② 8개
③ 9개
④ 10개

24

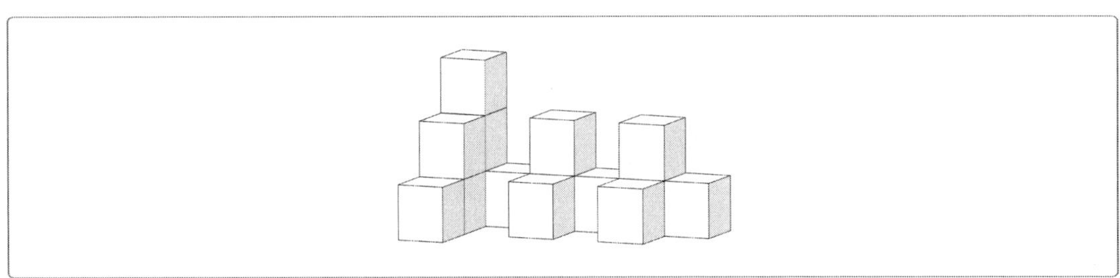

① 13
② 14
③ 15
④ 16

25

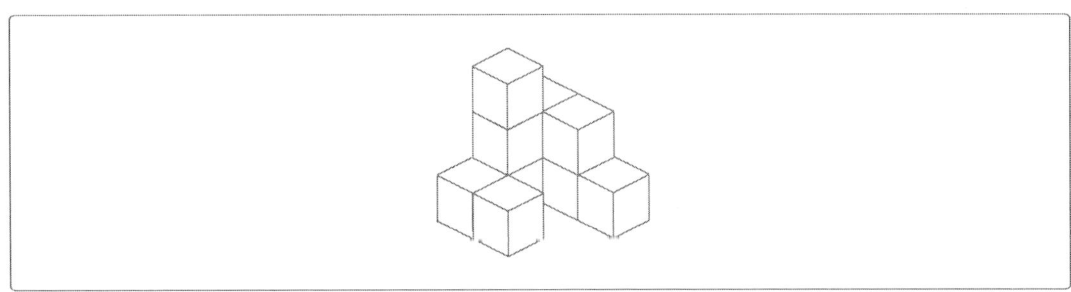

① 6개
② 8개
③ 10개
④ 12개

Ⅰ26~30Ⅰ 주어진 블록의 모양은 그대로 두고 최소한의 블록을 더 추가해서 정육면체로 만들려고 한다. 몇 개의 블록이 더 필요한지 고르시오. (단, 모든 블록의 크기와 모양은 같다)

26

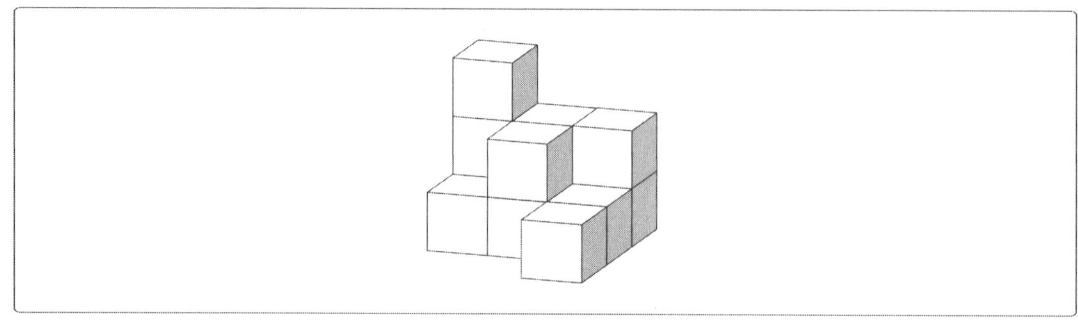

① 14개　　② 15개

③ 16개　　④ 17개

27

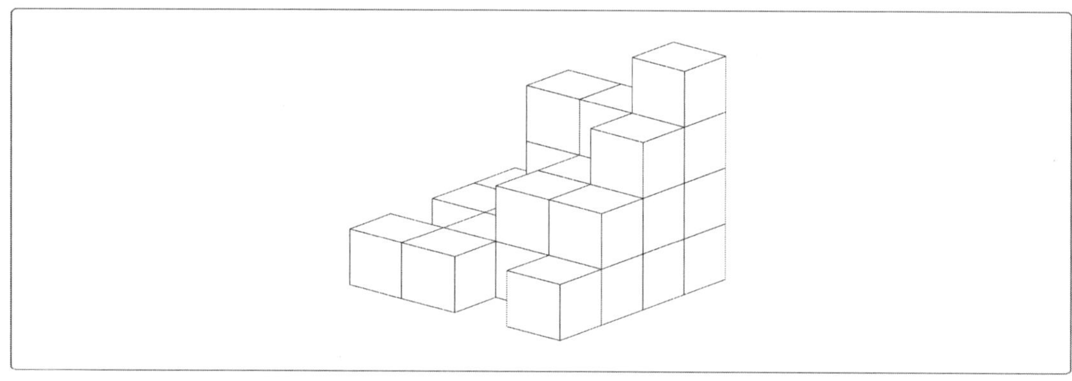

① 35개　　② 36개

③ 37개　　④ 38개

28

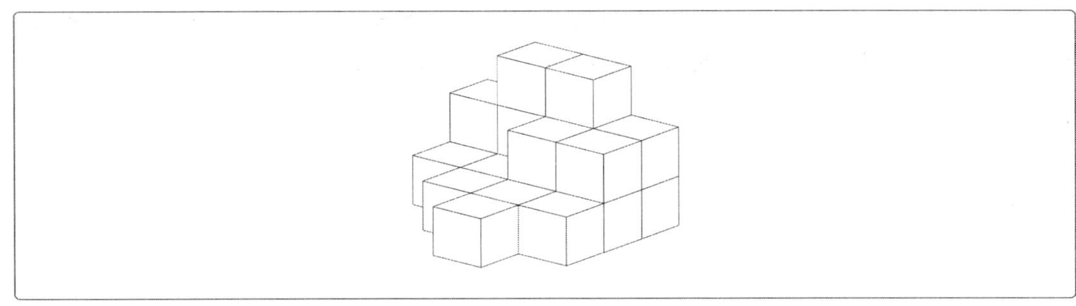

① 42개 ② 44개
③ 46개 ④ 48개

29

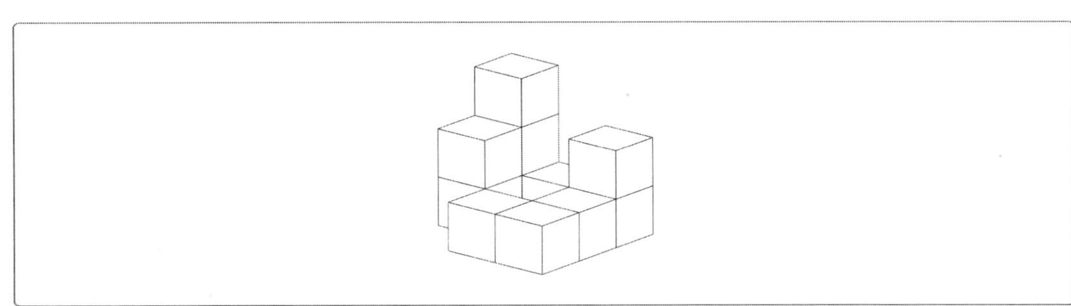

① 15개 ② 16개
③ 17개 ④ 18개

30

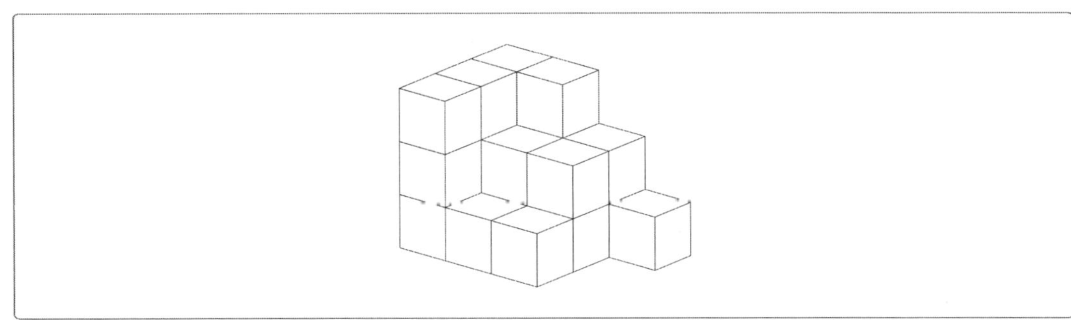

① 40개 ② 41개
③ 42개 ④ 43개

▌31~35▐ 다음과 같이 쌓인 블록의 바닥면을 제외하고 밖으로 노출된 모든 면에 페인트를 칠하려고 한다. 한 면에만 페인트칠이 되는 블록은 모두 몇 개인지 고르시오.

31

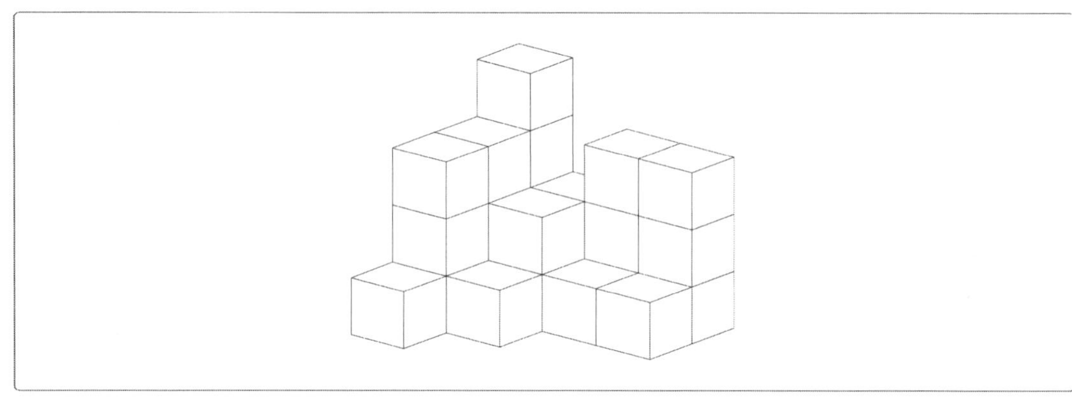

① 3개　　② 4개
③ 5개　　④ 6개

32

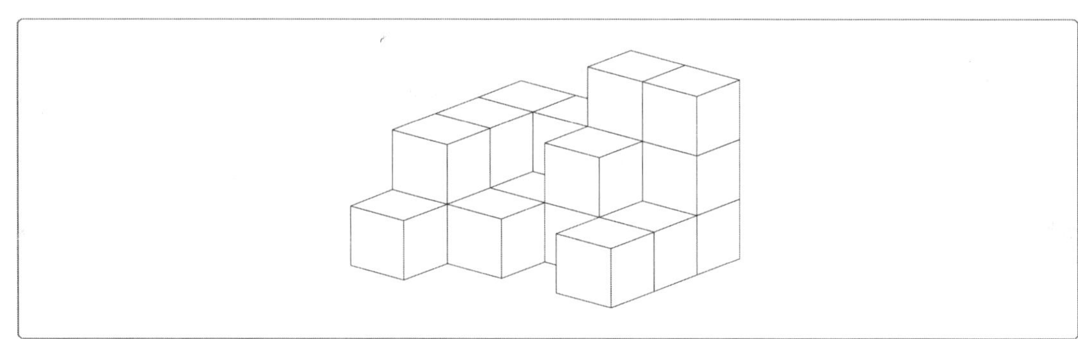

① 7개　　① 8개
③ 9개　　④ 10개

33

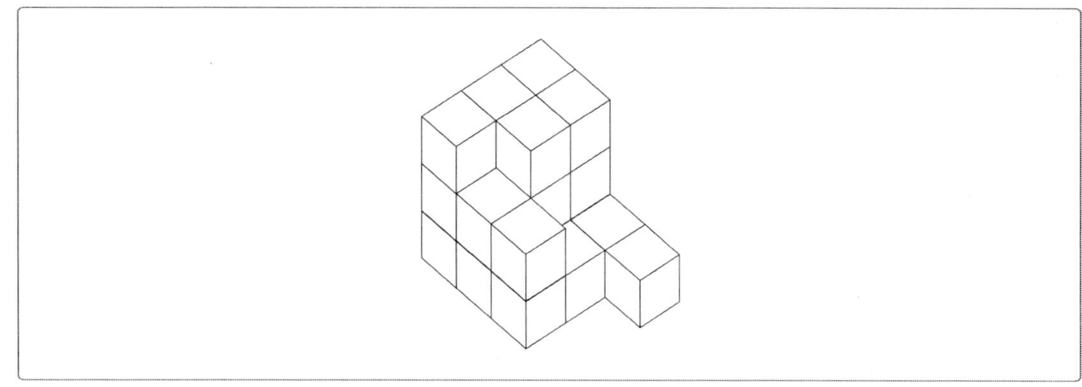

① 4개 ② 5개
③ 6개 ④ 7개

34

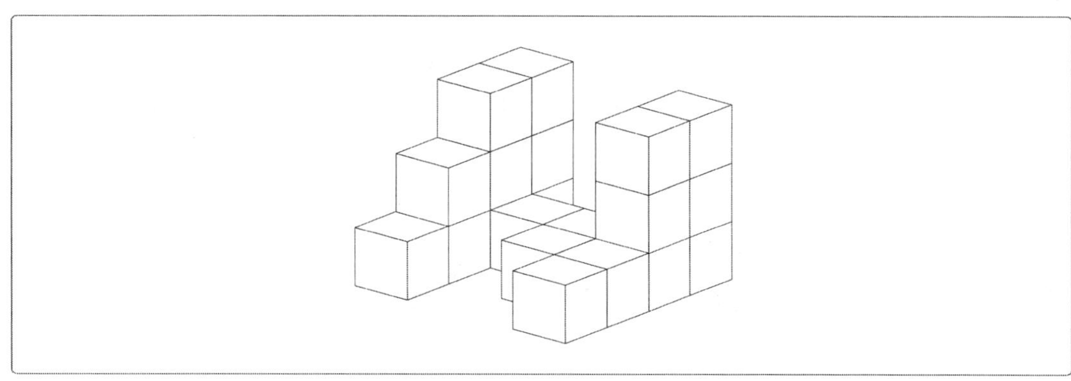

① 0개 ② 1개
③ 2개 ④ 3개

35

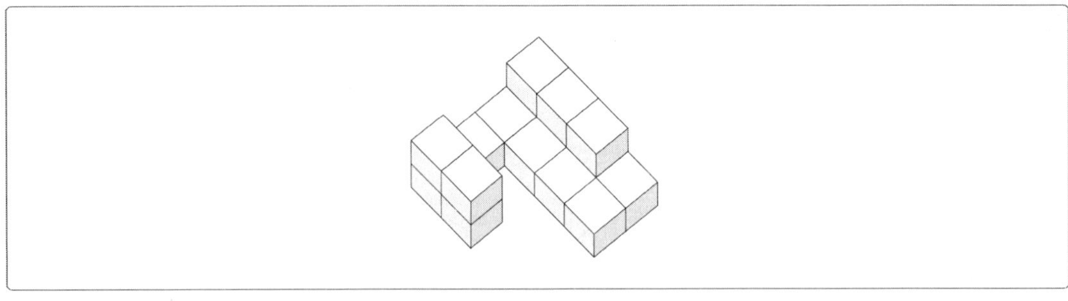

① 1개　　② 2개

③ 3개　　④ 4개

| 36~40 | 다음 제시된 그림을 순서대로 연결하시오.

36

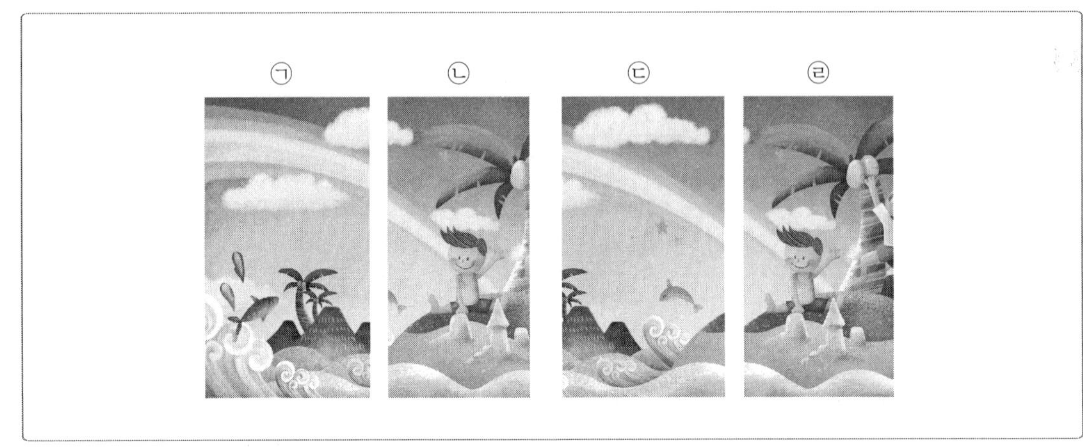

① ㉠ – ㉡ – ㉢ – ㉣　　② ㉡ – ㉠ – ㉢ – ㉣

③ ㉠ – ㉢ – ㉡ – ㉣　　④ ㉣ – ㉠ – ㉡ – ㉢

37

㉠ ㉡ ㉢ ㉣

① ㉠ – ㉣ – ㉢ – ㉡
② ㉠ – ㉡ – ㉣ – ㉢
③ ㉡ – ㉣ – ㉢ – ㉠
④ ㉡ – ㉠ – ㉣ – ㉢

38

① ㉡ – ㉠ – ㉢ – ㉣
② ㉡ – ㉣ – ㉢ – ㉠
③ ㉣ – ㉠ – ㉡ – ㉢
④ ㉣ – ㉡ – ㉠ – ㉢

39

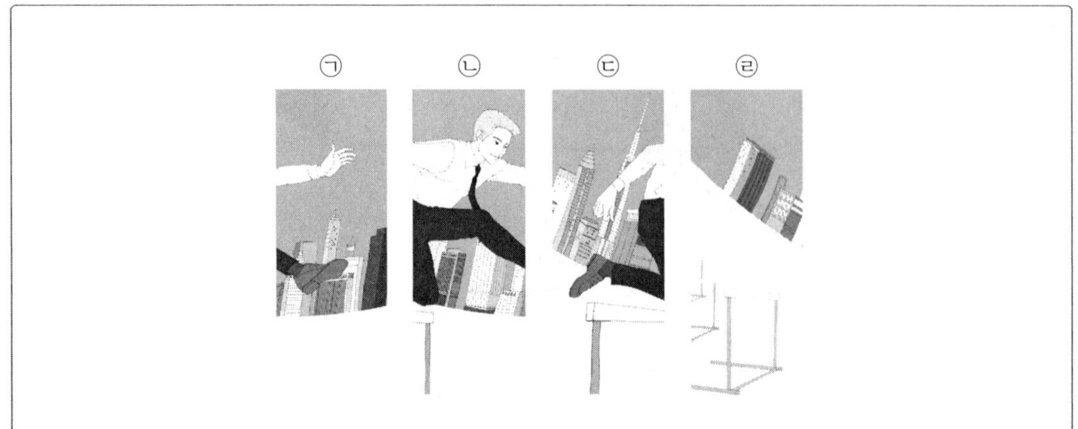

① ㉠ – ㉢ – ㉣ – ㉡

② ㉡ – ㉢ – ㉣ – ㉠

③ ㉢ – ㉠ – ㉡ – ㉣

④ ㉣ – ㉢ – ㉡ – ㉠

40

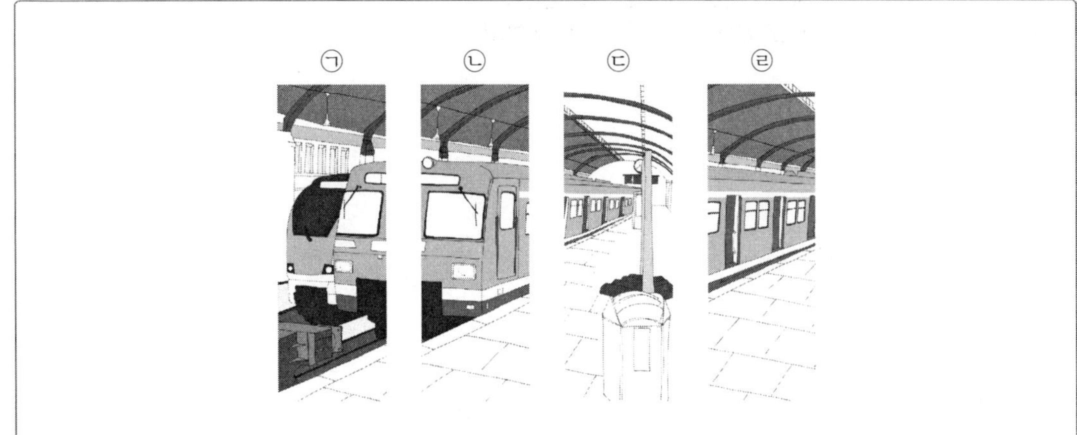

① ㉠ - ㉡ - ㉣ - ㉢

② ㉠ - ㉣ - ㉢ - ㉡

③ ㉡ - ㉠ - ㉣ - ㉢

④ ㉡ - ㉣ - ㉠ - ㉢

CHAPTER 04

정답 및 해설

제1회 제1회 모의고사

수리능력

01	02	03	04	05
③	③	①	②	④
06	07	08	09	10
③	①	④	②	④
11	12	13	14	15
②	①	④	①	③
16	17	18	19	20
②	④	①	②	①
21	22	23	24	25
④	①	③	①	②
26	27	28	29	30
②	②	④	③	②
31	32	33	34	35
③	④	③	①	②
36	37	38	39	40
①	②	③	④	②

01 ③

$$3253 \times \frac{1}{1000} = 3.253$$

02 ③

$21.5 - 0.75 = 20.75$

03 ①

$0.98-0.23=0.75$

04 ②

$8400 \times 0.3=2,520$

05 ④

$$\frac{4}{9}-\frac{7}{3}=-\frac{17}{9}$$

06 ③

$2^3 \times 3^4 \times 4 = 2592$

07 ①

$\sqrt{16} + \sqrt{144} - \sqrt{169} = 3$

08 ④

$-6 \times -8 \times 2 = 96$

09 ②

$$\frac{5}{8} \times 7 \times \frac{2}{7} = \frac{5}{4}$$

10 ④

$\frac{8}{7}\times\frac{3}{5}\times\frac{1}{14}=\frac{12}{245}$

11 ②

1800 ÷ (30) = 60

12 ①

$79\times24\div(8)=237$

13 ④

(58) − 18 = 40

14 ①

135 ÷ (3) + 5 = 50

15 ③

15 × (8) − 30 = 90

16 ②

23 × 7 (−) 61 = 100

17 ④

2×3278−1978=6556−1978=4578

18 ①

A : $\frac{5690}{10000}$, B : $\frac{569}{10000}$

∴ A 〉 B

19 ②

6m/s는 21.6km/h이므로 A 〈 B이다.

20 ①

A : 20개, B : 12개

∴ A > B

구분	정사면체	정육면체	정팔면체	정십이면체	정이십면체
면	4	6	8	12	20
꼭짓점	4	8	6	20	12
모서리	6	12	12	30	30

21 ④

$2a-3b<7$

$A-B=2a-3b+7<14$

∴ A와 B의 대소를 비교할 수 없다.

22 ①

$A=\frac{23}{5}=\frac{92}{20}, B=\frac{17}{4}=\frac{85}{20}$

∴ $A>B$

23 ③

$\frac{6}{15}=\frac{2}{5}=0.4$

∴ $A=B$

24 ①

A : $(-2)^2=4$ B : $4^{\frac{1}{2}}=\sqrt{4}=2$

∴ A > B

25 ②

A : $480 = 2^5 \times 3 \times 5$, $360 = 2^3 \times 3^2 \times 5$이므로 이 둘의 최대공약수는 $2^3 \times 3 \times 5 = 120$

B : $48 = 2^4 \times 3$, $64 = 2^6$이므로 이 둘의 최소공배수는 $2^6 \times 3 = 192$

$\therefore$ A < B

26 ②

- 정육면체 B의 높이를 x라 하면, $22 \times x = 110$, $\therefore\ x = 5$㎝
- 정육면체의 높이가 B와 같으므로 부피를 구하면, $21 \times 4 \times 5 = 420$㎤

27 ②

$A^3 = 125$, $A = 5$

정육면체의 겉넓이는 $6A^2$이므로,

$B = 6 \times 25 = 150$

$\therefore \dfrac{A}{B} = \dfrac{5}{150} = \dfrac{1}{30}$

28 ④

- A나무는 7m마다 심었으므로 71그루, B나무는 9m마다 심었으므로 55그루를 심었다.
- 새로 심은 C나무 수를 x라 하면, $2(x+71+55) = 342$, $\therefore\ x = 45$그루
- C나무의 간격을 y라 하면, $y = 500 \div 45$, $\therefore\ y = 11$m

29 ③

- 첫 번째로 흰 종이를 뽑을 확률 = $\dfrac{6}{9}$
- 두 번째로 검은 종이를 뽑을 확률 = $\dfrac{3}{8}$

$\therefore \dfrac{6}{9} \times \dfrac{3}{8} = \dfrac{1}{4}$

30 ②

전체 응시자의 평균을 x라 하면 합격자의 평균은 $x+25$, 불합격자의 평균은 전체 인원 30명의 총점에서 합격자 20명의 총점을 빼준 값에 불합격자 수 10명으로 나누어야 하므로

$\dfrac{30x - 20 \times (x+25)}{10} = x - 50$

커트라인은 전체 응시자의 평균보다 5점이 낮고 또한 불합격자의 평균 점수의 2배보다 2점이 낮으므로 $x - 5 = 2(x-50) - 2$

$x = 97$

커트라인을 구해야 하므로 $97 - 5 = 92$점

31 ③

연속한 세 자연수를 $x-1$, x, $x+1$이라고 할 때, $2x - 2 + x + x + 1 = 51$이므로 $x = 13$이다. 연속하는 세 숫자 중 가장 큰 숫자는 13 + 1 = 14이다.

32 ④

햄버거 수 : x 핫도그 수 : $3x$

$(x \times 3000) + (3x \times 1500) = 30,000$

$3000x + 4500x = 30,000$

$x = 4$

33 ③

$600cm = 60m, 500cm = 5m$이므로 $6 \times 5 = 30m^2$이다.

34 ①

$x=$ 집과 공원 사이의 거리, 시간$=\frac{거리}{속력}$

걸어서 간 시간이 전기 자전거를 타고 간 시간보다 길기 때문에

$\frac{x}{4}$(걸어서 간 시간) − $\frac{x}{20}$(전기자전거를 타고 간 시간) = 1

$\therefore \frac{4x}{20}=1, x=5$

35 ②

$_5C_2=\frac{5!}{2!\times(5-2)!}=\frac{5\times4\times3\times2\times1}{2\times1\times3\times2\times1}$

$=10$(가지)

36 ①

TV로 얻을 수 있는 전체 상금은 다음과 같다.
10,000,000×1+5,000,000×2+1,000,000×10+100,000×100+10,000×1,000=50,000,000원이다. 그러므로 쿠폰 한 장의 기댓값은 50,000,000/10,000이므로 5,000원이 된다.

37 ②

실험결과에 따르면 민주가 여자를 여자로 본 사람이 49명 중에 34명, 남자를 남자로 본 사람이 51명 중에 35명이므로 100명중에 69명의 성별을 정확히 구분했다.

$\therefore \frac{34+35}{100}\times100=69(\%)$

38 ③

수정이는 오전 7시 43분에 G역에 도착했으므로, 열차번호가 '가1972'인 임시 급행열차를 타면 된다. 임시 급행열차를 타고 H역에서 내리면 오전 7시 54분이다. 그 후 최대한 빠른 하행 Q역 셔틀을 탑승할 예정이라고 했으므로 H역에서 오전 9시 10분에 출발하는 열차번호 '가7009' 셔틀을 타는 것이 가장 적절한 선택이다.

39 ④

열차번호	변경 전 출발시간	증감	변경 후 출발시간
가7006	Q역 08:35	−29분	Q역 08:06
가7012	Q역 11:05	+12분	Q역 11:17
가7016	Q역 13:00	−9분	Q역 12:51
가7024	Q역 16:36	−6분	Q역 16:30

따라서 출발시간의 변경 증감이 가장 큰 상행 Q역 셔틀은 '가7006'이다.

40 ②

㉠ 할인 전 금액 : 2,800원(김부장님)+3,800원(유과장님)+3,500원(신대리님)+4,200원(정대리님)+3,000원(Y씨)=17,300원

㉡ 할인된 금액 : 금액이 10,000원 이상이므로 회원카드 제시하고 1,000원 할인하면 16,300원이다. 적립금이 2,000점 이상인 경우 현금처럼 사용가능하다고 했으나, 타 할인 적용 후 최종 금액의 10%까지만 사용가능하다고 했으므로 16,300원의 10%는 1,630원이다. 100원 단위로만 사용가능하므로 16,300원에서 1,600원을 할인 받으면 14,700원을 지불해야 한다.

추리능력

01	02	03	04	05
①	②	③	①	④
06	07	08	09	10
③	④	②	②	①
11	12	13	14	15
①	②	②	①	④
16	17	18	19	20
③	④	②	④	①
21	22	23	24	25
④	④	②	④	①
26	27	28	29	30
②	①	③	④	④
31	32	33	34	35
③	④	①	④	④
36	37	38	39	40
③	①	②	④	①

01 ①

처음 수부터 +1, +2, +3, +4, …의 규칙을 따르고 있다.

따라서 빈칸에 들어갈 수는 22+6=28

02 ②

369와 213의 관계를 보면 $369-213=156$ → 369에서 156을 뺀 수가 213이 된다.

$213-135=78$ → 213에서 78을 뺀 수가 135가 된다.

$135-96=39$ → 135에서 39를 뺀 수가 96이 된다.

여기서 보면 처음 156을 2로 나눈 수가 순차적으로 차감되는 것을 알 수 있다.

그러므로 39를 2로 나눈 수가 96에서 차감된 수가 정답이 된다.

03 ③

첫 항을 $\frac{A}{B}$, 다음 항을 $\frac{C}{D}$ 라고 할 때,

$\frac{C}{D}=\frac{B+7}{A+3}$의 규칙으로 전개되고 있다.

$\therefore \frac{18+7}{23+3}=\frac{25}{26}$

04 ①

첫 항을 $\frac{A}{B}$, 다음 항을 $\frac{C}{D}$라고 할 때,

$\frac{C}{D}=\frac{B+A}{A}$의 규칙으로 전개되고 있다.

$\therefore \frac{2+5}{5}=\frac{7}{5}$

05 ④

4의 순차적인 곱셈만큼 증가하게 되는데 +4, +8, +12, +16의 규칙이므로 그 다음의 수는 53에 20을 더한 73이다.

06 ③

첫 항을 $\frac{A}{B}$, 다음 항을 $\frac{C}{D}$라고 할 때,

$\frac{C}{D}=\frac{B}{B+A}$의 규칙으로 전개되고 있다.

$\therefore \frac{17}{17+12}=\frac{17}{29}$

07 ④

첫 항을 $\frac{A}{B}$, 다음 항을 $\frac{C}{D}$라고 할 때,

$\frac{C}{D}=\frac{A\times B}{A+B}$의 규칙으로 전개되고 있다.

$\therefore \frac{6\times 5}{6+5}=\frac{30}{11}$

08 ②

첫 항을 $\frac{A}{B}$, 다음 항을 $\frac{C}{D}$라고 할 때,

$\frac{C}{D}=\frac{B+11}{A-1}$의 규칙으로 전개되고 있다.

$\therefore \frac{12+11}{25-1}=\frac{23}{24}$

09 ②

첫 항을 $\frac{A}{B}$, 다음 항을 $\frac{C}{D}$라고 할 때,

$\frac{C}{D}=\frac{B-A}{A\times B}$의 규칙으로 전개되고 있다.

$\therefore \frac{6-5}{5\times 6}=\frac{1}{30}$

10 ①

첫 항을 $\frac{A}{B}$, 다음 항을 $\frac{C}{D}$라고 할 때,

$\frac{C}{D}=\frac{(A+B)+1}{A+B}$의 규칙으로 전개되고 있다.

$\therefore \frac{18+17+1}{18+17}=\frac{36}{35}$

11 ①

한글 자음을 순서대로 숫자에 대입하면 다음 표와 같다.

ㄱ	ㄴ	ㄷ	ㄹ	ㅁ	ㅂ	ㅅ	ㅇ	ㅈ	ㅊ	ㅋ	ㅌ	ㅍ	ㅎ
1	2	3	4	5	6	7	8	9	10	11	12	13	14

짝수 번째 한글 자음이 순서대로 나열되고 있으므로 빈칸에 들어갈 문자는 'ㅊ'이다.

12 ②

한글 자음의 순서에 숫자를 대입하면 다음과 같다.

ㄱ(1) – ㄷ(3) – ㄹ(4) – ㅇ(8) – ㅅ(7) – ㅍ(13) – (?)

홀수 항은 +3, 짝수 항은 +5씩 증가한다. 따라서 빈칸에 들어갈 문자는 7+3=10(ㅊ)이다.

13 ②

한글 자음과 알파벳을 순서대로 숫자에 대입하면 다음 표와 같다.

ㄱ	ㄴ	ㄷ	ㄹ	ㅁ	ㅂ	ㅅ	ㅇ	ㅈ	ㅊ	ㅋ	ㅌ	ㅍ	ㅎ
1	2	3	4	5	6	7	8	9	10	11	12	13	14

A	B	C	D	E	F	G	H	I	J	K	L	M
1	2	3	4	5	6	7	8	9	10	11	12	13
N	O	P	Q	R	S	T	U	V	W	X	Y	Z
14	15	16	17	18	19	20	21	22	23	24	25	26

4의 배수 자리에 있는 한글 자음과 알파벳이 번갈아가며 순서대로 나열되고 있다. 빈칸에 들어갈 문자는 한글 자음 'ㅌ(12)'이다.

14 ①

알파벳을 순서대로 숫자에 대입하면 다음 표와 같다.

A	B	C	D	E	F	G	H	I	J	K	L	M
1	2	3	4	5	6	7	8	9	10	11	12	13
N	O	P	Q	R	S	T	U	V	W	X	Y	Z
14	15	16	17	18	19	20	21	22	23	24	25	26

분자는 + 2씩 증가하며 분모는 + 3씩 증가하므로 빈칸에 들어갈 문자는 $\frac{G}{K}\left(\frac{7}{11}\right)$이다.

15 ④

알파벳과 한글 자음을 순서대로 숫자에 대입하면 다음 표와 같다.

A	B	C	D	E	F	G	H	I	J	K	L	M
1	2	3	4	5	6	7	8	9	10	11	12	13
N	O	P	Q	R	S	T	U	V	W	X	Y	Z
14	15	16	17	18	19	20	21	22	23	24	25	26

ㄱ	ㄴ	ㄷ	ㄹ	ㅁ	ㅂ	ㅅ	ㅇ	ㅈ	ㅊ	ㅋ	ㅌ	ㅍ	ㅎ
1	2	3	4	5	6	7	8	9	10	11	12	13	14

분자는 알파벳 – 한글 – 알파벳 – 한글 순이며 – 1씩 감소하고 있고 분모는 한글 – 알파벳 –한글 – 알파벳 순이며 + 1씩 증가하고 있으므로 빈칸에 들어갈 문자는 $\frac{ㅋ}{F}\left(\frac{11}{6}\right)$이다.

16 ③

규칙성을 찾으면 첫 번째 숫자+두 번째 숫자+두 번째 숫자=마지막 숫자가 된다.

따라서 13+24+24=61

∴( )안에 들어갈 숫자는 61이다.

17 ④

규칙성을 찾으면 (첫 번째 숫자×두 번째 숫자)+3=마지막 숫자가 된다.

따라서 7×9+3=66

∴( )안에 들어갈 숫자는 66이다.

18 ②

규칙성을 찾으면 (첫 번째 숫자–두 번째 숫자)×7=마지막 숫자가 된다.

따라서 (10–6)×7=28

∴( )안에 들어갈 숫자는 28이다.

19 ④

첫째 수를 둘째 수로 거듭제곱하여 1을 뺀 값이 셋째 수가 된다.

$2^3-1=7, 3^4-1=80$

$\therefore 4^2-1=15$

20 ①

첫째 수를 둘째 수로 거듭제곱한 것이 분모가 되며 첫째 수와 둘째 수를 더한 값이 분자가 된다.

$\frac{3+2}{3^2}=\frac{5}{9}, \frac{4+3}{4^3}=\frac{7}{64}$

$\therefore \frac{5+2}{5^2}=\frac{7}{25}$

21 ④

기호의 규칙을 찾으면 두 수를 더한 값이 분모로 가고 연산기호에서 두 번째 있는 숫자가 분자로 간다.

5*2를 풀이해보면, 5+2=7이고 연산기호에서 두 번째 있는 숫자는 2이므로 $\frac{2}{7}$이다.

22 ④

기호의 규칙을 찾으면 두 수를 곱한 값에 2를 더하면 된다.

9◇5를 풀이해보면, 9×5+2=47이다.

23 ②

기호의 규칙을 찾으면 23▲62의 경우 $2^3+6^2=44$가 된다.

따라서 42▲92는 4^2+9^2이므로 빈칸에 들어갈 수는 97이다.

24 ④

알파벳, 한글 자음, 천간, 무지개 색깔을 순서대로 숫자에 대입하면 다음 표와 같다.

A	B	C	D	E	F	G	H	I	J	K	L	M
1	2	3	4	5	6	7	8	9	10	11	12	13
N	O	P	Q	R	S	T	U	V	W	X	Y	Z
14	15	16	17	18	19	20	21	22	23	24	25	26

ㄱ	ㄴ	ㄷ	ㄹ	ㅁ	ㅂ	ㅅ	ㅇ	ㅈ	ㅊ	ㅋ	ㅌ	ㅍ	ㅎ
1	2	3	4	5	6	7	8	9	10	11	12	13	14

갑	을	병	정	무	기	경	신	임	계
1	2	3	4	5	6	7	8	9	10

빨	주	노	초	파	남	보
1	2	3	4	5	6	7

①②③의 경우 1436의 숫자와 일치하며 ④의 경우만 1234의 숫자와 일치한다.

25 ①

알파벳의 순서대로 숫자에 대입하면 다음 표와 같다.

A	B	C	D	E	F	G	H	I	J	K	L	M
1	2	3	4	5	6	7	8	9	10	11	12	13
N	O	P	Q	R	S	T	U	V	W	X	Y	Z
14	15	16	17	18	19	20	21	22	23	24	25	26

②③④의 경우 2씩 차이나고 ①의 경우 5씩 차이난다.

26 ②

숫자는 1씩 증가한다. 알파벳과 한글자음을 순서대로 숫자에 대입할 때 알파벳은 2씩 증가하고 한글자음은 3씩 증가한다.

A	B	C	D	E	F	G	H	I	J	K	L	M
1	2	3	4	5	6	7	8	9	10	11	12	13
N	O	P	Q	R	S	T	U	V	W	X	Y	Z
14	15	16	17	18	19	20	21	22	23	24	25	26

ㄱ	ㄴ	ㄷ	ㄹ	ㅁ	ㅂ	ㅅ	ㅇ	ㅈ	ㅊ	ㅋ	ㅌ	ㅍ	ㅎ
1	2	3	4	5	6	7	8	9	10	11	12	13	14

27 ①

도형이 시계 반대 방향으로 움직이고 있다.

28 ③

도형 안의 별 모양의 기호는 고정되어 있으며 나머지 기호들이 반시계 방향으로 이동한다.

29 ④

처음에 제시된 기호 중 하나만 제시된 것이 다음 순서에서 세 개로 변하고 있으며 하나만 제시된 기호의 위치는 시계 방향으로 움직인다.

30 ④

1열에서 원에 있는 선분의 개수에서 2열의 원에 있는 선분의 수를 더한 것이 3열에서 선분의 수가 된다.

31 ③

$F = ma = 10 \times 2 = 20(\mathrm{N})$

32 ④

전류의 열작용

㉠ 니크롬선과 같은 저항체에 전류가 흘러 열이 발생하는 작용으로 전기 에너지가 열에너지로 변한다.

㉡ 종류 : 전기밥솥, 전기장판, 전기다리미, 전기난로, 스팀청소기 등

33 ①

중력 … 물체에 작용하는 지구의 인력으로 무게라고도 한다.

34 ④

㈎는 고정 도르래이며, ㈏는 움직도르래 1개와 고정도르래 1개로 이루어져 있으므로

㈎ : 당긴 힘(80N), 당긴 줄의 길이(2m), 한 일의 양(80 × 2 = 160J)

㈏ : 당긴 힘(80 × $\frac{1}{2}$ = 40N), 당긴 줄의 길이(2 × 2 = 4m), 한 일의 양(40 × 4 = 160J)

35 ④

$\text{에너지효율} = \frac{\text{전환된 에너지}}{\text{공급된 에너지}} \times 100$이므로

$\frac{40\mathrm{J}}{x} = 0.2 \quad \therefore x = \frac{40}{0.2} = 200\mathrm{J}$

36 ③

기호가 만수를 30N의 힘으로 당기면, 반작용으로 만수도 기호를 30N의 힘으로 당긴다. 따라서 만수의 가속도는 뉴턴의 운동 제 2법칙에 의해 다음과 같다.

$F = ma \rightarrow a = \frac{F}{m} = \frac{30N}{60kg} = 0.5m/s^2$

37 ①

$\mathrm{R}(\text{저항}) = \frac{V(\text{전압})}{I(\text{전류의 세기})}$, 800mA = 0.8A

$\therefore R = \frac{220\,V}{0.8A} = 275\Omega$

38 ②

전구가 모두 하나로 같을 때 전압이 클수록 전력이 커져 밝아지므로 가장 밝은 회로는 직렬로 전지가 많이 연결된 B이며, 가장 오래 켤 수 있는 회로는 병렬로 전지가 많이 연결된 D이다.

39 ④

V(전압) = R(저항) × I(전류의 세기), 200mA = 0.2mA

$\therefore 40\,\Omega \times 0.2mA = 8\,V$이다.

40 ①

병렬 연결에서의 합성저항은

$$\frac{R_1 \times R_2}{R_1 + R_2} = \frac{200}{30} = \frac{20}{3}$$

$$\text{전체전류(I)} = \frac{\text{전체전압}(V)}{\text{합성저항}(R)} = \frac{220\,V}{\frac{20}{3}\Omega} = 33\text{A}$$

지각능력

01	02	03	04	05
①	①	①	②	①
06	07	08	09	10
②	①	①	②	②
11	12	13	14	15
③	④	②	①	①
16	17	18	19	20
③	④	④	②	④
21	22	23	24	25
③	①	④	③	③
26	27	28	29	30
④	①	④	②	①
31	32	33	34	35
①	①	②	②	③
36	37	38	39	40
①	③	③	④	②

01 ①

주어진 두 문자의 배열이 같다.

02 ①

주어진 두 문자의 배열이 같다.

03 ①

두 문자는 서로 일치한다.

04 ②

WGHERHDVBFH　　　　WGHERH**R**VB**C**H

05 ①

주어진 두 문자의 배열이 같다.

06 ②

あは**ほ**おけすいえ　　　あは**が**おけすいえ

07 ①

주어진 두 문자의 배열이 같다.

08 ①

주어진 두 문자의 배열이 같다.

09 ②

신책구천문묘산궁지리
신책구천문묘산웅지리

10 ②

전승공기고지족원운지
전승공지고지족원군지

11 ③

★●◎◆▲△■◑◐　　　★●◎◆△△■◑◉

12 ④

오☏늘도 좋♤은 하♪루 보내세요
오☏늘만 좋♤은 하♬루 보내셔요

13 ②

Look back at your past
Look back at your pest

14 ①

주어진 두 문자의 배열이 같다.

15 ①

주어진 두 문자의 배열이 같다.

16 ③

☰☷☴☳☵　　　☰☷☴☳☰

17 ④

≫≪≫≫≪≪≫≪　　　≫≪≪≫≪≪≫≪

18 ④

Turn in your paper　Turn in your papor

19 ②

① 9909909090900 – 9909999090909
②의 경우 두 문자의 배열이 같다.
③ 갸자아다다댜푸지야충투 – 갸자아다다댜포지야충퉁
④ 家娜茶螺馬事牙自 – 家工茶螺馬事句自

20 ④

④ 700000707070 – 700000777000

21 ③

바닥면부터 블록의 개수를 세어보면,
13+11+4+2=30(개)

22 ①

바닥면부터 블록의 개수를 세어 보면,
8 + 3 + 2 = 13개이다.

23 ④

바닥면부터 블록의 개수를 세어 보면, 13 + 5 + 1 = 19개이다.

24 ③

바닥면부터 블록의 개수를 세어 보면, 11 + 5 + 2 = 18개이다.

25 ③

바닥면부터 블록의 개수를 세어 보면, 11 + 3 + 1 = 15개이다.

26 ④

3×3×3 정육면체(블록 27개)를 만들 수 있다. 주어진 블록이 총 10개이므로 필요한 블록은 17개이다.

27 ①

3 × 3 × 3 정육면체(블록 27개)를 만들 수 있다. 주어진 블록은 13개이므로 14개의 블록이 더 필요하다.

28 ④

2 × 2 × 2 정육면체(블록 8개)를 만들 수 있다. 주어진 블록은 4개이므로 4개의 블록이 더 필요하다.

29 ②

4 × 4 × 4 정육면체(블록 64개)를 만들 수 있다. 주어진 블록은 21개이므로 43개의 블록이 더 필요하다.

30 ①

3×3×3 정육면체(블록 27개)를 만들 수 있다. 주어진 블록이 총 11개이므로 필요한 블록은 16개이다.

31 ①

밖으로 노출된 면이 1면인 블록을 찾아야 한다. 맨 아래층 블록부터 순서대로 다음과 같은 개수의 면이 밖으로 노출되어 페인트가 칠해진다.

	3	3	
3	0	2	
3	1	2	4

,

4
4

32 ①

밖으로 노출된 면이 1면인 블록을 찾아야 한다. 맨 이래층 블록부디 순시대로 다음과 길은 개수의 면이 밖으로 노출되어 페인트가 칠해진다.

2	3	2
3		3
	4	3

,

3
4

5

5

33 ②

밖으로 노출된 면이 1면인 블록을 찾아야 한다. 맨 아래층 블록부터 순서대로 다음과 같은 개수의 면이 밖으로 노출되어 페인트가 칠해진다.

3	1	3
1	0	1
3	1	3

,

	4	
4	0	4
	4	

,

5

34 ②

①의 경우 색칠된 부분이 다르며, ③, ④의 경우 도형안의 기호가 일치하지 않는다.

35 ③

②의 경우 색칠된 부분이 다르며, ①, ④의 경우 직사각형 안의 도형이 다르다.

36 ①

제시된 그림을 반시계방향으로 90° 회전시킨 것이다.

37 ③

우산과 구름의 모양을 기준으로 연결한다.

38 ③

버스의 모양을 기준으로 연결한다.

39 ④

종이비행기의 모양을 기준으로 연결한다.

40 ②

달의 모양을 기준으로 연결한다.

제2회 실전 모의고사

수리능력

01	02	03	04	05
③	①	②	②	④
06	07	08	09	10
②	③	④	①	②
11	12	13	14	15
①	②	④	④	③
16	17	18	19	20
②	①	①	②	①
21	22	23	24	25
③	②	①	①	③
26	27	28	29	30
②	③	④	④	④
31	32	33	34	35
②	②	④	②	①
36	37	38	39	40
①	④	④	②	②

01 ③

③ $498+78-60.1=515.9$

02 ①

① $0.63\times4.8\times7.88=23.82912$

03 ②

$$\frac{\frac{1}{1+1}}{\frac{1}{1+2+3}}=\frac{\frac{1}{2}}{\frac{1}{6}}=\frac{6}{2}=3$$

$\therefore\ 3+2=5$

04 ②

② $8^3-6^2+3^4\ =\ 557$

05 ④

④ $\sqrt{8}\times\sqrt{6}\times\sqrt{7}=4\sqrt{21}$

06 ②

② $\frac{3}{8}\times\frac{4}{17}\times6=\frac{9}{17}$

07 ③

③ $6.486\div1.2\div5=1.081$

08 ④

④ $1581\times35\times22=1217370$

09 ①

① $77+888+9999=10964$

10 ②

② $248-378-468=-598$

11 ①

$36\times(5)-53=127$

12 ②

$102\,(\ -\ )\ 35\ =67$

13 ④

$19\ \times\ (32)\ +\ 16\ =\ 624$

14 ④

$26 \times 35\,(\div)\,5 = 182$

15 ③

$72-(25)\times2+3.5=25.5$

16 ②

$A: \frac{4}{7}=\frac{4000}{7000}$

$B: 0.789=\frac{5523}{7000}$

$\therefore A < B$

17 ①

$A: \frac{3}{4}=\frac{15}{20}$

$B: \frac{2}{5}=\frac{8}{20}$

$\therefore A > B$

18 ①

$A: \frac{4}{11}=0.3636\cdots$

$B: 0.347$

$\therefore A > B$

19 ②

$A-B=4a+5b+5-(3a+3b+10)=a+2b-5$
$=4-5=-1<0$

$\therefore A<B$

20 ①

$A: 5^2<29<6^2 \Rightarrow 5<\sqrt{29}<6$
$\Rightarrow 4<\sqrt{29}-1<5$

$B: 3^3<60<4^3 \Rightarrow 3<\sqrt[3]{60}<4$

$\therefore A > B$

21 ③

A : (1, 1, 1, 2), (1, 1, 2, 1), (1, 2, 1, 1), (2, 1, 1, 1) 4가지

B : (6, 6, 6, 5), (6, 6, 5, 6), (6, 5, 6, 6), (5, 6, 6, 6) 4가지

$\therefore A = B$

22 ②

A : $585=3^2\times5\times13$, $208=2^4\times13$이므로 두 수의 최대공약수는 13이다.

B : $154=2\times7\times11$, $66=2\times3\times11$이므로 두 수의 최대공약수는 22이다.

$\therefore A < B$

23 ①

$30m/s\times\frac{3600s/h}{1000m/km}=108km/h$

$\therefore A > B$

24 ①

A : 12+6=18

$\therefore A > B$

25 ③

A : 반지름이 6인 원의 넓이는 $\pi r^2 = 6^2\pi = 36\pi$

B : 반지름이 3인 구의 부피는

$\frac{4}{3}\pi r^3 = \frac{4}{3} \times 3^3\pi = 36\pi$

$\therefore A = B$

26 ②

현재 남자 직원의 수를 x라 하면,

$500 \times 1.03 + x = 760$, $x = 245$명

작년 남자 직원의 수는 230명이다. 현재 남자 직원의 수는 작년에 비해 15명이 늘었으므로

$\frac{15}{230} \times 100 \fallingdotseq 6.5\%$, 따라서 남자 직원은 작년에 비해 약 6.5% 증가하였다.

27 ③

상수가 처음 예금한 금액을 x라 하면

$x + 2{,}000 \times 20 = 2(5{,}000 + 800 \times 20)$

$\therefore x = 2{,}000$원

28 ④

10번째 받는 점수를 x라 하면

$(83.1 + x) \div 10 = 9.4$

$83.1 + x = 94$

$x = 94 - 83.1 = 10.9$

29 ④

서울역에서 승차권 예매를 한 20분의 시간을 제외하면 걸은 시간은 총 36분이 된다.

갈 때 걸린 시간을 x분이라고 하면 올 때 걸린 시간은 $36 - x$분

갈 때와 올 때의 거리는 같으므로

$70 \times x = 50 \times (36 - x)$

$120x = 1{,}800 \rightarrow x = 15$분

사무실에서 서울역까지의 거리는

$70 \times 15 = 1{,}050m$

왕복거리를 구해야 하므로 $1{,}050 \times 2 = 2{,}100m$가 된다.

30 ④

평균 $= \frac{\text{자료 값의 합}}{\text{자료의 수}}$이므로

$A = \frac{x}{20} = 70 \rightarrow x = 1{,}400$

$B = \frac{y}{30} = 80 \rightarrow y = 2{,}400$

$C = \frac{z}{50} = 60 \rightarrow z = 3{,}000$

세 반의 평균은 $\frac{1{,}400 + 2{,}400 + 3{,}000}{20 + 30 + 50} = 68$점

31 ②

열차의 속력 x, 다리의 길이 y

$60x = 300 + y$

$2 \times 27x = 150 + y$

$\therefore y - 1{,}200(m)$

32 ②

㉠ 7명의 사람이 의자에 일렬로 앉을 수 있는 경우의 수 : 7!

㉡ 서울 사람이 양쪽 끝의 의자에 앉는 경우 : 5!×2

㉢ 대전 사람이 양쪽 끝의 의자에 앉는 경우 : 5!×2

$\therefore \dfrac{㉡+㉢}{㉠}=\dfrac{5!\times2\times2}{7!}=\dfrac{2}{21}$

33 ④

전체 쪽수를 x라 하면

첫째 날 읽은 쪽수 : $\dfrac{1}{3}x+10$

둘째 날 읽은 쪽수 : $\dfrac{3}{5}\times\left(x-\dfrac{1}{3}x-10\right)+18=\dfrac{2}{5}x+12$

마지막 날 읽은 쪽수 : 30

모두 더하면, $\dfrac{1}{3}x+10+\dfrac{2}{5}x+12+30=x$가 된다.

$\therefore x=195$

34 ②

실제시간보다 시간당 4분이 빠른데 6시간 30분이 지났으므로 6×4+2=26분이 더 빠르다. 그러므로 실제시간은 6시 4분이다.

35 ①

벤다이어그램을 통해 구할 수 있으며

$$n(A\cap B)=n(A)+n(B)-n(A\cup B)$$
$$=35+25-20=35$$

총 학생이 40명이므로 A반에서 딸기와 사과 모두 좋아하지 않는 학생은 5명 임을 알 수 있다.

36 ①

① 전체 인구수는 전년보다 동일하거나 감소하지 않고 매년 꾸준히 증가한 것을 알 수 있다.

② 2019년과 2020년에는 전년보다 감소하였다.

③ 2019년 이후부터는 5% 미만 수준을 계속 유지하고 있다.

④ 증가나 감소가 아닌 변화 전체를 묻고 있으므로 2016년(+351명), 2017년(+318명), 그리고 2019년(−315명)이 된다.

37 ④

31~35세 사이의 남자와 여자의 입장객 수는 같다.

38 ④

㉠ 모든 공공시설의 수가 나머지 도시들의 수보다 적은 도시는 C 도시이고, 2021년에 C도시의 공공청사의 수가 D 도시보다 많아졌으므로 C 도시는 병, D 도시는 을이다.

㉡ 을(D 도시)을 제외하고 2020년 대비 2021년 공공시설 수의 증가는 A 5개, B 11개, C(병) 5개이다. A의 공공시설의 수가 월등히 많은데 비해 증가 수는 많이 않으므로 증가율이 가장 작은 도시인 정은 A 도시이다.

㉢ 2020년과 2021년의 공공시설 수가 같은 도시는 B 도시이다.

∴ A : 정, B : 갑, C : 병, D : 을

39 ②

$\dfrac{\text{초졸}+\text{중졸수}}{\text{여성수}}=\dfrac{10+25}{90}=\dfrac{35}{90}=\dfrac{7}{18}$

40 ②

직장, 동창회, 친목 단체는 이익 사회에 해당하며, 이들 집단에서 소속감을 가장 강하게 느낀다고 응답한 비율은 남성이 더 높다.

추리능력

01	02	03	04	05
③	①	④	②	③
06	07	08	09	10
②	③	④	①	②
11	12	13	14	15
③	②	④	①	②
16	17	18	19	20
②	①	②	②	④
21	22	23	24	25
②	③	①	④	①
26	27	28	29	30
④	③	③	③	④
31	32	33	34	35
①	③	④	①	③
36	37	38	39	40
③	②	④	③	④

01 ③

첫 항을 $\frac{A}{B}$, 다음 항을 $\frac{C}{D}$라고 할 때,

$\frac{C}{D}=\frac{B\times 2}{A+3}$의 규칙으로 전개되고 있다.

02 ①

첫 항을 $\frac{A}{B}$, 다음 항을 $\frac{C}{D}$라고 할 때,

$\frac{C}{D}=\frac{A+1}{B-1}$의 규칙으로 전개되고 있다.

03 ④

첫 항을 $\frac{A}{B}$, 다음 항을 $\frac{C}{D}$라고 할 때,

$\frac{C}{D}=\frac{B+3}{A+1}$의 규칙으로 전개되고 있다.

04 ②

첫 항을 $\frac{A}{B}$, 다음 항을 $\frac{C}{D}$라고 할 때,

$\frac{C}{D}=\frac{B+4}{A\times3}$의 규칙으로 전개되고 있다.

05 ③

첫 항을 $\frac{A}{B}$, 다음 항을 $\frac{C}{D}$라고 할 때,

$\frac{C}{D}=\frac{A+B}{A\times B}$의 규칙으로 전개되고 있다.

06 ②

첫 항을 $\frac{A}{B}$, 다음 항을 $\frac{C}{D}$라고 할 때,

$\frac{C}{D}=\frac{B+A}{A}$의 규칙으로 전개되고 있다.

07 ③

첫 항을 $\frac{A}{B}$, 다음 항을 $\frac{C}{D}$라고 할 때,

$\frac{C}{D}=\frac{A+B}{(A+B)-2}$의 규칙으로 전개되고 있다.

08 ④

첫 항을 $\frac{A}{B}$, 다음 항을 $\frac{C}{D}$라고 할 때,

$\frac{C}{D}=\frac{A+11}{B-1}$의 규칙으로 전개되고 있다.

09 ①

첫 항을 $\frac{A}{B}$, 다음 항을 $\frac{C}{D}$라고 할 때,

$\frac{C}{D}=\frac{B-A}{A\times B}$의 규칙으로 전개되고 있다.

10 ②

첫 항을 $\frac{A}{B}$, 다음 항을 $\frac{C}{D}$라고 할 때,

$\frac{C}{D}=\frac{B-A}{A+B}$의 규칙으로 전개되고 있다.

11 ③

알파벳을 순서대로 숫자에 대입하면 다음 표와 같다.

A	B	C	D	E	F	G	H	I	J	K	L	M
1	2	3	4	5	6	7	8	9	10	11	12	13
N	O	P	Q	R	S	T	U	V	W	X	Y	Z
14	15	16	17	18	19	20	21	22	23	24	25	26

D(4) – H(8) – L(12) – P(16) – T(20)

4의 배수에 해당하는 알파벳들이 차례로 나열되고 있다. 따라서 빈칸에 들어갈 알파벳은 X(24)이다.

12 ②

C(3) – D(4) – F(6) – I(9) – M(13)

1, 2, 3, 4…씩 증가하는 수열이므로 빈칸에 들어갈 알파벳은 R(18)이다.

13 ④

처음의 문자에서 1, 3, 5의 순서로 변하므로 빈칸에는 앞의 글자에 7을 더한 문자가 와야 한다.

14 ①

한글 자음을 순서대로 숫자에 대입하면 다음 표와 같다.

ㄱ	ㄴ	ㄷ	ㄹ	ㅁ	ㅂ	ㅅ	ㅇ	ㅈ	ㅊ	ㅋ	ㅌ	ㅍ	ㅎ
1	2	3	4	5	6	7	8	9	10	11	12	13	14

ㄱ(1) − ㄱ(1) − ㄴ(2) − ㄷ(3) − (?) − ㅈ(9) − ㅇ(8)
홀수 항은 2씩, 짝수 항은 3씩 곱해지고 있다.
따라서 빈칸에 들어갈 문자는 ㄹ(4)이다.

15 ②

ㄱ(1) − ㅋ(11) − ㄷ(3) − ㅈ(9) − ㅁ(5) − ㅅ(7)
홀수 항은 2씩 증가, 짝수 항은 2씩 감소한다.
따라서 빈칸에 들어갈 문자는 ㅅ(7)이다.

16 ②

첫째 수에서 둘째 수를 곱해준 후 2를 뺀 값이 셋째 수가 된다.
$7\times6-2=40$, $8\times9-2=70$
$\therefore 11\times6-2=64$

17 ①

'(첫째 수+둘째 수)+(첫째 수×둘째 수)=셋째 수'의 규칙을 가지고 있다.
$(6+8)+(6\times8)=62$, $(7+4)+(7\times4)=39$
$\therefore (9+2)+(9\times2)=29$

18 ②

첫 번째 수를 분자로 하고 두 번째 수를 분모로 하는 수와 세 번째 수를 곱한 값이 네 번째 수가 된다.
$\therefore \ \frac{61}{5}\times10=122$가 된다.

19 ②

연산기호 ⊕의 규칙을 찾으면
$2 \oplus 4 = (2\times4)-(2+4)=2$,
$8 \oplus 3 = (8\times3)-(8+3)=13$,
$6 \oplus 7 = (6\times7)-(6+7)=29$이므로
두 수를 곱한 값에서 더한 값을 빼준 값이 답이 된다.
$\therefore 3 \oplus 9 = (3\times9)-(3+9)=15$,
$2 \oplus 15 = (2\times15)-(2+15)=13$

20 ④

$4\otimes3=17$을 살펴보면 $4-3=1$, $4+3=7$
앞의 수와 뒤의 수를 더한 값이 뒤의 자리 수, 앞의 수에서 뒤의 수를 뺀 것이 앞의 자리 수가 된다.
$7\otimes2=59 \rightarrow 7-2=5,\ 7+2=9$
$9\otimes3=612 \rightarrow 9-3=6,\ 9+3=12$
$8\otimes6=(\quad) \rightarrow 8-6=2,\ 8-6=14 \rightarrow 214$

21 ②

초성은 자음의 순서대로, 종성은 역순으로 변화하고 있다. ②는 '망밧삽암'이 되어야 나머지와 동일해진다.

22 ③

종성은 초성에 +4가 된다. ③은 ' 납알 '이 되어야 나머지와 동일해진다.

23 ①

②③④ 숫자로 치환하면 8, 9, 10, 11이 된다.

① 나머지와 같기 위해서는 HIJK가 되어야 한다.

※ 12간지 … 자(쥐), 축(소), 인(호랑이), 묘(토끼), 진(용), 사(뱀), 오(말), 미(양), 신(원숭이), 유(닭), 술(개), 해(돼지)

24 ④

①②③ 예사소리, 된소리, 예사소리, 거센소리가 순서대로 나열되었다.

④ 바빠바파

25 ①

②③④ 각 항의 차가 1, 2, 3이다.

① ABDG가 되어야 나머지와 규칙이 같아진다.

26 ④

사각형, 오각형, 육각형이 반복되고 있으며, 시계 방향으로 칸이 색칠되고 있다.

27 ③

맨 바깥 도형은 삼각형으로 고정되어 있고 그 안에 두 번째 도형은 사각형, 오각형, 원이 반복되고 있으며, 가장 안쪽에 세 번째 도형은 삼각형, 사각형, 오각형이 반복되고 있다.

28 ③

이중선은 시계 방향으로 이동하고 있으며, ◐ 동그라미는 시계 반대 방향으로 이동하고 있다.

29 ③

1열과 2열의 색칠된 부분이 합해져서 3열의 무늬가 된다.

30 ④

1행의 색칠된 조각이 2행에서 $\frac{1}{2}$씩 줄어들고, 2행의 색칠된 조각이 3행에서 $\frac{1}{2}$씩 줄어드는 것을 볼 수 있다.

31 ①

$F=ma$의 공식을 이용하여 질량 m을 구하면

$m=\frac{F}{a}=\frac{10}{10}=1$

32 ③

작용 · 반작용 법칙 … 두 물체 사이에서 작용과 반작용은 크기가 같고 방향이 반대이며 동일 직선상에서 작용한다.

③ 지구가 연을 끌어당긴다면 연도 지구를 끌어당긴다.

33 ④

소비한 전력량=전력 × 시간이므로

$20\times\frac{1}{2}=10\text{Wh}$

34 ①

물체에 작용하는 힘의 크기가 일정할 때 가속도의 크기는 물체의 질량에 반비례한다.

35 ③

위치에너지와 운동에너지의 합(역학적 에너지)은 언제나 일정하므로 지표면으로부터 40m 지점에서의 위치에너지와 지표면에 닿기 직전의 운동에너지는 같다.

$mgh = \frac{1}{2}mv^2$

$2g \times 9.8m/s^2 \times 40m = \frac{1}{2} \times 2g \times v^2$

$\therefore v = 28m/s$

36 ③

㉠ 공이 중력만을 받아 떨어질 때 가속도는 $10m/s^2$이므로, 바닥에 닿기 직전 공의 속도 v는 등가속도 직선 운동의 식으로부터 다음과 같다.

$2as = v^2 - v_0^2$

$2 \times 10m/s^2 \times 20m = v^2 - 0^2$

$v = 20m/s$

㉢ 연직 아래 방향을 (+)로 나타낼 때 충돌 전 공의 운동량과 충돌 후 공의 운동량은 다음과 같다.

- 충돌 전 : $p_1 = 0.5kg \times 20m/s = 10kg \cdot m/s$
- 충돌 후 : $p_2 = 0.5kg \times (-10m/s) = -5kg \cdot m/s$

따라서 운동량의 변화량은 다음과 같다.

$\Delta p = p_2 - p_1$

$= -5kg \cdot m/s - 10kg \cdot m/s$

$= -15kg \cdot m/s (\rightarrow ㉡)$

공이 바닥에 충돌하면서 바닥으로부터 받은 충격량의 크기는 충돌 전후 운동량의 변화의 크기와 같으므로 15N · s이다.

37 ②

소리의 세기가 0dB의 10배이면 10dB, 100배이면 20dB이다.

38 ④

고체의 표면적과 반응속도 … 고체의 표면적이 증가할수록 반응물질 간의 접촉 면적이 커져서 충돌횟수가 많아지므로 반응이 빨라진다.

39 ③

③ 빗방울의 낙하 시 공기저항을 무시하면 속도가 점차 증가하는 등가속도운동을 하나, 실제 빗방울은 낙하속도에 비례하는 공기마찰력 때문에 지표 가까이에서는 등속운동을 한다.

40 ④

자유낙하 하는 엘리베이터 안에서 고무공에 작용하는 힘은 mg − mg=0이므로 무중력 상태와 같다. 따라서 엘리베이터 안에 있는 관찰자는 위로 던진 공이 천정에 부딪힌 후 가지고 있던 일정한 속도로 바닥으로 떨어지게 된다.

지각능력

01	02	03	04	05
①	②	②	①	②
06	07	08	09	10
①	②	①	②	①
11	12	13	14	15
②	②	①	②	②
16	17	18	19	20
②	②	③	②	②
21	22	23	24	25
②	②	③	②	④
26	27	28	29	30
④	③	③	④	②
31	32	33	34	35
③	①	④	③	②
36	37	38	39	40
②	①	③	④	④

01 ①

좌우가 같다.

02 ②

복숭아사과자전거**가**방자동차부**릉** – 복숭아사과자전거**공**방자동차부**룽**

03 ②

◁◀♤♠◐▣◑♡♥▷▶♧♣ – ◁◀♤♠◐▣◑♡♥▷▶♧♧

04 ①

좌우가 같다.

05 ②

다음보기**에**서옳지않은것을**고**르시오 – 다음보기**애**서옳지않은것을**구**르시오

06 ①

좌우가 같다.

07 ②

22022**2**02020202222**2**2 – 22022**0**02020202222**0**2

08 ①

좌우가 같다.

09 ②

★☆◎연**휴**는가족과함께※◆◇☎ – ★☆◎연**후**는가족과함께※◆◇☏

10 ①

좌우가 같다.

11 ②

better late th**a**n never – better late th**e**n never

12 ②

sdaf**s**df**d**fstgr – sdaf**a**df**g**fstgr

13 ①

좌우가 같다.

14 ②

武丙午卯更申乙米 – 武丙午卯申更乙米

15 ②

1111211**21**122111 – 1111211**12**122111

16 ②

얄리얄리얄라**셩** 얄라**리**얄라 – 얄리얄리얄라**성** 얄라**라**얄라

17 ②

11010101010111**2** – **0**1010101010111**1**

18 ③

하늘**에**서**내리는일**억**개의**별 – 하늘**애**서**리는내십**억**의개**별

19 ②

푸**NI**가**싫Aso**난ES허관밤 – 후**NI**기**싫Aso**허관밤난ES

20 ②

아노**호**시**니미**레**바**보쿠**와호시** – 이누**호**사**니미**리**바**부구**와호시**

21 ②

바닥면부터 블록의 개수를 세어보면,
15+5+3+1+1=25(개)

22 ②

바닥면부터 블록의 개수를 세어보면,
7+4+2=13(개)

23 ③

바닥면부터 블록의 개수를 세어보면,
7+5+2=14(개)

24 ②

바닥면부터 블록의 개수를 세어보면,
6+4+1=11(개)

25 ④

바닥면부터 블록의 개수를 세어보면,
9+5+1=15(개)

26 ④

3×3×3 정육면체(블록 27개)를 만들 수 있다. 주어진 블록은 12개이므로 15개의 블록이 더 필요하다.

27 ③

3×3×3 정육면체(블록 27개)를 만들 수 있다. 주어진 블록은 16개이므로 11개의 블록이 더 필요하다.

28 ③

3×3×3 정육면체(블록 27개)를 만들 수 있다. 주어진 블록은 13개이므로 14개의 블록이 더 필요하다.

29 ④

3×3×3 정육면체(블록 27개)를 만들 수 있다. 주어진 블록은 12개이므로 15개의 블록이 더 필요하다.

30 ②

4×4×4 정육면체(블록 64개)를 만들 수 있다. 주어진 블록은 10개이므로 54개의 블록이 더 필요하다.

31 ③

밖으로 노출된 면이 1면인 블록을 찾아야 한다. 맨 아래층 블록부터 순서대로 다음과 같은 개수의 면이 밖으로 노출되어 페인트가 칠해진다(위쪽의 블록 세 개는 모두 4면씩 밖으로 노출되어 있다).

2	1	1	1	2
1	0	0	0	1
1	2	0	2	1
2		3		4
2		4		
4				

2	2	1	2	2
2	2	1	2	2
3		4		4
3				
4				

32 ①

밖으로 노출된 면이 1면인 블록을 찾아야 한다. 맨 아래층 블록부터 순서대로 다음과 같은 개수의 면이 밖으로 노출되어 페인트가 칠해진다.

2	2	2	2
2			2
3			3
3	3	3	3

2	2	2	2
3			3

3	3	3	3
4			4

33 ④

맨 아래 층 블록의 밖으로 노출된 면의 수는 다음과 같다.

2	1	2
1	1	3
3	3	

34 ③

맨 아래 층 블록의 밖으로 노출된 면의 수는 다음과 같다.

3	1	3	
	2	1	4
	3	3	

35 ②

맨 아래 층의 뒤쪽 중간 블록만 밖으로 노출된 면이 1면인 블록이다.

36 ②

전광판과 사람, 비행기 모양을 기준으로 연결한다.

37 ①

여자아이의 얼굴과 전자레인지의 모양에 유의하여 연결한다.

38 ③

여자가 앉은 의자와 책상의 책, 수도 등의 모양에 유의하여 연결한다.

39 ④

그림의 중심이 되는 자전거와 매트를 중심으로 그림을 연결한다.

40 ④

그림의 중심에 있는 타이어와 여자의 모양에 유의하여 그림을 연결한다.

제3회 실전 모의고사

수리능력

01	02	03	04	05
③	①	①	②	③
06	07	08	09	10
③	④	④	①	③
11	12	13	14	15
③	④	④	④	④
16	17	18	19	20
①	②	①	①	①
21	22	23	24	25
③	②	②	②	①
26	27	28	29	30
④	②	④	③	④
31	32	33	34	35
②	③	②	④	③
36	37	38	39	40
④	④	④	③	③

01 ③

③ 1323+23+49=1395

02 ①

① 4851−496−52=4303

03 ①

$\frac{100^2}{51^2-49^2}=50$

$\therefore\ 50\times 50=2500$

04 ②

② 793+465÷5=886

05 ③

③ $\frac{5}{6}+\frac{23}{6}+\frac{8}{6}=\frac{36}{6}=6$

06 ③

③ $\sqrt{6}\times\sqrt{8}\times\sqrt{15}=12\sqrt{5}$

07 ④

④ $5^3\times 2^3\times 3^3=27000$

08 ④

④ $10_{(2)}+100_{(2)}+1000_{(2)}=2+4+8=14$

09 ①

① $10^3\times 10^{-1}\times 10^{-2}=10^0=1$

10 ③

$(65.18\times 56.14)-54.84=3659.2052-54.84=$
3604.3652

11 ③

96 (×) 2 =192

12 ④

64÷(8)=8

13 ④

37,850−(　　)×32=33,722

(　　)×32=4,128

(　　)=129

14 ④

15 + 21 (÷) 7 = 15 + 3 = 18

15 ④

$\frac{7}{4} \div (7) \times 4.8 = 1.2$

16 ①

$A: \frac{13 \times 20}{300} = \frac{260}{300}$

$B: \frac{83 \times 3}{300} = \frac{249}{300}$

$\therefore A > B$

17 ②

$A: 144 = 2^4 \times 3^2,\ 256 = 2^8$

∴ 두 수의 최대공약수는 $2^4 = 16$이다.

B: 8과 28의 최소공배수는 56이다.

$\therefore A < B$

18 ①

초속을 시속으로 바꾸면,

1초는 $\frac{1}{3,600}$시간이고, 11m는 0.011km이므로

11m/s = 39.6km/h

$\therefore A > B$

19 ①

A : 15

B : 8 + 6 = 14

$\therefore A > B$

20 ①

$A = 4,\ B = -8$이므로 $A > B$이다.

21 ③

1m/s는 3.6km/h이다.

$\therefore A = B$

22 ②

$a + 21 = 4b \Rightarrow a - 4b = -21$

$$\begin{aligned} A - B &= 5a - 7b - 2 - (4a - 3b + 8) \\ &= a - 4b - 10 \\ &= -21 - 10 = -31 < 0 \end{aligned}$$

$\therefore A < B$

23 ②

$A : 43\% = \frac{43}{100} = \frac{129}{300}$

$B : \frac{13}{30} = \frac{130}{300}$

$\therefore A < B$

24 ②

A : 5할2푼 = 0.52

$B: \frac{3}{5} = 0.6$

$\therefore A < B$

25 ①

$$A-B=(a^2+b^2)-(a+b)^2$$
$$=a^2+b^2-(a^2+2ab+b^2)$$
$$=-2ab>0$$

$\therefore A>B$

26 ④

영수가 걷는 속도를 x, 성수가 걷는 속도는 y라 하면

㉠ 같은 방향으로 돌 경우 : 영수가 걷는 거리−성수가 걷는 거리=공원 둘레 → $x-y=6$

㉡ 반대 방향으로 돌 경우 : 영수가 간 거리+성수가 간 거리=공원 둘레 → $\frac{1}{2}x+\frac{1}{2}y=6$

→ $x+y=12$

$x=9$, $y=3$

27 ②

참가자의 수를 x라 하면 전체 귤의 수는 $5x+3$, 6개씩 나누어 주면 1명만 4개보다 적게 되므로

$(5x+3)-\{6\times(x-1)\}<4$

$-x<-5$

$x>5$

∴ 참가자는 적어도 6인이 있다.

28 ④

B가습기 작동 시간을 x라 하면

$\frac{1}{16}\times10+\frac{1}{20}x=1$

$\therefore x=\frac{15}{2}$

29 ③

원가를 a, 원가에 붙일 이익을 x로 정하면

$(1+x/100)\text{a}\times0.8=1.08\text{a}$

$1+x/100=1.35$

$x/100=0.35$

$x=35$

30 ④

페인트 한 통으로 도배할 수 있는 넓이를 x㎡ 벽지 한 묶음으로 도배할 수 있는 넓이를 y㎡라 하면

$\begin{cases}x+5y=51\\x+3y=39\end{cases}$이므로 두 식을 연립하면 $2y=12$,

$y=6$, $x=21$

따라서 페인트 2통과 벽지 2묶음으로 도배할 수 있는 넓이는 $2x+2y=42+12=54$(㎡)

31 ②

작년 연봉을 x라 할 때,

$1.2x+500=1.6x$

$x=1{,}250$,

올해 연봉은 $1{,}250\times1.2=1{,}500$(만 원)

32 ③

$t(\text{시간})=\frac{m(\text{거리})}{v(\text{속력})}$이므로,

지호의 운동시간은 다음과 같이 계산할 수 있다.

$$\frac{1.2}{4}+\frac{1.2}{6}+\frac{1.2}{8}+\frac{1.2}{10}+\frac{1.2}{10}$$
$$=0.3+0.2+0.15+0.12+0.1$$
$$=0.87(\text{시간})$$

0.87시간은 52.2분이므로 52분 12초 동안 운동했고, 중간에 10분 휴식했으므로 총 운동시간은 1시간 2분 12초이다.

33 ②

x라 하면

$6x^2=54$에서 $x^2=9$이고 $x=3$이므로

$V=3^3=27(cm^3)$

34 ④

357m에 7m 간격으로 심으면

357 ÷ 7 = 51

처음에 1개를 심어야 하므로 51 + 1 = 52

양쪽에 심어야 하므로

52 × 2 = 104(그루)

35 ③

갑이 당첨제비를 뽑고, 을도 당첨제비를 뽑을 확률 $\frac{4}{10}\times\frac{3}{9}=\frac{12}{90}$

갑은 당첨제비를 뽑지 못하고, 을만 당첨제비를 뽑을 확률 $\frac{6}{10}\times\frac{4}{9}=\frac{24}{90}$

따라서 을이 당첨제비를 뽑을 확률은

$\frac{12}{90}+\frac{24}{90}=\frac{36}{90}=\frac{4}{10}=0.4$

36 ④

① 2013년과 2015년의 전체 사교육 참여율은 같지만 참여시간이 다르다.

② 2016년부터 2018년까지 초등학생의 사교육 참여시간은 감소하고 있다. (6.8→6.7→6.5)

③ 2013년과 2014년 중학생의 사교육 참여율은 다르지만 참여시간이 같다.

37 ④

1시간당 가장 이익이 높은 제품을 생산하는 것이 최대한 많은 이익을 얻을 수 있는 방법이다. E제품은 시간 당 2.5만 원, F제품은 1.5만 원, G제품은 2만 원이다. 그렇기 때문에 E제품부터 생산하고, 그 다음 G제품, 마지막으로 F제품을 생산한다. E제품을 20개 생산하면 40시간이 걸리고, 100만 원의 이익을 얻을 수 있다. 그 다음으로 G제품을 30개 생산하면 60시간이 걸리고, 120만 원의 이익을 얻을 수 있다. 마지막으로 남은 40시간으로 F제품을 생산하면 10개를 생산할 수 있고, 60만 원의 이익을 얻을 수 있다. 그러므로 E제품 100만 원, F제품 120만 원, G제품 60만 원으로 총 이익은 280만 원이다.

38 ④

2020년 영향률 : $\frac{2,565}{17,734}\times100 \fallingdotseq 14.5(\%)$

39 ③

2019년 수혜 근로자수 : $17,510\times\frac{14.7}{100}\fallingdotseq 2,574$

(= 약 257만 4천 명)

40 ③

㉠ 2020년의 경우 여성의 취업을 반대하는 8.7%는 전체 응답자 중에서의 비율이고, 혼인 전까지만 여성의 취업을 찬성하는 8.7%는 여성의 취업을 찬성하는 응답자 중에서의 비율이므로 각각의 응답자 수는 다르다.

㉡ 자녀 성장 후 맞벌이를 희망하는 내용은 표를 통해서는 알 수 없다.

추리능력

01	02	03	04	05
③	①	②	④	③
06	07	08	09	10
①	④	④	①	②
11	12	13	14	15
④	②	④	③	④
16	17	18	19	20
②	③	②	①	④
21	22	23	24	25
①	④	①	①	③
26	27	28	29	30
②	④	②	③	②
31	32	33	34	35
③	④	②	④	②
36	37	38	39	40
③	②	③	②	②

01 ③

첫 항을 $\frac{A}{B}$, 다음 항을 $\frac{C}{D}$라고 할 때, $\frac{C}{D}=\frac{A+3}{B\times3}$의 규칙으로 전개되고 있다.

02 ①

첫 항을 $\frac{A}{B}$, 다음 항을 $\frac{C}{D}$라고 할 때, $\frac{C}{D}=\frac{B+4}{A\times2}$의 규칙으로 전개되고 있다.

03 ②

첫 항을 $\frac{A}{B}$, 다음 항을 $\frac{C}{D}$라고 할 때, $\frac{C}{D}=\frac{B+13}{A}$의 규칙으로 전개되고 있다.

04 ④

첫 항을 $\frac{A}{B}$, 다음 항을 $\frac{C}{D}$라고 할 때, $\frac{C}{D}=\frac{B+A}{A}$의 규칙으로 전개되고 있다.

05 ③

첫 항을 $\frac{A}{B}$, 다음 항을 $\frac{C}{D}$라고 할 때, $\frac{C}{D}=\frac{B-A}{A+B}$의 규칙으로 전개되고 있다.

06 ①

첫 항을 $\frac{A}{B}$, 다음 항을 $\frac{C}{D}$라고 할 때, $\frac{C}{D}=\frac{A\times B}{A+B}$의 규칙으로 전개되고 있다.

07 ④

첫 항을 $\frac{A}{B}$, 다음 항을 $\frac{C}{D}$라고 할 때, $\frac{C}{D}=\frac{B}{B+A}$의 규칙으로 전개되고 있다.

08 ④

첫 항을 $\frac{A}{B}$, 다음 항을 $\frac{C}{D}$라고 할 때, $\frac{C}{D}=\frac{B}{B+A}$의 규칙으로 전개되고 있다.

09 ①

첫 항을 $\frac{A}{B}$, 다음 항을 $\frac{C}{D}$라고 할 때,

$\frac{C}{D}=\frac{B+A}{A}$의 규칙으로 전개되고 있다.

10 ②

첫 항을 $\frac{A}{B}$, 다음 항을 $\frac{C}{D}$라고 할 때,

$\frac{C}{D}=\frac{(A+B)+2}{(A+B)-2}$의 규칙으로 전개되고 있다.

11 ④

알파벳을 순서대로 숫자에 대입하면 다음 표와 같다.

A	B	C	D	E	F	G	H	I	J	K	L	M
1	2	3	4	5	6	7	8	9	10	11	12	13
N	O	P	Q	R	S	T	U	V	W	X	Y	Z
14	15	16	17	18	19	20	21	22	23	24	25	26

A(1) − K(11) − G(7) − Q(17) − M(13)은 +10, −4가 반복되고 있으므로 다음에 들어갈 문자는 13+10=23(W)이다.

12 ②

C(3) − C(3) − F(6) − I(9) − O(15)는 앞의 두 수를 더한 값이 다음 수가 된다. 따라서 다음에 들어갈 문자는 9+15=24(X)이다.

13 ④

B(2)−G(7)−K(11)−N(14)−P(16)는 5, 4, 3, 2씩 감소하므로 빈칸에 들어갈 문자는 Q(17)이다.

14 ③

한글 자음을 순서대로 숫자에 대입하면 다음 표와 같다.

ㄱ	ㄴ	ㄷ	ㄹ	ㅁ	ㅂ	ㅅ	ㅇ	ㅈ	ㅊ	ㅋ	ㅌ	ㅍ	ㅎ
1	2	3	4	5	6	7	8	9	10	11	12	13	14

ㄱ(1) − ㄷ(3) − ㅂ(6) − ㅇ(8) − ㅋ(11)은 +2, +3이 반복되고 있으므로 다음에 들어갈 문자는 11+2=13(ㅍ)이다.

15 ④

ㄱ(1) − ㄱ(1) − ㄴ(2) − ㄷ(3) − ㅁ(5) − ㅇ(8)은 앞의 두수를 더하면 다음 수가 되는 피보나치수열이다. 따라서 빈칸에 들어갈 문자는 ㅍ(13)이다.

16 ②

첫 번째 수에서 두 번째 수를 더한 후 1을 추가로 더하면 세 번째 수가 나온다.
따라서 빈칸에 들어갈 수는 17+15+1=33 이다.

17 ③

(첫 번째 수+두 번째 수)+(첫 번째 수×두 번째 수)=세 번째 수
따라서 빈칸에 들어갈 수는 (11+3)+(11×3)=47

18 ②

72×3=216
36×(9)=324
41×7=287
56×4=224

19 ①

23⊕8=3 → 23+8=31 → 31÷4 몫은 7, 나머지는 3

11⊕14=1 → 11+14=25 → 25÷4 몫은 6, 나머지는 1

4⊕30=2 → 4+30=34 → 34÷4 몫은 8, 나머지는 2

25⊕7=( ) → 25+7=32 → 32÷4 몫은 8, 나머지는 0

20 ④

aⒹ$b=(a\times b)-5$의 규칙을 갖는 연산기호이다.

(8Ⓓ6)Ⓓ2=(48−5)Ⓓ2=86−5=81

21 ①

예사소리와 거센소리가 반복된다. '조추조추'가 되어야 ②③④와 같은 규칙이 된다.

22 ④

+2, +4, +2씩 변화하므로 나머지와 같은 관계이기 위해서는 HJNP여야 한다.

23 ①

각 문자의 차가 3이다. 따라서 Ⅲ Ⅵ Ⅸ Ⅻ이어야 나머지와 같은 관계가 된다.

24 ①

각 문자의 차가 3이다. 따라서 한 자리 자연수로는 같은 규칙을 만들 수 없다.

25 ③

각 문자의 차가 4이다(①은 16진수). 따라서 ③은 hlpt가 되어야 나머지와 같은 관계가 된다.

26 ②

색칠된 삼각형 중 하나는 왼쪽에 고정되어 있고 색칠된 다른 하나의 삼각형은 시계방향으로 한 칸씩 이동하고 있다. 따라서 정답은 ②이다.

27 ④

도형에 오름차순으로 숫자가 3개씩 나열되어 있고, 시작 숫자가 시계방향으로 한 칸씩 움직여 진행되고 있다. 숫자가 없는 칸에는 색이 칠해진다. 따라서 정답은 ④이다.

28 ②

가운데 정사각형과 맞닿는 도형이 삼각형, 사각형, 오각형, 육각형으로 변하고 있으며 정사각형 안의 별 모양 기호는 변하지 않고 나머지 기호들은 시계방향으로 움직인다.

① 정사각형과 맞닿는 도형이 다르다.
③ 정사각형 안의 기호가 다르다.
④ 육각형 안의 기호의 위치가 시계방향으로 움직인 것이 아니다.

29 ③

색칠된 칸이 하나는 시계방향으로 한 칸씩, 다른 하나는 두 칸씩 이동한다.

30 ②

주사위는 마주보는 면들의 합이 7임을 고려하고 문제를 풀어야 한다.

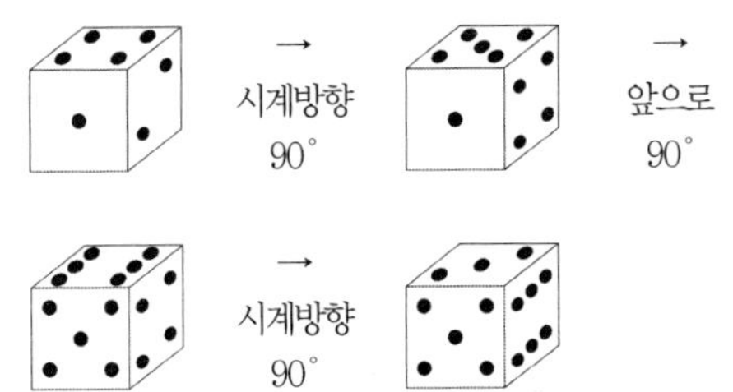

따라서 다음에 올 주사위는 앞으로 90°회전한

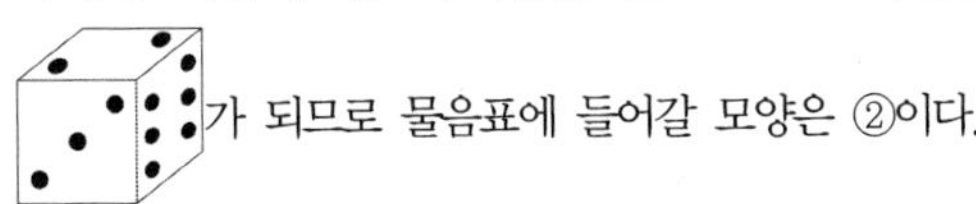

가 되므로 물음표에 들어갈 모양은 ②이다.

31 ③

물체의 질량이 일정할 때 힘의 크기와 가속도의 크기는 비례한다.

32 ④

소비한 전력량=전력×시간

100Wh=전력(W)×1

전력=100W

4시간동안의 소비한 전력량은

100W×4=400Wh

33 ②

㉠ 전자레인지의 전자기파는 전기장이 방향을 한 방향에서 반대방향으로 바꾸기를 계속하며 진행해 나가는 파동이다.

㉢ 오디오의 음파는 매질에 따라 이동하는 파동 에너지이다.

34 ④

$V=IR$, 직렬연결로 일정한 전류 i가 흐르기 때문에 전구 A, B에 걸리는 각각의 전압은 저항의 크기에 비례하게 된다. 따라서 2 : 3이 된다.

35 ①

$I=\frac{V}{R}$이므로 회로에 흐르는 전류의 세기는 다음과 같이 구할 수 있다.

$I=\frac{10V}{5\Omega}=2A$

※ 옴의 법칙 … 도선에 흐르는 전류의 세기(I)는 전압에 비례하고 전기저항(R)에 반비례한다.

- 전압 = 전류 × 저항
- V = IR

36 ③

③ 무게란 지구나 달과 같은 거대한 물체가 있음으로 인해 다른 물체를 끌어당기게 되는 중력의 크기를 의미하므로 중력은 질량에 비례한다. 따라서 무게가 가장 큰 C가 중력도 가장 크다.

37 ②

빛은 항상 얇은 쪽에서 두꺼운 쪽으로 굴절된다.

38 ③

㉢ 일의 정의는 W = Fscosθ이므로 민수가 물체를 연직 방향으로 들어 올리면 힘과 거리가 모두 0이 아니므로 일은 0이 아니다.

㉠ 일의 정의 W = Fscosθ에서 영희가 움직이지 않는 벽에 힘을 주어 미는 경우는 s = 0이므로 W = 0이다.

㉡ 철수가 물체를 들고 수평 방향으로 이동시키는 경우는 θ = 90°이므로 W = 0이다.

39 ②

세 단어를 바탕으로 추론할 수 있는 과학자는 뉴턴이다. ②번을 제외하면 뉴턴의 1법칙과 3법칙, 광학에 대한 내용이다.

40 ②

전기력과 자기력의 공통점을 묻는 문제이다. ①의 경우 중력에 대한 내용이며 ③④의 경우 탄성력과 마찰력의 공통점에 대한 내용이다.

지각능력

01	02	03	04	05
①	②	②	①	②
06	07	08	09	10
①	②	①	②	①
11	12	13	14	15
②	②	①	①	①
16	17	18	19	20
②	③	④	④	③
21	22	23	24	25
③	④	③	③	③
26	27	28	29	30
②	④	②	②	④
31	32	33	34	35
③	①	②	③	②
36	37	38	39	40
③	①	①	④	①

01 ①

좌우가 같다.

02 ②

servameserva**b**ote – servameserva**v**ote

03 ②

스트레칭은혈액순**환**에도**움**을줍니다 – 스트레칭은혈액순**한**에도**음**을줍니다

04 ①

좌우가 같다.

05 ②

홈페이지에서확인하시기바랍니다 – 홈페이지에소확인하시기버랍니다

06 ①

좌우가 같다.

07 ②

1616111116666161616 – 1616111616666161611

08 ①

좌우가 같다.

09 ②

신념을가지고도전하는사람 – 신념을각지고도전하는바람

10 ①

좌우가 같다.

11 ②

Look what I've found! – Book that I've found!

12 ②

지현우이민기고수강동원원빈 – 지현우이만기고수방동원원빈

13 ①

좌우가 같다.

14 ①

좌우가 같다.

15 ①

좌우가 같다.

16 ②

3254533657575547 – 3254532657574447

17 ③

あなたにいねわなに – あなたのゆめはなに

18 ④

1247ㄱㄴㄷㄹㅁㄷㅎㄷㅈ – 1356ㄱㄴㄷㄹㅁㄷㅇㄴㅈ

19 ④

① 구밀복검(口蜜腹儉)
② 구밀복검(九蜜腹劍)
③ 고밀복검(口蜜腹劍)

20 ③

① ■스ㅁ무▽함★라◇**민**◆개▶인

② ■스**■**무▽함★라◇미◆개▶인

④ ■스ㅁ무▽함★**랑**◇미◆개▶인

21 ①

바닥면부터 블록의 개수를 세어보면,
14+8+3+1=26(개)

22 ②

바닥면부터 블록의 개수를 세어보면,
16+9+6+2=33(개)

23 ③

바닥면부터 블록의 개수를 세어보면,
7+2=9(개)

24 ③

바닥면부터 블록의 개수를 세어보면,
10+4+1=15(개)

25 ④

바닥면부터 블록의 개수를 세어보면,
6+3+1=10(개)

26 ②

3×3×3 정육면체(블록 27개)를 만들 수 있다. 주어진 블록은 12개이므로 15개의 블록이 더 필요하다.

27 ④

4×4×4 정육면체(블록 64개)를 만들 수 있다. 주어진 블록은 26개이므로 38개의 블록이 더 필요하다.

28 ②

4×4×4 정육면체(블록 64개)를 만들 수 있다. 주어진 블록이 20개이므로 44개의 블록이 더 필요하다.

29 ②

3×3×3 정육면체(블록 27개)를 만들 수 있다. 주어진 블록이 11개이므로 16개의 블록이 더 필요하다.

30 ④

4×4×4 정육면체(블록 64개)를 만들 수 있다. 주어진 블록이 21개이므로 43개의 블록이 더 필요하다.

31 ③

밖으로 노출된 면이 1면인 블록을 찾아야 한다. 위의 두 층 블록은 노출된 면이 1면인 블록이 없고, 아래의 두층에 있는 블록부터 순서대로 다음과 같은 개수의 면이 밖으로 노출되어 페인트가 칠해진다.

2	1	1	2
1	0	2	3
1	3		
4			

2	2	2	3
1	3		
3			

32 ①

밖으로 노출된 면이 1면인 블록을 찾아야 한다. 맨 아래층 블록부터 순서대로 다음과 같은 개수의 면이 밖으로 노출되어 페인트가 칠해진다.

2	1	1	2
1	1	1	2
1	3		4
4			

3	3	1	3
3		4	
4			

33 ②

밖으로 노출된 면이 1면인 블록을 찾아야 한다. 맨 아래층 블록부터 순서대로 다음과 같은 개수의 면이 밖으로 노출되어 페인트가 칠해진다. 맨 위 칸은 모두 2면 이상 밖으로 노출되어있다.

2	1	2
1	0	1
2	2	2
		4

2	1	2
2	1	2
4		

34 ③

밖으로 노출된 면이 1면인 블록을 찾아야 한다. 맨 아래층 블록은 다음과 같은 개수의 면이 밖으로 노출되어 페인트가 칠해진다(위쪽 두 층의 블록은 모두 2면 이상 밖으로 노출된다).

3			3
1	3	2	1
2		3	2
4			4

35 ②

밖으로 노출된 면이 1면인 블록을 찾아야 한다. 맨 아래층 블록부터 순서대로 다음과 같은 개수의 면이 밖으로 노출되어 페인트가 칠해진다.

2	3	2	2
3		2	1
		2	1
		3	3

,

4
4

4
3
4

36 ③

무지개와 야자나무의 모양을 기준으로 연결한다.

37 ①

노트북과 손, 팔의 방향을 고려하여 연결한다.

38 ①

39 ④

40 ①

열차의 원근에 유의하여 그림을 연결한다.